EN OCÉANIE

OUVRAGES DU MÊME AUTEUR

PUBLIÉS PAR LA LIBRAIRIE HACHETTE ET Cie

COLLECTION DE VOYAGES, FORMAT IN-16, AVEC GRAVURES ET CARTES

Chaque volume : Broché, 4 fr.

Relié en percaline, tranches rouges, 5 fr. 50.

De Paris au Japon à travers la Sibérie; 3e édition. 1 vol. avec 28 gravures et 3 cartes.

Un touriste dans l'extrême Orient (Japon, Chine, Indo-Chine, Tonkin, 1881-1882); 3e édit. 1 vol. avec 38 gravures et 3 cartes.

En Océanie. Voyage autour du monde en 365 jours (1884-1885). 1 vol. avec 48 gravures et 4 cartes.

Promenades dans les deux Amériques (Charpentier, éditeur, 1880). 2e édit.................................... 3 fr. 50

Promenade dans l'Inde et à Ceylan (Plon, éditeur, 1880). 4 fr. »

Coulommiers. — Imp. PAUL BRODARD. — 433-95.

EN OCÉANIE

VOYAGE
AUTOUR DU MONDE EN 365 JOURS
1884 — 1885

PAR

EDMOND COTTEAU

Chargé d'une mission scientifique

CONTENANT 48 GRAVURES ET 4 CARTES

DEUXIÈME ÉDITION

PARIS
LIBRAIRIE HACHETTE ET Cie
79, BOULEVARD SAINT-GERMAIN, 79

1895

Droits de traduction et de reproduction réservés.

EN OCÉANIE

CHAPITRE PREMIER

DE TOULON A BORNÉO

20 mars — 1er mai 1884.

A bord de la *Nive*. — De Toulon à Singapore. — Johore et la péninsule malaise. — Une plantation de café à Bukit-Timah. — Incendie d'un village malais. — De Singapore à Sarawak.

Dans mes précédents voyages, j'avais parcouru l'Europe et l'Asie, visité une partie de l'Afrique et les deux Amériques; mais je n'avais pas encore fait le tour entier du globe, et il me restait à connaître la cinquième partie du monde, l'Océanie.

Désireux de combler cette lacune, je sollicitai et j'obtins du ministre de l'Instruction publique une mission gratuite ayant pour objet l'étude, au double point de vue géographique et ethnographique, des Indes néerlandaises, de l'Australasie et de l'Océanie en général; et, le 20 mars 1884, je me trouvais en rade de Toulon, à bord de la *Nive*. Ce grand transport, construit au Havre en 1883, dans la succursale des Forges et Chantiers de la Méditerranée, allait effectuer sa première traversée, sous les ordres de M. de Kerambosquer, capitaine de frégate : sa destination était la Cochinchine et le Tonkin.

Pour la première fois, j'allais naviguer sur un bâtiment de l'État. A 3 heures précises, un coup de canon donne le signal de l'appareillage : les lourds chalands, les canots à vapeur, les embarcations de toute sorte qui, tout à l'heure, entouraient notre énorme navire, comme si elles avaient voulu le prendre à l'abordage, s'éloignent en toute hâte. Mon frère, qui avait tenu à ne me quitter qu'au dernier moment, vient de descendre par la coupée de tribord. Toute communication avec la terre est interrompue ; nous restons 896 à bord [1]. Certes il en est parmi nous qui ne reverront jamais la France. Pour moi, je suis plein de confiance, et, en échangeant nos derniers adieux, je donne à mon frère rendez-vous pour le mois de mars 1885, au Havre ou à Saint-Nazaire.

Bientôt l'hélice frémit et la *Nive* se met lentement en marche. Les appels réitérés, les sonneries des clairons, les coups de sifflet, les manœuvres des trois cents hommes de l'équipage, la multitude des soldats ahuris qui ne savent encore où se caser, eux et leurs sacs, tout cela est nouveau pour moi. Peu à peu l'ordre succède à la confusion du départ. Nous doublons Saint-Mandrier. Me voilà donc encore une fois sur la mer sans bornes, dégagé des mille préoccupations de la vie ordinaire, ayant devant moi toute une année de liberté !

La *Nive* n'a pas été construite pour faire les voyages d'Extrême Orient ; c'est un transport-écurie, destiné au service de l'Algérie et de la Tunisie, et qu'on envoie exceptionnellement au Tonkin : aussi son aménagement, qui n'a pas été fait en vue des climats tropicaux, laisse-t-il beaucoup à désirer. La salle à manger est mal ventilée ; les logements, peu spacieux, manquent d'air. J'occupe une couchette dans une cabine à six places, où sont logés des fonctionnaires coloniaux, assimilés comme moi aux officiers passagers. Mes compagnons, qui presque tous ont déjà

---

1. Équipage de la *Nive*.................... 304
    Chauffeurs asiatiques.................... 37
    Passagers civils et militaires............ 555
              Total.................... 896

fait le voyage, se plaignent amèrement des installations de la *Nive*, bien inférieures, selon eux, à celles des autres transports de Cochinchine. Tant que nous serons dans la Méditerranée, il n'y aura que demi-mal; mais, plus loin, il est évident que nous aurons à souffrir de la chaleur.

La grande route de l'Extrême Orient, que je suivais alors pour la quatrième fois, est aujourd'hui si connue que je n'en dirai que peu de chose; et cependant elle est bien intéressante, cette longue route si fréquentée dans ces dernières années par nos soldats et nos marins. Les personnes qui n'ont jamais fait de longues traversées sont généralement portées à s'en exagérer les désagréments. Parce qu'une fois on aura été un peu trop rudement secoué du Havre à Trouville, parce qu'on aura trouvé peu de confortable sur le petit paquebot qui va de Dieppe à Brighton, on s'imagine que passer un mois sur mer doit être un véritable supplice. On ne se rend pas assez compte de l'immense différence qui existe entre ces petits vapeurs côtiers et un vaste steamer de cinq à six mille tonnes, véritable hôtel flottant, où chacun peut s'installer à sa guise et vivre tranquillement, à l'abri des soucis qui l'attendent à terre. Les heures s'enfuient avec rapidité au milieu des distractions que vous procure la société de vos compagnons de voyage ou bien la contemplation des aspects variés de l'Océan. Quant au mal de mer, je dirai que, loin d'être la règle à bord d'un grand bâtiment, il n'est que l'exception. Le roulis et le tangage y sont bien moins sensibles; d'ailleurs, au bout de quelques jours, personne ne s'en préoccupe plus.

Nous menons à bord une vie fort réglée. On se lève de bonne heure; on a hâte d'aller respirer sur le pont l'air frais de la mer. A 7 heures on prend le café noir, on déjeune à 10 heures et l'on dîne à 5. La cuisine du pourvoyeur est moins raffinée assurément que celle du maître d'hôtel des Messageries, mais elle est suffisante. Deux fois par semaine, le jeudi et le dimanche, on sert du vin d'extra. Le soir, à 10 heures précises, toutes les lumières sont éteintes, au carré comme dans les cabines.

La lecture, le jacquet, un modeste whist à cinq centimes la fiche, occupent nos loisirs. Après chaque repas, notre salle à manger prend l'aspect d'un café des plus animés : nous avons à bord une vingtaine de jeunes officiers d'infanterie de marine qui n'engendrent pas la mélancolie.

Avec tout cela, nous faisons assez régulièrement nos 500 kilomètres par jour. On nous avait promis mieux, mais il a fallu en rabattre : l'arbre de couche s'échauffe trop facilement par le frottement et ne nous permet pas de filer plus de 11 nœuds (20 kilomètres) à l'heure.

Le 21 mars, la *Nive* a doublé le cap Corse et passé en vue de l'île d'Elbe, de Capraja, Monte-Cristo, etc. Le jour suivant, c'était le tour du volcan Stromboli. A notre grand regret, on a passé le détroit de Messine pendant la nuit. Le 23, pleine mer; le 24, nous longeons à une assez grande distance la côte méridionale de l'île de Crète; le 25, rien en vue; le 26 dans la soirée, arrivée à Port-Saïd, où nous resterons deux jours entiers, pour prendre le charbon et faire une réparation à la machine.

Quarante-huit heures, c'est beaucoup pour Port-Saïd; ce n'est pas assez pour aller faire une excursion au Caire. Si le chemin de fer d'Ismaïlia était prolongé jusqu'à Port-Saïd, rien ne serait plus facile; mais, dans l'état actuel des communications, il faudrait partir en barque à minuit et rester seize heures en route. Nous voici donc condamnés à deux jours de flânerie à travers les rues, les bazars et les casinos interlopes de la ville franque, à moins que nous ne préférions enfourcher un âne, qui nous conduira, par une route sablonneuse, aux baraques et aux cafés primitifs du village arabe.

Le 29 mars, à 6 heures du matin, la *Nive* s'engage dans le canal et passe la nuit au garage du Sérapéum. Le lendemain, à 2 heures de l'après-midi, nous sommes à Suez, où l'on ne s'arrête que le temps nécessaire pour déposer le pilote à terre. Nous avions croisé dans le canal treize navires, tous anglais, sauf un espagnol et un français.

Le temps est superbe, la température délicieuse; la mer Rouge, d'une magnifique couleur bleue, est unie comme une glace.

Cependant, à mesure que nous avançons vers le sud, le thermomètre s'élève. Le 1er avril, il marque 28°. Ce jour-là a été signalé par un incident : à la hauteur de Djeddah, la femme d'un passager est heureusement accouchée d'une petite fille. Nous voilà désormais 897 à bord.

Le 3 avril, la chaleur ayant encore augmenté, on installe dans le carré une manche à air qui nous fait grand bien. Dans les cabines, de nuit comme de jour, le thermomètre ne s'abaisse guère au-dessous de 30°; aussi dormons-nous portes et fenêtres ouvertes.

Le 5 avril dans la matinée, nous sommes à Aden. Le commandant tient à regagner le temps perdu à Port-Saïd. Nous repartirons dans la soirée du même jour, sans faire ni vivres ni charbon; de plus, tous les passagers sont consignés à bord. Je m'en console aisément : la chaleur est accablante, et, dans mes précédents voyages, j'ai déjà eu l'occasion de voir tout ce qu'Aden peut offrir d'intéressant.

Les petits plongeurs, Nègres ou Somalis à la chevelure teinte en rouge, viennent, comme d'habitude, dans leur minuscule pirogue, tourner autour du navire pour attraper les sous qu'on leur jette à la mer. Pour une pièce blanche, ils passent par-dessous la quille du bâtiment : or la *Nive* ne mesure pas moins de 15^m,60 de largeur, avec un tirant d'eau de 7 mètres.

Nous trouvons dans l'océan Indien, avec une température plus fraîche (27° à 28°), une houle assez accentuée; mais, après deux ou trois semaines de mer, les passagers les plus impressionnables sont maintenant aguerris et supportent le roulis sans faiblir.

Le 12 avril, nous passons par le canal des Huit-Degrés, en vue de la petite île de Minicoï, basse et uniformément couverte de cocotiers. Çà et là des franges de blanche écume indiquent l'emplacement des bancs de coraux qui rendent ces parages fort dangereux.

Deux jours après, de grand matin, nous sommes au mouillage de Colombo : cette fois nous avons la permission de minuit. Officiers et passagers civils s'empressent d'en profiter. Quant aux soldats, ils sont, comme à toutes les relâches, consignés à bord ; ils devront se contenter d'admirer du pont du navire cette merveilleuse végétation tropicale, qui se révèle sans transition aucune, car, depuis que nous avons quitté l'Europe, nous n'avons eu, comme diversion au spectacle de l'Océan, que la vue de déserts de sable, de côtes arides et de rochers brûlés par le soleil. Je ne parle pas de Minicoï, que nous avons rangé à une distance trop grande pour en saisir les détails.

Le 15 avril, nous reprenons la mer. Vers midi on passe en vue de Pointe-de-Galle. C'est là que s'arrêtaient autrefois les navires ; mais la passe est difficile et le mouillage mauvais. Cette escale est délaissée, depuis que les Anglais ont fait des travaux considérables dans le port de Colombo.

Avant la fin du jour, Ceylan a disparu. Nous nous engageons dans le golfe de Bengale, et, le 19 avril seulement, nous revoyons la terre : la pointe nord de Sumatra apparaît dans l'éloignement sous la forme de montagnes bleuâtres ; plus près se déroule un chapelet de petites îles resplendissantes de verdure.

La chaleur a augmenté ; le thermomètre, maintenant, ne s'abaisse guère au-dessous de 30°. Avec une bonne brise, cette température est très supportable, mais par un temps calme elle est vraiment pénible, surtout le matin, car on a bien de la peine à se préserver des rayons obliques du soleil.

Un mois s'est écoulé depuis notre départ de Toulon ; maintenant je suis tout à fait habitué à l'existence réglée et essentiellement militaire que l'on mène à bord de la *Nive*. Au point du jour, le clairon résonne ; les fantassins de corvée, armés de balais sans manches, procèdent méthodiquement au lavage du pont, que les matelots inondent de seaux d'eau de mer. Puis vient la distribution du café, que chaque escouade va puiser à l'avant dans un immense baquet. A 9 heures a lieu l'inspection; nous y assistons de la dunette de tribord, le côté de bâbord étant strictement réservé aux officiers de la *Nive*. Un quartier-maître marmotte d'une voix inintelligible une courte prière; tout le monde se découvre; après quoi, on sonne la soupe. Dans la journée, nous avons comme distraction les exercices des soldats et des marins : ici la manœuvre des fusils Gras, plus loin celle des canons de 14 et des mitrailleuses Hotchkiss. Au coucher du soleil, deuxième inspection; au milieu du silence général l'officier de quart crie d'une voix retentissante : *La prière!* (c'est l'affaire de vingt secondes) *les punitions! tribord de quart!* Les soldats et marins punis forment le piquet sur le pont, au lieu de suivre leurs camarades qui vont joyeusement regagner leurs hamacs. Pendant deux heures ils se tiendront debout, alignés dos à dos, immobiles, avec défense de prononcer une parole.

Ces jours derniers, nous avons eu une distraction d'un autre genre. J'ai assisté au jugement d'un gabier qui avait dérobé une boîte de sardines. Le conseil de justice siégeait en séance publique au carré des officiers. Il était présidé par le commandant; trois lieutenants de vaisseau et le maître d'équipage faisaient les fonctions de juges. Le commissaire du bord remplissait le rôle de greffier; quant au défenseur de l'accusé, c'était un passager se rendant au Cambodge comme procureur de la République. Malgré ses aveux, le pauvre diable a été condamné à six mois de prison, qu'il a commencés immédiatement à bord, et qu'il continuera en France, où il sera réexpédié de Saïgon.

J'ai eu la curiosité de visiter la prison : pour cela, il ne faut pas descendre moins de cinquante marches, à partir de la dunette. Dans une cage sombre, j'ai vu une demi-douzaine de prisonniers à peu près nus. On m'a dit que l'un d'eux, récidiviste incorrigible, était resté trente-six heures couché sur des boulets, mais je n'ai pu vérifier le fait.

Le 20 avril, nous naviguons toute la journée en vue de la péninsule malaise. Derrière le rideau d'arbres magnifiques qui borde le rivage, on aperçoit dans l'intérieur une chaîne de montagnes en forme de mamelons. Dans la soirée, le feu de Malacca scintille à l'horizon.

Le jour suivant, à 7 heures du matin, le pilote monte à bord. Il apporte un paquet de lettres; à ma grande surprise, il y en a une pour moi : une aimable personne, que j'avais rencontrée dans un précédent voyage à Singapore, a tenu à me souhaiter la bienvenue aux portes de l'Océanie. Je suis réellement touché de cette délicate et charmante attention.

Les approches de Singapore sont de toute beauté. On s'engage dans une série de passes étroites, semées d'une foule d'îlots. Une puissante végétation semble envahir la mer elle-même, toujours tranquille dans ces parages abrités des vents du large.

A 9 heures, nous sommes amarrés au quai de New-Harbour. Je prends congé de mes nouveaux amis du bord et spécialement des officiers d'infanterie de marine, dont la franche gaieté et la constante bonne humeur ont beaucoup contribué à abréger les longues heures de la traversée. De cordiales poignées de main sont échangées, des rendez-vous donnés à Paris, cette ville à laquelle on songe toujours, sur n'importe quel point du globe. Je suis le seul passager débarquant ici. Demain la *Nive* poursuivra sa route vers l'Extrême Orient, et mes compagnons d'un mois s'en iront, avec la même insouciance, braver les fatigues et les dangers qui les attendent en Cochinchine et au Tonkin. Ma traversée de Toulon à Singapore avait duré trente-deux jours, y compris les escales. Le temps avait été constamment beau, et l'état sanitaire excellent. Loin d'avoir à déplorer aucune perte, nous avions eu la satisfaction, comme je l'ai dit, de voir la population de la *Nive* s'accroître d'une petite passagère.

Mon projet, en débarquant à Singapore, était d'y attendre MM. Bréon et Korthals, qui venaient d'être chargés d'une mission scientifique ayant pour objet l'exploration du volcan Krakatau et du détroit de la Sonde. Ces messieurs avaient bien voulu m'admettre à faire partie de leur expédition ; mais, comme ils ne s'étaient pas trouvés prêts à partir en même temps que moi, je les avais devancés. Il avait été convenu entre nous qu'ils prendraient le bateau des Messageries partant de Marseille le 14 avril et arrivant à Singapore le 12 mai. J'avais donc une vingtaine de jours devant moi.

Une excursion à Bangkok me sourirait assez. Il n'existe pas de service régulier pour le royaume de Siam, mais d'ordinaire il y a deux ou trois occasions par semaine. Or j'ai beau consulter le tableau des navires en partance, affiché chaque matin sous la véranda de l'hôtel de l'Europe, c'est comme un fait exprès : aucun n'est annoncé pour Bangkok.

Au milieu de la foule, sans cesse renouvelée, des voyageurs qui, comme moi, attendent à l'hôtel le bateau qui les conduira à leur destination, je découvre un Français, un seul : c'est M. Crozat, planteur de ramie en Cochinchine. Nous employons nos loisirs en longues promenades.

Un jour, nous prenons une voiture découverte pour nous conduire à Johore. La route, couverte de sable rouge, est très bien entretenue, comme dans toutes les colonies anglaises. Elle traverse l'île de part en part, d'abord au milieu des plantations, puis en pleine forêt. C'est une ravissante promenade de 23 kilomètres, au milieu d'un parc tropical. A l'autre extrémité de l'île, on se trouve en face du détroit qui la sépare de la péninsule malaise. Un sampan nous fait traverser ce bras de mer, large tout au plus d'un kilomètre et demi et que l'on prendrait pour un fleuve. Malheureusement le maharajah est absent. Cependant, après nous avoir prié d'inscrire nos noms sur le registre des étrangers, un serviteur nous fait visiter le palais, vaste construction basse, confortable et meublée presque entièrement à l'européenne. Après quoi, nous allons prendre un déjeuner au kari, dans un petit hôtel primitif, tenu par un métis portugais-chinois. Puis nous visitons la capitale des États du prince, la petite ville de Johore, dont la population se compose en majorité de Chinois. Rien à signaler qu'une grande scierie à vapeur; cette usine, fort bien organisée, appartient au maharajah, qui l'a fait construire pour l'exploitation de ses forêts. Nous faisons ensuite une promenade dans la campagne jusqu'à l'habitation d'un planteur, admirablement située sur une éminence d'où l'on découvre la plus grande partie du bosphore de Singapore. Toute cette contrée est merveilleusement belle, mais presque partout inculte et couverte de forêts impénétrables. Cependant on dit que, grâce au gouvernement éclairé du maharajah, grand ami des Anglais, et à la sécurité dont on jouit sur son territoire, de nouvelles plantations se fondent aux environs de sa capitale.

Le maharajah de Johore était autrefois le souverain de l'île de Singapore, qu'il a cédée à l'Angleterre moyennant une pension considérable[1]. Cette portion de son domaine, dont il ne tirait aucun parti, est maintenant le point de relâche presque obligé de tous les navires qui vont dans l'Extrême Orient, si bien qu'à la place d'un pauvre village de pêcheurs malais s'élève aujourd'hui une cité prospère, peuplée de 130 000 âmes!

Une autre excursion intéressante est celle que j'ai faite à Bukit-Timah, district qui occupe à peu près le centre de l'île. Un Bordelais, M. Chassériau, possède là une propriété de 1300 hectares, dont la moitié, en plein rapport, est cultivée en manioc et en café de Libéric. Cette plantation, sur laquelle travaillent un millier de coolies chinois, malais et indiens, est tenue avec un soin infini : c'est un jardin et un superbe jardin. M. Chassériau, qui la dirige et en

---

1. L'île de Singapore, située par 1° 16' de latitude nord, mesure 43 kilomètres de long sur 22 de large; sa superficie est de 768 kilomètres carrés.

Sa population fixe, évaluée en 1881 à 139 208 habitants, comprend un millier seulement d'Européens et au moins 100 000 Chinois.

Singapore. — Route de Bukit-Timah.

surveille lui-même les moindres détails, a le droit d'être fier de son œuvre. La création de cette plantation modèle fait honneur au nom français. C'est en 1872, à la suite de l'invasion du phylloxera dans ses vignobles, que M. Chassériau a pris le parti de refaire sa fortune en venant se fixer comme planteur à Singapore.

Le café de Libéria est en grande vogue en ce moment. L'arbuste, d'un port élégant, croît avec une rapidité merveilleuse ; il fleurit et fructifie d'une façon luxuriante ; en trois ans, il est en plein rapport. Alors ses branches disparaissent littéralement sous une multitude de fruits deux ou trois fois plus gros que ceux du cafier d'Arabie. La culture de cette belle variété a été introduite tout récemment en Malaisie. Son succès est manifeste ; d'après les calculs les plus modérés, M. Chassériau compte sur un produit net de 500 dollars (2300 francs) par hectare.

En visitant la plantation, nous avons donné la chasse à un serpent de grande taille, qui n'a pas tardé à disparaître dans un taillis non encore défriché. Ces fourrés servent aussi de repaire aux tigres ; mais ces animaux féroces deviennent de plus en plus rares, à mesure que les cultures s'étendent. Cependant, le lendemain de ma visite, on en a tué un sur la propriété de Bukit-Timah. M. Chassériau, que je rencontrai quelques jours après, déplorait la mort de *son* tigre, qui, me disait-il, lui rendait de grands services en détruisant les sangliers et les cochons sauvages qui ravageaient sa plantation.

Une nuit je fus réveillé en sursaut par un coup de canon. C'était un signal d'incendie. Dans la rue, je rencontre un *djinriksha*[1] qui me mène en toute hâte sur le lieu du sinistre, à 2 ou 3 kilomètres du centre de la ville. C'est un village malais qui est en feu. De grandes cases élevées sur pilotis, construites en planches et en

---

1. Petite voiture japonaise traînée par un homme. Il y a quelques années, elle n'existait pas à Singapore ; maintenant elle y a conquis le droit de cité ; on en compte plusieurs milliers.

bambous, s'enflamment comme des allumettes, les unes après les autres. Il y en a bien une cinquantaine, éparses sous les cocotiers qui flambent comme des torches gigantesques : superbe spectacle ! Heureusement pour les quartiers voisins, il n'y a pas un souffle de vent. Inutile de songer à éteindre l'incendie ; on se borne à faire la part du feu. Une foule immense assiste silencieusement à cette œuvre de destruction ; autour de moi, pas une plainte, pas un cri. Les Malais, en qualité de musulmans, sont essentiellement fatalistes. L'un d'eux, à qui je demande en anglais si sa maison est brûlée, me répond avec le plus grand calme : « *Oh! yes!* » et c'est tout.

J'ai eu l'occasion de visiter une fabrique de conserves d'ananas, montée par un Corse, ancien matelot des Messageries, qui, à force de persévérance, est arrivé à faire prospérer son industrie et à donner une certaine importance à son établissement. Il met en boîtes 1200 ananas par jour, et paye chaque fruit de 8 à 12 centimes, selon la saison.

M. Crozat et moi faisons de fréquentes promenades dans les quartiers indigènes, où il y a toujours quelque chose d'intéressant à observer, car la vie des Asiatiques se passe en grande partie en plein air ; nous courons aussi les théâtres chinois, parsis et malais. Sur la vaste pelouse qui se développe devant l'hôtel de l'Europe, nous avons la distraction de voir les Anglais jouer à la balle, au cricket ou au lawn-tennis, malgré une température qui ne s'abaisse guère au-dessous de 30°. Certains jours nous pouvons entendre aussi, sur l'esplanade, la musique militaire du croiseur allemand le *Prinz Adalbert*.

Cependant les jours succédaient aux jours, et j'étais impatient de voir des horizons nouveaux. Un vapeur venait d'être annoncé pour Bangkok ; mais, outre qu'il ne me restait plus guère de temps pour faire ce voyage, les renseignements que l'on me donna achevèrent de m'en dissuader. En effet la saison actuelle était tout à fait défavorable, la chaleur excessive, et enfin le choléra, qui revient périodiquement à cette époque de l'année, venait de faire son apparition. Il est vrai que le fléau sévit plutôt sur les natifs que sur les Européens ; néanmoins toutes ces circonstances réunies me firent renoncer au voyage de Bangkok. Désireux de ne pas rester plus longtemps dans l'inaction, je pris la résolution de m'embarquer sur la *Ranee*, qui, deux fois par mois, fait un service régulier entre Singapore et Sarawak (Bornéo).

Le 28, je vais coucher à bord. Nous levons l'ancre le 29, à 7 heures du matin. La *Ranee* est un joli vapeur de 400 tonneaux, construit à Leith, très proprement tenu, avec un petit salon à l'avant. Le capitaine Joyce est un bon gros Anglais, appartenant au type gai ; il voyage avec sa jeune femme, qui partage son temps entre l'étude du piano et les soins que réclame un bébé de six mois.

Nous sommes quatre passagers de cabine : M. Pearse, ministre des finances (*lord of the treasury*) de Sarawak ; M. Hooper, employé de commerce à Singapore ; M. Fosterman, naturaliste allemand, et moi. Tous ces messieurs sont d'aimables compagnons de voyage. J'ajouterai que la cuisine du bord, quoique anglaise, est bonne. Une cinquantaine de passagers asiatiques, la plupart Chinois, sont installés dans l'entrepont.

La distance entre Singapore et Sarawak est de 450 milles, à peu près la même que celle de Marseille à Alger ; nous la franchirons aisément en deux jours, car, d'avril à octobre, c'est-à-dire pendant la mousson du sud-ouest, la mer, dans ces parages, est toujours d'un calme parfait.

Vers 2 heures, nous avons eu un moment d'émotion : un énorme poisson s'était pris à la ligne qu'on laisse traîner à l'arrière, mais on l'a hissé trop précipitamment et il s'est dégagé ; il ne mesurait pas moins de deux mètres.

Dans la journée du 30 avril, nous passons en vue des îles Saint-Pierre, rochers boisés et inhabités. Une heure après, nous sommes en vue de la grande terre de Bornéo, que nous longeons depuis le cap Api jusqu'au cap Datu, limite entre les possessions hollandaises et l'État de Sarawak.

Parmi les passagers de l'entrepont se trouvent deux ou

trois Dayaks, qui sont allés, par curiosité, voir la grande ville de Singapore. L'un d'eux, au torse nu, n'a pour tout vêtement qu'un mauvais pantalon, mais il est coiffé d'un chapeau noir haut de forme, autour duquel il a enroulé un mouchoir de couleur; il paraît tout fier de son couvre-chef, bien original assurément pour un sauvage de Bornéo. Un autre tire quelques sons monotones d'un instrument de musique, composé d'une calebasse à laquelle on a adapté six tuyaux de bambou, de longueurs différentes.

Le lendemain de bonne heure, nous sommes à l'embouchure de la rivière de Sarawak, éclairée sur la rive gauche par un petit phare. Nous devons la remonter, avec l'aide de la marée, sur un parcours d'une cinquantaine de kilomètres. La rivière est fort large et ses berges sont très basses, de sorte que l'eau déborde de chaque côté et forme en beaucoup d'endroits des marécages où croît en abondance le palmier *nipa*. Cet arbre, si précieux pour les indigènes, qui en utilisent les feuilles pour la construction de leurs maisons, pousse le pied dans l'eau; il n'a pas de tronc, et ses feuilles, longues de 4 à 6 mètres, sortent immédiatement des racines.

Plus loin le sol se relève, et dans le lointain se découpe la silhouette de hautes montagnes d'un bleu pâle. Les nipas deviennent plus rares et finissent par céder la place à une forêt touffue, impénétrable. Comme, à un certain moment, nous longions la rive de fort près, un bruissement dans le feuillage attira mon attention, et je vis distinctement un gros animal au poil roux, suspendu par les bras à une branche élevée; après nous avoir considéré pendant une seconde, il se perdit dans la profondeur du bois, en passant d'un arbre à l'autre, mais sans trop se presser : c'était un *Simia satyrus*, grand singe anthropomorphe de Bornéo, connu vulgairement sous le nom d'orang-outang.

Vers 10 heures, la *Ranee* mouillait devant Kuching, capitale de Sa Hautesse Charles Johnson Brooke, neveu et successeur de sir James Brooke, le célèbre fondateur de l'État indépendant de Sarawak.

CHAPITRE II

SARAWAK

1ᵉʳ — 8 mai.

Quelques mots d'histoire. — Fondation de l'État indépendant de Sarawak. — James Brooke et Charles Johnson Brooke, rajahs de Sarawak. — Situation actuelle. — La capitale Kuching. — La rivière de Sarawak. — Excursion dans l'intérieur. — Busau et Paku. — Promenades chez les Dayaks. — Une grotte à nids d'hirondelle. — Retour à Singapore.

Si l'on considère l'Australie comme un continent, la Nouvelle-Guinée est, sans contredit, la plus grande île du monde. Bornéo vient ensuite, au second rang, avec une superficie que l'on a évaluée à 728 000 kilomètres carrés et qui représente à peu près une fois et demie celle de la France. Du nord au sud, Bornéo ne mesure pas moins de 1368 kilomètres ; sa largeur, de l'est à l'ouest, est de 966 kilomètres. Elle occupe le centre de l'archipel malais ; l'équateur les coupe en deux parties inégales, celle du nord équivalant aux trois cinquièmes de la surface totale.

Les Hollandais s'attribuent la suzeraineté de la plus grande partie de Bornéo. En 1785 ils avaient obtenu d'un chef indigène une concession de territoire sur la côte méridionale ; depuis lors ils ont peu à peu agrandi leurs possessions et augmenté leur influence, tant à l'est qu'à l'ouest ;

mais la partie septentrionale de l'île est toujours restée en dehors de leur sphère d'action.

Bornéo est une appellation européenne, s'appliquant à la fois à l'île entière et aux États du sultan de Bruni, sur la côte nord-ouest. Bruni est le mot malais sous lequel on désigne tout à la fois les possessions du sultan, sa capitale et la rivière qui la traverse. Ce sultanat, qui comprenait autrefois une étendue considérable, est aujourd'hui singulièrement réduit. Enserré d'un côté par la *British North Borneo Company*, de l'autre par l'État indépendant de Sarawak, on peut dès à présent prévoir l'époque où il aura cessé d'exister. Son premier démembrement remonte à 1844; il n'est pas inutile de rappeler dans quelles circonstances eut lieu cet événement.

Selon une coutume immémoriale, le sultan de Bruni cédait aux nobles et aux princes de sa maison de vastes territoires, sous la seule réserve de sa souveraineté. Ces feudataires, jouissant de pouvoirs presque sans limites, ne reconnaissant d'autre loi que le bon plaisir, pressuraient les habitants, qui de leur côté étaient en révolte permanente contre l'autorité. Or il arriva que le gouverneur de Sarawak, impuissant à apaiser une population exaspérée, sollicita le secours de sir James Brooke. Cet ancien officier de l'armée des Indes se trouvait alors à Kuching, à bord d'un yacht qui lui appartenait et qu'il avait armé en guerre. Ceci se passait en 1839. Doué d'une énergie peu commune et d'une indomptable ténacité, Brooke parvint non seulement à rétablir l'ordre dans la province, mais encore il sut si bien se concilier le peuple et les chefs, qu'en 1841 le territoire de Sarawak, avec 60 milles de côtes, lui fut cédé en toute souveraineté, par acte solennel du sultan, moyennant une redevance annuelle. Le sultan y gagnait, car depuis longtemps cette contrée ne lui rapportait que des dépenses.

C'est dans des circonstances semblables qu'ont eu lieu les annexions subséquentes des rivières de Rejang, Muka, Oya, etc.; puis Bintulu, Baram et Trusan. Chacune de ces annexions a été sinon suggérée, du moins consentie par le sultan et ratifiée par un acte parfaitement légal.

James Brooke mourut en 1868 ; il avait désigné pour son successeur son neveu Charles Brooke. Celui-ci, midshipman dans la marine anglaise, avait donné sa démission en 1852, pour entrer au service de son oncle.

Depuis trente-deux ans qu'il est dans le pays, il connaît les mœurs et parle les dialectes des différentes tribus. Avant d'être investi de l'autorité suprême, il avait déjà commandé de nombreuses expéditions pour amener les Dayaks à renoncer à leurs déprédations et à se soumettre à un gouvernement régulier ; il leur montrait volontiers ses fusils et ses canons, mais, autant que possible, il préférait la persuasion à l'emploi de la force. Encore aujourd'hui, il tient à se rendre compte de tout par lui-même et aime à siéger dans les cours de justice, où sa présence inspire la confiance. Les Dayaks, doués d'une certaine éloquence naturelle, lui exposent librement leurs griefs. Son prestige est dû, non seulement à ses longs services, à la fermeté et à l'équité de son gouvernement, mais aussi à la mémoire de son prédécesseur, vénérée par tous les indigènes, surtout par les Dayaks de l'intérieur, qu'il a délivrés de l'oppression. Ces derniers le regardaient comme un être supérieur envoyé par le ciel à leur secours ; quant aux Malais et aux tribus guerrières de la côte, ils voyaient en lui un grand chef, digne de les commander.

Dans la jungle, le Dayak est à son aise ; il en connaît tous les détours. Doué d'un coup d'œil sûr, de sens exquis, rompu aux stratagèmes de ses pareils, il ne se laissera pas surprendre. Sans bagages, à peine vêtu, il est habitué, dans ses pérégrinations, à porter sous un petit volume des vivres pour plusieurs jours, et, là où tout autre mourrait de faim, il sait trouver un supplément à ses maigres provisions. De plus, c'est un excellent rameur ; il fait glisser son long *prao* entre les rochers et sur les rapides avec une dextérité qui tient du prodige.

Toutes ces qualités font du guerrier dayak un auxiliaire

précieux. James Brooke l'avait bien compris ; après avoir réduit par les armes ces pirates de profession, qui, joints à ceux de Soulou et aux Illanos de Mindanao, infestaient les mers de l'archipel, il s'est attaché toute sa vie à se les concilier par la justice de son administration, et il y a réussi. Les vaincus sont devenus les plus loyaux sujets du vainqueur et l'ont bien prouvé, en 1857, lors de la révolte des Chinois : le rajah, échappé avec peine aux meurtriers, fit appel à ces anciens pirates, qui, accourus en foule, se joignirent aux Malais restés fidèles et poursuivirent les misérables restes de la rébellion jusqu'aux limites du territoire hollandais.

Le rajah actuel recueille les fruits de l'habile politique de son oncle. Les fils de ces féroces coupeurs de têtes, qui aimaient à orner de sanglants trophées les vérandas de leurs longues maisons, sont maintenant des auxiliaires dévoués. En temps ordinaire, ils se livrent paisiblement aux travaux de l'agriculture, recueillent les produits naturels des jungles : gommes, résines, écorces, miel, cire, rotang, etc. ; mais aujourd'hui, comme en 1857, les milices dayakes restent toujours prêtes à répondre avec enthousiasme au premier appel du rajah.

Leurs femmes, à l'aide de métiers primitifs, tissent des étoffes très durables. La *ranee* — c'est le nom que l'on donne à la femme du rajah — encourage cette industrie en employant ces étoffes pour son usage personnel, de préférence à celles d'Europe.

Les Malais de Sarawak s'accordent à dire que leurs ancêtres sont venus de Sumatra, et que la présente génération est la trente et unième depuis leur arrivée. En s'établissant sur divers points du rivage, ils ont refoulé vers l'intérieur les aborigènes, moins civilisés et moins bien armés.

Les Dayaks de l'intérieur ont toujours été plus pacifiques que ceux de la côte. Ils cultivent la terre, mais par des procédés si primitifs, qu'ils recueillent à peine de quoi se nourrir ; ils se livrent aussi à la recherche des productions de la jungle. Le nombre de ces pauvres gens n'augmente guère : ils ne cherchent pas à se marier hors de leur tribu, et leurs femmes restent souvent stériles.

Actuellement, le territoire de Sarawak possède 700 kilomètres de côte, sans compter les sinuosités ; il s'étend sur une largeur qui varie de 60 à 200 kilomètres, depuis le rivage jusqu'au sommet des montagnes, frontières naturelles des possessions hollandaises, où de nombreuses rivières prennent leur source. La seule agglomération qui mérite le nom de ville est la capitale, Kuching ; sa population, qui était de 20 000 âmes en 1869, augmente chaque année. L'État de Sarawak compte 300 000 habitants, dont 67 000 Malais et 13 000 Chinois ; ce nombre s'accroît rapidement par l'augmentation du bien-être, par l'émigration continuelle des Chinois et des indigènes opprimés des pays voisins.

Les Chinois, qui ne songeront jamais à renouveler la tentative de 1857, forment une communauté respectable. Sans eux, Sarawak ne pourrait prospérer : le Malais dédaigne le travail manuel, et le Dayak ne veut pas s'astreindre à un labeur constant. Les Chinois sont artisans, cultivateurs, commerçants en gros et en détail, laveurs de sables aurifères, chercheurs de diamants ; sobres, vivant de peu, laborieux, économes, ils apportent à Sarawak le travail et le capital. Ils auraient bientôt évincé les indigènes, si un grand nombre d'entre eux ne retournaient en Chine avec leur pécule. Depuis l'insurrection, attribuée à une société secrète, leurs associations sont l'objet d'une loi très rigoureuse.

A son avènement en 1841, James Brooke ne pouvait abolir l'esclavage d'un trait de plume sans blesser bien des préjugés et des coutumes séculaires, et cela d'autant plus que les chefs malais, qui devaient avoir une grande part au gouvernement, étaient eux-mêmes détenteurs d'esclaves. On ne pouvait combattre le mal qu'indirectement, en persuadant aux chefs de légiférer contre les abus. L'inscription des esclaves fut ordonnée, et l'exportation, comme l'importation, en fut interdite. Par le fait de règlements strictement maintenus, beaucoup d'entre eux furent affranchis. Enfin, depuis 1883, tout esclave peut se racheter en payant à son maître la modique somme de 30 dollars, qui représente, à Sarawak, l'équivalent de cinq mois de travail manuel. La tendance constante de l'autorité a été d'abolir l'esclavage, graduellement mais effectivement, sans secousses et sans troubles, en le réduisant à des limites de plus en plus étroites jusqu'à son entière suppression, qui aura lieu, selon toute probabilité, avant le 1ᵉʳ septembre 1888, terme fixé par le rajah.

Le climat de Sarawak est sain. Les pluies sont abondantes, de 4 à 5 mètres par an. La température oscille entre 22° et 31°; il est rare qu'elle dépasse 32° ou qu'elle s'abaisse au-dessous de 20°.

Dans un pays équatorial, où les saisons n'existent pour ainsi dire pas, où la chaleur et l'humidité sont constantes, la végétation ne s'arrête guère : aussi, sauf les rares terrains défrichés, toute la contrée présente l'aspect d'une luxuriante forêt. La culture du sol est d'autant plus difficile, que l'homme doit lutter contre une nature sans cesse en activité. Le sagoutier, qui semble indigène à Bornéo, est d'une grande ressource pour l'alimentation des indigènes. Il croît partout dans les terrains d'alluvion assez humides et sur le bord des cours d'eau, mais c'est surtout dans la plaine arrosée par la rivière Bintulu qu'on le rencontre en abondance ; 20 000 tonnes de sagou sont exportées annuellement. Le poivre donne aussi de grands profits ; il en sera bientôt de même du quinquina, que l'on vient d'acclimater et qui se développe avec vigueur sur le penchant des montagnes. Toutefois il y a encore beaucoup à faire pour l'agriculture. La production du riz reste inférieure à la consommation ; la canne à sucre n'a pas réussi jusqu'à présent ; le cacao est à l'essai ; enfin le café croît luxurieusement, mais produit peu.

Depuis quelques années, le rajah a créé à Kuching une école semi-militaire, où cent cinquante élèves indigènes sont entretenus : c'est le Saint-Cyr de Sarawak. A de certaines heures, les soldats, même dans les stations éloignées, apprennent la lecture, l'écriture, le calcul. Le désir de l'instruction se manifeste partout.

Les Dayaks ont, en général, l'idée d'un Être suprême. Ils croient en outre à des esprits bienfaisants et malfaisants, et, pour se les concilier ou les attendrir, ils leur font des offrandes de fleurs et de comestibles; avec cela, ils ont un système très compliqué d'augures et d'aruspices. Avant de commencer une entreprise de quelque importance, ils observeront le vol des oiseaux ou sacrifieront un animal, afin de pouvoir tirer des présages plus ou moins favorables, selon l'état des viscères. Leur conception de la vie future est que les morts renaissent en un autre monde, dans les mêmes circonstances, avec les mêmes idées et les mêmes occupations que dans celui-ci. Autrefois, à la mort d'un parent, ils immolaient des esclaves chargés de le servir dans une seconde existence, ou bien ils les enchaînaient près de sa tombe et les y laissaient mourir de faim; maintenant ils se bornent à ensevelir le mort avec ses armes et divers ustensiles, et, de temps à autre, ils vont lui porter des aliments.

Les Malais de Sarawak, quoique mahométans, partagent la plupart des superstitions de leurs voisins. Les missionnaires ne cherchent pas à faire de prosélytes parmi eux; ce serait d'ailleurs peine perdue : on sait que les musulmans ne se convertissent jamais. Les missionnaires protestants (Église épiscopale) sont venus à Sarawak en 1848; confortablement installés à Kuching, ils laissent à une petite mission catholique le soin de convertir les Dayaks de l'intérieur.

L'armée régulière comprend un commandant et un sergent-major européens et trois cents sous-officiers et soldats indigènes. Outre le fort de Kuching, il y a, dans les différentes stations, une vingtaine de fortins ou blockhaus, près des principaux villages. Une canonnière et sept petits steamers forment la marine de Sarawak. Enfin le chef de police de Kuching a sous ses ordres une cinquantaine de policemen indigènes, armés au besoin et militairement exercés.

Aucune constitution écrite ne limite l'autorité du rajah; mais celui-ci ne l'exerce guère que dans le choix de ses officiers ou dans des cas d'urgence. Les Malais, qui depuis des siècles étaient la race dominante, sont largement représentés dans le conseil suprême, présidé par le rajah. Dans les différents districts, l'administration est entre les mains des résidents et de leurs assistants européens, agissant de concert avec les chefs indigènes. Une chose à noter, c'est que l'acquisition des terrains de l'État est accessible au plus pauvre. La vente des propriétés foncières a été rendue facile et sûre; les formalités sont simples et les frais minimes. En somme, on peut dire que, pour le gouvernement comme pour l'administration de la justice, le bon sens, le sens commun est la seule loi de Sarawak. Le peuple, autant que possible, est gouverné par ses propres chefs; les droits acquis, la religion, les coutumes et les usages anciens sont respectés, en tant qu'ils ne sont pas contraires au droit naturel.

Ajoutons que les appointements des officiers et fonctionnaires sont très modestes, et que la liste civile du rajah ne l'est pas moins. Le revenu de l'État augmente d'année en année; en 1883 il était de 1 400 000 francs. Tout l'excédent des recettes sur les dépenses est employé en travaux publics, constructions de routes, etc.

En réalité, une trentaine d'Anglais — pas plus — gouvernent et administrent économiquement un pays dont la surface équivaut à seize de nos départements français, et cela avec quelques centaines de soldats et de policemen natifs, et presque sans lois écrites. Sur ce vaste territoire, en proie naguère à la piraterie et à l'anarchie, l'ordre règne, la vie et les biens sont en sécurité. Enfin plusieurs centaines de milliers d'indigènes, malais, dayaks et chinois, obéissent aveuglément à une poignée d'hommes de race étrangère! A quoi attribuer ce résultat vraiment merveilleux, si ce n'est à l'esprit de justice et à la simplicité extrême du gouvernement?

Je reprends la suite de mon récit.

En débarquant à Kuching, je me rendis, en compagnie de M. Fosterman, à un petit hôtel où je trouvai un logement convenable pour le pays, une chambre assez grande donnant sur une large véranda, bien abritée du soleil.

Le rajah et sa famille étant alors en Angleterre, j'allai, dans l'après-midi, rendre visite au résident, M. Maxwell, qui m'accueillit cordialement et me donna le conseil de faire une excursion aux mines d'antimoine, sur le cours supérieur de la rivière; puis il me remit une lettre de recommandation pour M. Hardie, directeur de la *Compagnie commerciale de Bornéo*. Ce dernier voulut bien mettre à ma disposition, pour le surlendemain, une chaloupe à vapeur, avec laquelle je remonterais la rivière.

L'hôtel où je suis logé sert aussi de club aux officiers, et plusieurs d'entre eux y prennent leur pension. Au repas du soir, je ne fus pas peu étonné de voir ces messieurs déguster, en guise de champagne, du cidre mousseux du Devonshire. Certes je ne m'attendais pas à rencontrer à Bornéo cette boisson, que d'ailleurs je trouvai excellente.

Le jour suivant, j'eus le plaisir de faire la connaissance de M. Poncelet, qui cumule les modestes fonctions de bibliothécaire du club et d'organiste de la chapelle protestante. M. Poncelet, Belge de naissance, est fixé en Malaisie depuis trente-cinq ans, sans jamais avoir revu l'Europe. Il n'avait encore rencontré à Bornéo aucun touriste français et, depuis bien des années, n'avait pas eu l'occasion de parler notre langue; aussi sa joie a-t-elle été extrême et l'excellent homme s'est-il empressé de me piloter dans la capitale et aux environs.

Plusieurs négociants européens sont fixés à Kuching, qui tend à devenir une place commerciale importante. Le quartier chinois vient d'être ravagé par un incendie. Dans la partie que le feu n'a pas atteinte, on voit de belles boutiques, des magasins regorgeant de marchandises, un bazar où des marchands de menus objets, faïences communes, ferraille, articles de coutellerie, vocifèrent à l'envi pour attirer la clientèle. Dans une pagode en construction, un artiste venu tout exprès du Fo-Kien est en train de couvrir les murailles de peintures fort compliquées.

Au centre de la ville s'élèvent les offices du gouvernement, la Poste, la Cour de justice, etc.; sur le quai, une prison fortifiée, surmontée d'une tour crénelée. Tous ces édifices sont badigeonnés de blanc. Quant à la ville malaise proprement dite, on ne soupçonnerait guère son importance. Les nombreuses cases des indigènes sont éparses au milieu de jardins, sous les grands cocotiers. Quelques-unes sont construites au bord même de la rivière, sur des pilotis enfoncés dans l'eau, dont elles ne sont séparées que de quelques pieds; les parois latérales et le toit sont en feuilles de palmier *nipa*; le plancher est fait de lattes de bambou réunies par des liens de rotang. Des troncs d'arbres flottants, amarrés aux pilotis, servent de débarcadère.

Nous traversons le fleuve sur un sampan peint de couleurs éclatantes, d'une extrême propreté, mais d'un équilibre fort instable; aussi, comme il n'y a pas de siège, suis-je obligé de me glisser à l'arrière sous un petit toit de bambou et d'y rester couché et immobile. Le batelier se tient à l'avant et nous fait avancer à l'aide d'une courte et large pagaie.

L'Astana — c'est ainsi qu'on appelle la résidence du rajah — est une belle et vaste construction occupant le sommet d'un mamelon, sur la rive gauche du fleuve. On profite de l'absence du maître pour y faire des réparations; aussi l'intérieur est-il en ce moment peu intéressant. Je ne puis cependant ne pas parler de trois petits tableaux que me signale mon guide : ce sont les portraits de trois jeunes enfants du rajah qui, dans un de ses voyages en Europe, il y a quelques années, succombèrent en deux jours pendant la traversée de la mer Rouge.

Les jardins qui entourent le palais offrent de magnifiques ombrages. Ils sont fort bien tenus. Le rajah y a planté des arbres originaires d'Afrique, des Indes et de l'Amérique; il y fait, en outre, l'essai de toutes les plantes tropicales utiles.

De là, et toujours sur la rive gauche, nous avons visité la forteresse. Du sommet de la tour principale, on jouit d'une fort belle vue sur la ville, la rivière et les vertes

Maisons malaises sur la rivière de Sarawak.

forêts; au loin vers le sud, des montagnes bleuâtres se détachent nettement sur l'horizon enflammé par les rayons du soleil couchant.

Le lendemain, dans la matinée, je m'embarquais sur la chaloupe à vapeur de M. Hardie, en compagnie d'un jeune officier anglais et de M. C. Bampfylde, résident à Paku. Le fleuve, large en certains endroits de plus de 500 mètres, offre partout des points de vue magnifiques. Une végétation inextricable couvre ses rives. Çà et là cependant on entrevoit quelque clairière : une case élevée sur de hauts pilotis, des plantations d'ananas et de bananiers; puis l'éternelle forêt reprend son empire. Souvent nous rencontrons des embarcations indigènes de formes diverses; elles ne s'éloignent guère du rivage.

Après deux heures de navigation sur le fleuve, nous entrons, à gauche, dans une petite rivière, dont la faible largeur nous permet d'admirer de près les lianes gigantesques qui, du sommet des plus grands arbres, retombent en festons jusqu'à la surface de l'eau. Le terrain se relève; les cultures deviennent plus fréquentes; au delà des rives en partie déblayées pour les rizières, on aperçoit des cabanes disséminées sous des bosquets de bananiers, ou bien couvertes d'un épais fourré que dominent les troncs élancés des cocotiers. Une heure encore et nous débarquons à Busau, où se trouve une fonderie d'antimoine appartenant à la Compagnie. Un excellent déjeuner nous attend dans la confortable habitation du directeur, M. Everet.

Après avoir visité l'usine et le village chinois qui en dépend, nous montons sur un petit tramway, construit pour les besoins de l'exploitation minière. Les rails sont en bois de fer, mais en somme ils reviennent plus cher que s'ils étaient en métal, car on doit les renouveler assez souvent. Le minerai d'antimoine se trouvait autrefois en abondance et à fleur de terre; aujourd'hui on ne peut l'obtenir qu'en faisant sauter des rochers. La bonne qualité devient de plus en plus rare; d'autre part, les débouchés commerciaux manquent, aussi l'usine de Busau chôme souvent.

Nous arrivons à Paku, distant de 6 kilomètres de Busau. M. Bampfylde m'a offert l'hospitalité dans sa maison, bâtie au sommet d'un mamelon, en pleine forêt. Chez lui, j'ai la bonne fortune de rencontrer un ingénieur des mines, M. Burls, Anglais, ayant habité Paris et parlant parfaitement notre langue. Il me propose aussitôt un tour de promenade, que je n'ai garde de refuser.

Nous allons visiter, dans le voisinage, des mines d'or délaissées par leurs premiers exploitants. Des Chinois, installés au bord d'un petit ruisseau, lavent avec acharnement, dans de grandes bassines, les résidus abandonnés et parviennent ainsi à recueillir, sous forme de poussière jaune, quelques infimes parcelles d'or. Plus loin, d'autres Chinois continuent les fouilles, extrayant de profondes crevasses une boue noirâtre, où j'ai peine à me figurer que le précieux métal ait élu domicile. L'eau, qui existe partout à Bornéo, rendait leur travail extrêmement difficile : une pompe à vapeur vient d'être installée et fonctionne avec succès. La location de cette machine coûte aux Chinois 120 dollars par mois, mais, grâce à elle, ils espèrent obtenir un rendement rémunérateur.

Avant de rentrer, nous visitons le village chinois. Autour de chaque paillote existe un petit jardin bien cultivé, conquis sur la forêt voisine. Ces gens s'occupent aussi d'élever des porcs. Contrairement à ce qui se passe chez nous, ces animaux sont tenus avec une extrême propreté. On les nourrit principalement avec une plante qui se développe à la surface des eaux stagnantes et dont ils se montrent très friands.

Dans la soirée, une pluie torrentielle vient rafraîchir l'atmosphère. Après le dîner, le calme renaît, et je prends un repos délicieux sous la véranda. A demi couché sur un de ces fauteuils de canne dont les longs bras servent d'appui aux jambes fatiguées, je m'amuse à contempler dans la nuit sombre le scintillement fantastique des mouches à feu, que dans aucun pays je n'ai vues aussi nombreuses qu'ici.

Le lendemain matin, comme j'avais manifesté le désir de voir une habitation dayake, M. Burls et moi nous nous mettons en route. Mais le soleil est déjà haut, et bientôt la marche devient pénible, tant à cause de la chaleur que de la nature du terrain. Il nous faut cheminer au milieu des hautes herbes, traverser à chaque instant de petits cours d'eau, des fondrières et des marais, sur de simples troncs d'arbres à peine dégrossis et posés bout à bout. Je commence à trouver la course bien longue. Enfin nous arrivons devant une cabane de pauvre apparence, juchée sur de hauts pilotis. Pour y pénétrer, il nous faut gravir une poutre posée en arc-boutant et grossièrement entaillée en manière d'escalier.

Le maître de la maison, un Dayak dans la force de l'âge, nous reçoit amicalement; il connaît mon compagnon. Nous nous asseyons sur le châssis de bambou qui lui sert de lit. Près de nous se tient sa jeune femme, simplement vêtue d'un pagne très court, dont l'étoffe épaisse est couverte de broderies d'un dessin naïf, mais qui n'est pas sans grâce. Autour du corps, cette beauté dayake porte un certain nombre de cercles en fil de laiton roulé en spirale et formant ressort. Ces ornements sont plus ou moins nombreux selon la fortune de leur propriétaire. Pour les femmes les plus riches, ils constituent une sorte de corset dont elles se cuirassent le buste, depuis la ceinture jusqu'au-dessous des seins.

Notre hôte me fait voir ses armes, parmi lesquelles je remarque une sarbacane qui lui sert à lancer des flèches très courtes, armées d'un fer empoisonné. Comme rafraîchissement, il nous passe un long tuyau de bambou plein d'une eau que je trouve excellente et encore fraîche, malgré la température de l'air ambiant.

Dans l'après-midi, nouvelle course, heureusement moins longue que la première, car le thermomètre se maintient encore à 32°. Il s'agissait d'aller voir une de ces grottes où les Dayaks récoltent, au prix de difficultés inouïes, les fameux nids d'hirondelles destinés aux riches gourmets de la Chine. La visite de cette grotte, d'un accès assez pénible, m'a surtout intéressé à cause des explications qui m'ont été données sur place par M. Bampfylde.

Les nids étant placés dans des endroits très difficiles à atteindre, et presque toujours à une grande hauteur, il faut employer, pour les recueillir, des hommes expérimentés, habitués dès leur enfance à leur dangereux métier. D'ailleurs, plus les nids sont élevés, meilleurs ils sont, la matière qui les compose étant plus ferme et moins exposée à être détériorée par l'humidité. Au moyen d'échelles de rotin, de bâtons et de bambous habilement fixés dans un trou ou une crevasse, les collecteurs parviennent à escalader des parois verticales et qu'à première vue on jugerait inaccessibles. On peut faire la récolte des nids quatre fois par an, à partir de mars et à deux mois d'intervalle. Comme on ne les prend que lorsque les œufs sont pondus (il n'y en a jamais que deux par nid), on pourrait craindre à bref délai la destruction des oiseaux; mais il paraît qu'après chaque récolte a lieu une nouvelle ponte, de sorte qu'il suffit de respecter la dernière pour assurer la reproduction de la race.

Le prix des nids est essentiellement variable. La première qualité, celle qui est parfaitement blanche et pure, se vend sur place de 1400 à 2000 dollars le picul, soit de 112 à 160 francs le kilogramme; tandis que la qualité la plus vile, celle qui est de couleur noirâtre, mélangée de plumes et d'impuretés, ne vaut que 6 à 8 francs.

Le 5 mai, dans la journée, j'étais de retour à Kuching, où je trouvai une invitation à dîner chez le résident. J'y passai une excellente soirée, égayée de champagne et de vins de France, en compagnie de M. Low, gouverneur de Pérak, et de M. Zehnder, ministre protestant. Ce dernier, natif de Zurich, est marié à une Chinoise et habite Sarawak depuis vingt-cinq ans.

Ce devait être ma dernière soirée à Bornéo. Le 6, à 2 heures, la *Rance* lèvera l'ancre pour retourner à Singapore. Il me reste donc encore une matinée, et j'ai résolu de l'employer utilement.

Au point du jour, un Dayak, prévenu la veille par le résident, vient me prendre pour me conduire à son village, à deux heures de marche de Kuching. Il tombe une petite pluie fine, qui a le double avantage d'intercepter les rayons du soleil et de rafraîchir l'atmosphère.

A 2 kilomètres de Kuching, nous quittons la route pour entrer dans un vaste défrichement déjà ancien, où des Chinois ont créé des plantations et des jardins potagers. Au delà s'étend une magnifique forêt que l'homme n'a pas encore touchée et que l'on traverse en suivant un étroit sentier taillé entre deux murailles végétales. Puis vient un autre défrichement, celui-là tout récent. La marche y est très difficile, au milieu des hautes herbes mouillées sous lesquelles nous disparaissons, et des énormes troncs d'arbres qui jonchent le sol.

Enfin, à l'entrée d'une clairière, je me trouve en présence du village, but de mon excursion. Il se compose, comme la plupart des villages dayaks, d'une maison unique, à un seul étage, bâtie sur pilotis, très longue et divisée en autant de compartiments qu'il existe de familles. J'en compte quatorze, et j'évalue à une centaine le nombre des habitants. Sur la véranda commune qui remplace les rues de nos villages s'ouvrent les portes de chaque ménage. Au centre est la demeure du chef. Ce dernier me fait apporter un fauteuil, et bientôt toute la tribu forme le cercle autour de moi. Les enfants sont entièrement nus; les jeunes filles n'ont d'autre vêtement que l'étroit jupon dont j'ai déjà parlé. Quelques-unes sont jolies. Quant à ces Dayaks, auxquels on a fait autrefois une si terrible réputation de coupeurs de tête, leur physionomie ne porte aucunement la marque des instincts sanguinaires du temps passé. Et cependant, au-dessus du foyer devant lequel je suis assis et qui occupe, en face de la porte du chef, le centre de ce que j'appellerai la place publique du village, une douzaine de têtes humaines desséchées, noircies par la fumée, sont suspendues dans un réseau de bambou ! A deux pas de là, sur la plupart des portes, s'étalent des gravures de journaux illustrés : curieux mélange de civilisation et de barbarie.

Deux jours après, le 8 mai, j'étais installé de nouveau dans l'inévitable *hôtel de l'Europe*, à Singapore, et M. Fosterman surveillait le transbordement de vingt-quatre énormes caisses d'orchidées de Bornéo, qu'il expédiait à la maison F. Sander and C°, de Londres.

CHAPITRE III

KRAKATAU

11 — 29 mai.

Adieux à Singapore. — L'*Émyrne*. — Le détroit de Banca. — Arrivée à Batavia. — La catastrophe de Krakatau. — Départ de Tandjong Priok. — Le *Kédiri*. — Navigation dans le détroit de la Sonde. — Anjer et Tjaringin. — Phare de *Java's eerste Punt*. — L'île du Prince. — Le golfe de Lampong, à Sumatra. — Telok-Betong. — Le steamer *Barouw*. — Seboukou. — Sebesi. — Le pic de Rakata. — Débarquement à Krakatau. — Verlaten et Lang. — Mérak. — Retour à Batavia.

L'*Oxus*, de la Compagnie des Messageries Maritimes, parti de Marseille le 13 avril, arrivait le 11 mai à Singapore. A son bord se trouvaient mes deux amis MM. Bréon et Korthals : nous étions, tous les trois, exacts au rendez-vous donné.

Singapore, où je venais de passer une douzaine de jours, n'avait plus guère de secrets pour moi ; je m'empressai d'en faire les honneurs à mes futurs compagnons de voyage à Java. Par malheur, c'était un dimanche. Or les Chinois, Malais et Indiens, qui forment les quatre-vingt-dix-neuf centièmes de la population, ont également adopté le dimanche européen comme jour de repos. Aussi la ville, peu animée, était-elle beaucoup moins intéressante que les autres jours, comme cela a toujours lieu d'ailleurs dans les colonies anglaises.

Après avoir fait, à l'*hôtel de l'Europe*, un dernier repas aussi mauvais que d'habitude, visité le Jardin botanique et la maison du riche Chinois Whampou, — promenade classique des touristes, — nous nous embarquons, dans la soirée du même jour, sur le vapeur annexe l'*Émyrne*, qui deux fois par mois, à l'arrivée de la malle française, prend la correspondance et les passagers pour Batavia. Sur six bateaux amarrés au *Borneo wharf*, cinq portent le pavillon français : ce sont l'*Oxus* et l'*Émyrne*, des Messageries Maritimes, le transport de l'État l'*Oise*, et les canonnières le *Jaguar* et l'*Hyène*, ces trois derniers en destination du Tonkin.

La nuit, passée dans l'immobilité, a été étouffante, et longtemps les moustiques m'ont empêché de dormir. Au point du jour on lève l'ancre, et, grâce au mouvement du navire, la température devient plus supportable.

En sortant de Singapore, on jouit d'un ravissant panorama sur les îles Battam et Bintang, environnées d'une foule d'îlots, semblables à autant de corbeilles de verdure posées sur les flots. Qui croirait que ces îles, si proches des canons anglais, sont encore aujourd'hui habitées par des pirates? La semaine dernière, l'équipage d'une barque chinoise a été massacré par eux, en plein jour et dans la rade même de Singapore.

Dans le détroit de Rhio, nous recevons plusieurs grains, mais de courte durée; après chaque averse, de superbes arcs-en-ciel annoncent le retour du beau temps.

A 4 heures du soir, on range par tribord les montagnes curieusement dentelées de l'île de Lingin. Voici la petite île Domino, bouquet d'arbres singulièrement divisé en deux parties et situé précisément sous l'équateur.

Nous avons à bord cinq ou six Hollandais, fonctionnaires ou négociants. Ils viennent de passer une saison en Europe. Tous ont déjà vécu de longues années aux colonies. Ce sont des hommes grands, gros, forts, ayant toutes les apparences d'une parfaite santé. Le climat des Indes Néerlandaises est donc meilleur que sa réputation? En les voyant, je suis d'avance porté à le croire. Du reste, ces messieurs, qui tous s'expriment correctement en français, ne paraissent nullement regretter les brumes de la Hollande ; ils sont heureux de revoir Java, et m'en parlent avec enthousiasme.

13 mai. — Ce matin, le thermomètre ne marque que 26°. Les passagers de l'*Oxus* affirment que, depuis Port-Saïd, ils n'ont pas encore joui d'une température aussi fraîche ; pour un rien, ils se plaindraient du froid. Nous sommes assaillis par un grain violent à l'entrée du détroit de Banca : dans ces parages il pleut presque constamment.

L'île de Banca, longue de 210 kilomètres et large de 30 à 50, est renommée pour ses riches mines d'étain, qui, monopolisées entre les mains de la Hollande, lui donnent un revenu net moyen de 6 250 000 francs. Elle est séparée de Sumatra par un bras de mer large de 10 à 20 milles.

A travers les éclaircies on aperçoit à bâbord les montagnes de Banca, hautes de 1000 mètres environ, et à tribord la côte de Sumatra, basse, uniformément bordée de cocotiers, qui, serrés en masses profondes et s'élevant tous à la même hauteur, forment à l'horizon comme une sombre muraille de verdure.

14 mai. — Ce matin, au réveil, le temps est beau et la mer absolument calme. Nous faisons route à travers un archipel de petites îles boisées et qui semblent inhabitées. Devant nous s'étend une longue ligne de côtes basses et verdoyantes : c'est Java.

A 10 heures du matin, l'*Émyrne* mouille à deux milles de terre. Un petit steamer nous reçoit avec nos bagages, traverse la rade, puis s'engage dans un long canal aux eaux fort sales. L'arrivée à Batavia est triste ; on ne voit rien de la ville, séparée de la mer par des marais pestilentiels. Le premier édifice qui frappe nos regards est la douane, où nous débarquons. Son aspect est misérable, mais, à défaut d'une brillante architecture, nous y trouvons des employés complaisants. Aucune de nos malles ne fut ouverte, et, dix minutes après notre arrivée, nous avions la satisfaction de voir nos nombreux colis, empilés sur une charrette, se diriger vers l'hôtel Leroux[1], sous la garde d'un domestique malais. Quant à nous, nous prenons une carriole qui nous fait traverser un quartier presque désert, dont les hautes maisons délabrées, vieilles de deux siècles, rappellent tout à fait la Hollande. Cette partie de la ville se compose uniquement de bureaux et d'entrepôts. Plus loin, nous montons dans un tramway à vapeur qui nous entraîne rapidement le long d'un canal, bordé d'abord de maisonnettes chinoises, puis enfin d'arbres magnifiques et de luxuriants jardins, au milieu desquels s'élèvent les confortables habitations des Hollandais : nous sommes dans le nouveau Batavia.

A peine installés, MM. Bréon et Korthals s'occupent des démarches à faire pour assurer le succès de leur mission; car, réduits à nos seules ressources, il nous serait presque impossible de réussir.

Je suis heureux de pouvoir dire ici que tout a succédé à nos désirs. Le consul de France, M. le comte de Pourtalès, mit le plus grand empressement à nous rendre service; il nous présenta au gouverneur général des Indes Néerlandaises, à sa résidence de Buitenzorg. Son Excellence voulut bien mettre à notre disposition un petit steamer appartenant au gouvernement; et, grâce à la bienveillance et à l'activité des fonctionnaires de tout ordre, nous étions prêts, une semaine après notre arrivée, à partir pour le détroit de la Sonde.

Mais, avant de passer au récit même de notre exploration, il me paraît indispensable de rappeler au lecteur les principaux faits qui ont attiré l'attention du monde entier sur la petite île de Krakatau.

A la fin d'août 1883, un mois à peine après le cataclysme d'Ischia, le télégraphe apportait en Europe la nouvelle d'une catastrophe bien plus émouvante encore. Une éruption, sans

---

[1]. Maison française, tenue aujourd'hui par M. et Mme Cordelet, dont les prévenances et les bons soins ne nous ont jamais fait défaut pendant toute la durée de notre séjour à Batavia.

précédent dans l'histoire, venait, disait-on, de bouleverser le détroit de la Sonde, dévastant les grandes îles de Java et de Sumatra, et causant la mort de plus de cent mille personnes. On racontait que des îles entières s'étaient effondrées, et que

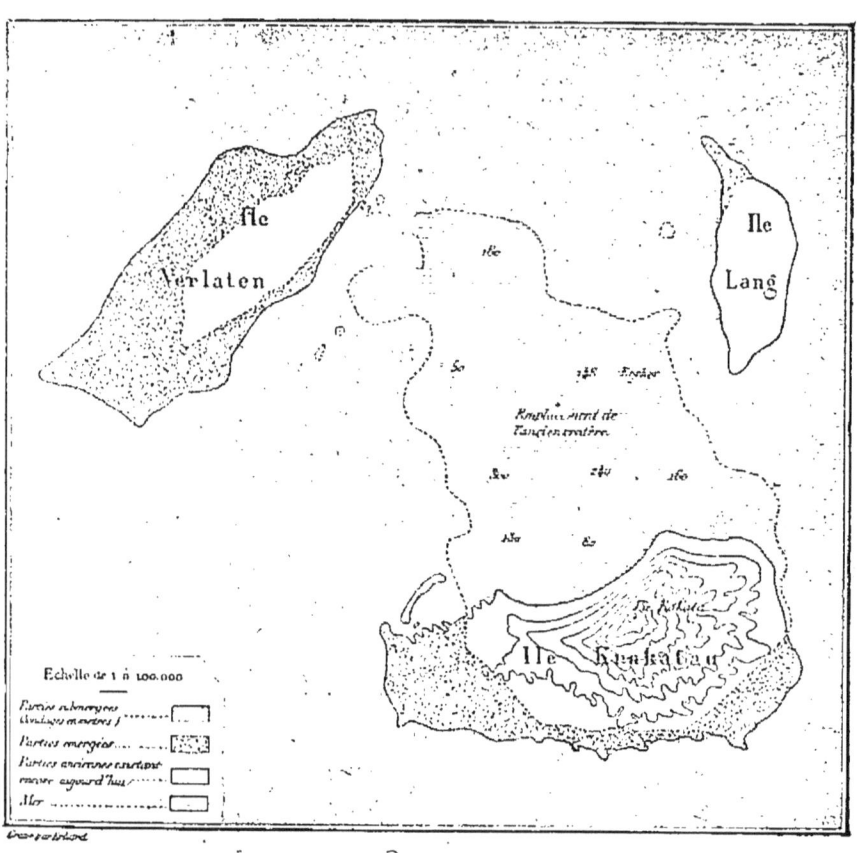

Carte des îles Krakatau, Verlaten et Lang, après la catastrophe, d'après M. Verbeck.

quatorze îlots avaient surgi entre Java et Sumatra ; une partie de Batavia avait été détruite, et, rien que dans cette ville, vingt mille Chinois avaient péri ; la plupart des volcans de Java étaient entrés en éruption, semant partout la dévastation et la mort ; le célèbre temple bouddhique de Boro-Boudour avait été broyé sous d'énormes quartiers de roc enflammés, etc.

Comme toujours, il a fallu faire la part de ces exagérations de la première heure. La réalité était cependant assez terrible par elle-même. En effet, aujourd'hui il demeure avéré que le chiffre des victimes s'est élevé à près de quarante mille : la majeure partie a été engloutie sous des vagues monstrueuses, le reste étouffé sous une pluie de boue, ou brûlé par des cendres incandescentes. Les éruptions volcaniques qui se terminent, comme dans le cas actuel, par le débordement des eaux, ont toujours été les plus redoutables. D'autre part, si la configuration du détroit de la Sonde et des îles dont il est parsemé, sauf Krakatau lui-même et ses voisines Lang et Verlaten, n'a pas été sensiblement modifiée, il n'en est pas moins vrai que, sur une zone qui s'étend du bord de la mer jusqu'à une altitude moyenne de 20 mètres, toutes les plages ont été bouleversées, la végétation rasée, les maisons anéanties.

Krakatau est située par 6° 7′ latitude sud et 103° 6′ longitude est, dans la partie occidentale du détroit de la Sonde, à peu près à égale distance entre Java et Sumatra. Sa forme abrupte l'avait, de tout temps, fait reconnaître pour un volcan. La seule éruption dont l'histoire fasse mention date de 1680.

Au commencement de 1883, l'île, d'ailleurs inhabitée, était entièrement couverte d'épaisses forêts, et l'opinion générale la rangeait dans la catégorie des volcans éteints, lorsque, le 20 mai, son activité endormie depuis plus de deux siècles se réveilla soudain. Dans le nord de l'île, le Perbouwatan, simple colline à peine élevée de 120 mètres au-dessus du niveau de la mer, se mit à lancer des torrents de feu et de fumée, avec accompagnement de terribles grondements et de détonations semblables à des coups de canon.

Le bruit en fut perçu distinctement, dans la direction de l'est, à Batavia et à Buitenzorg, distants de 150 kilomètres en ligne droite, et, dans le nord, à plus de 350 kilomètres. Chose extraordinaire, dans certaines localités du Bantam, beaucoup plus voisines de Krakatau, on n'a rien entendu. Ce curieux phénomène a été expliqué par ce fait que, dans la matinée, un épais nuage de cendres, semblable à un gigantesque abat-jour, se déployait sur le volcan : l'énorme quantité de particules flottant dans les airs a empêché la transmission du son, qui au contraire, hors des limites du nuage, s'est propagé dans toutes les directions.

Les jours suivants, l'éruption se continua avec une intensité croissante. A Batavia, les nouvelles que l'on recevait du détroit de la Sonde produisirent une telle impression, qu'un certain nombre de personnes se réunirent pour fréter un paquebot, qui les conduisit, le 27 mai, à Krakatau. Quatre-vingt-six excursionnistes purent ainsi débarquer sur l'île, et quelques-uns d'entre eux parvinrent, non sans danger, à s'approcher du cratère.

Pendant les trois mois qui suivirent, les éruptions se succédèrent avec une intensité variable. En juin il se forma un nouveau cratère, le Danan. Au commencement d'août on comptait trois principaux foyers d'éruption, indépendamment des jets de fumée et de vapeur qui s'élevaient d'une foule d'autres points. Toutefois la sommité culminante de l'île, le Rakata, dont la hauteur était de 832 mètres, ne donnait aucun signe d'activité.

L'éruption de Krakatau suivait son cours ordinaire, et l'on ne s'en préoccupait plus guère, lorsque le 26 août on entendit de nouveau à Batavia un grondement semblable à celui du tonnerre dans le lointain. Ce bruit était accompagné de détonations, d'abord faibles et brèves, mais qui graduellement devinrent si violentes, que dans la nuit du 26 au 27 personne dans l'ouest de Java ne put dormir en repos [1].

---

[1]. Le savant ingénieur des mines, M. Verbeek, qui se trouvait alors à Buitenzorg, résume ainsi ses sensations : « Non seulement on était à tout moment réveillé en sursaut par l'éclat des explosions, mais l'étrangeté du phénomène ne laissait pas que de causer des inquiétudes assez vives. Quiconque n'en a pas été témoin ne saurait se faire une idée de l'impression qu'on éprouve lorsqu'une montagne située à 150 kilomètres de distance produit un fracas aussi terrible que celui de décharges d'artillerie entendues de près. C'était quelque chose de si insolite et extraordinaire, que beaucoup de per-

La détonation de la matinée du 27 a été à Buitenzorg la plus forte de toutes. Peu après on n'entendit plus rien jusqu'à 7 heures du soir, moment où le bruit redevint très distinct. Entre 10 et 11 heures du soir il s'y joignit des détonations qui ne le cédaient pas beaucoup en intensité à celles du matin. Quelques heures plus tard le bruit cessa complètement.

Les mêmes phénomènes ont été observés ce jour-là à

sonnes doutaient que Krakatau fût la cause de ces violentes détonations et supposaient que quelque volcan plus rapproché était entré en action.

« A cela s'ajoutait que, dans les maisons, tous les objets plus ou moins mobiles, et surtout les objets suspendus, étaient agités de courtes vibrations, d'où résultaient des bruits divers, cliquetis, grincements et craquements, qui contribuaient à faire naître chez les habitants un sentiment de malaise.

« Le 27 au matin, à 7 heures moins un quart, éclata un coup si formidable, que les derniers de ceux qui essayaient encore de retrouver le sommeil perdu s'élancèrent de leur lit. A Buitenzorg, dans quatre maisons, la mienne entre autres, qui ont leur façade tournée vers l'ouest, des lampes sortirent de leurs suspensions, la chaux tomba partout des murs; des portes et des fenêtres, mal ou non fermées, s'ouvrirent; bref, ce fut un vrai tintamarre.

« A ce moment, le ciel était partout serein, sauf à l'ouest, légèrement voilé; de 7 à 10 heures, l'obscurité survint lentement; après 10 heures, elle augmenta avec rapidité; à 10 heures un quart, on dut avoir recours aux lampes, et les voitures commencèrent à circuler, lanternes allumées. Le ciel entier était alors couvert et de teinte livide jaunâtre. A 10 heures et demie, je vis, au bout de ma propriété, descendre jusqu'à terre un épais nuage gris jaunâtre qui, comme le fait parfois la fumée des cheminées, tranchait nettement sur l'air ambiant; mais il s'écoula encore plus d'une demi-heure avant que les premiers grains de cendre fussent visibles, et ce n'est qu'à 11 heures 20 minutes que commença la pluie de cendres proprement dite. Celle-ci resta assez abondante jusqu'à 1 heure, puis continua plus faible jusqu'à 3 heures. La cendre tombait en petits grains ronds qui s'écrasaient entre les doigts, en une poudre farineuse gris clair; elle était très humide et ne comptait pas moins de dix pour cent de son poids en eau. »

Batavia. Dans plusieurs magasins, des vitres furent brisées. A midi il faisait à peu près nuit, ensuite le jour revint peu à peu, et la pluie de cendres cessa à 2 heures.

La propagation du son des grandes explosions du 27 août a dépassé de beaucoup tout ce qui a été constaté dans ce genre depuis les temps historiques. Le bruit des détonations a été entendu distinctement à des distances de plus de 3000 kilomètres, à Ceylan, en Birmanie, en Nouvelle-Guinée, à Perth, capitale de l'Australie occidentale, soit sur toute la surface d'un cercle ayant Krakatau pour centre, avec un diamètre de 60° ou 6666 kilomètres, ce qui représente le quinzième de la superficie terrestre [1].

---

1. Qu'on me permette de citer à ce sujet une note très intéressante, qui m'a été communiquée par M. Crozat, planteur en Cochinchine. Il ne faut pas oublier que l'observateur était placé, à vol d'oiseau, à plus de 17° au nord de Krakatau, soit à une distance d'au moins 1900 kilomètres.

« Le 27 août 1883, je me trouvais sur l'un des bras du Mé-Kong, à une faible distance en aval de Chaudoc. Vers midi, mon attention fut brusquement éveillée par des détonations lointaines. D'abord j'y attachai peu d'importance; puis, les ayant entendues de nouveau, je fis la réflexion que ces détonations ne ressemblaient en rien à celles du tonnerre. J'écoutai plus attentivement. Je distinguai alors parfaitement, à la première reprise, trois sortes de détonations. L'une rappelait très bien le bruit que fait un canon de très fort calibre; cette détonation ne revenait qu'à des intervalles assez espacés, confirmant ainsi l'idée que j'entendais la décharge d'une grosse pièce d'artillerie.

« En même temps, mais beaucoup plus répétées, se faisaient entendre des détonations que je prenais pour celles de canons de calibres divers, mais inférieurs à celui des grosses pièces qui ne tonnaient que d'une manière intermittente. Enfin, très distinctement aussi, j'entendais un roulement de détonations, faisant un bruit tout à fait semblable à celui d'une fusillade bien nourrie.

« Ne pouvant, en aucune façon, attribuer tout ce fracas à la foudre, je me perdais en conjectures, sans pouvoir arriver à comprendre qui pouvait bien tirer le canon et où. En Cochinchine comme au Cambodge, tout était alors fort tranquille. Je n'y comprenais donc absolument rien, et les indigènes qui

Sur ce qui s'est passé dans ces néfastes journées à Krakatau même, dans les îles et sur les côtes du détroit de la Sonde, on n'a que bien peu de récits de témoins oculaires. La seule île habitée était Sebesi, à 20 kilomètres de Krakatau; or ses 3000 habitants ont péri jusqu'au dernier. Sur la côte de Java, Mérak, Anjer et Tjaringin, seules localités où se trouvaient des Européens, ont été totalement détruites. La plupart de ces Européens avaient pris la fuite, et, parmi ceux qui étaient restés, bien peu ont eu la vie sauve. Enfin de profondes ténèbres s'étaient partout répandues, augmentant encore la confusion et l'horreur de ces tragiques moments.

Pendant la catastrophe, dix navires se trouvaient dans les parages du détroit de la Sonde. Leurs capitaines ont donné des relations émouvantes, mais forcément incomplètes, à cause de l'obscurité qui les enveloppait comme d'un voile impénétrable. Cependant l'un d'eux a pu mesurer la colonne de fumée produite par la première explosion : il lui assigne une hauteur de 27 000 mètres ; une seconde mesure, prise trois heures plus tard, porte la hauteur du nuage de cendre à 33 500 mètres. Chose extraordinaire, aucun de ces navires n'a subi d'avaries graves ; de plus, les vagues, qui se sont élevées si haut sur le littoral, ont passé pour ainsi dire inaperçues, très probablement à cause de la grande longueur des ondes qui, graduellement et non brusquement, ont soulevé les navires.

M. Verbeek, que j'ai cité plus haut, a réuni une quantité de documents relatifs à l'histoire de la catastrophe de Krakatau, et décrit minutieusement tout ce dont il a été témoin.

étaient avec moi étaient tous convaincus aussi qu'ils entendaient des détonations d'armes à feu.

« Arrivé le lendemain à Chaudoc, je vis des Européens qui me confirmèrent ce que j'avais si bien entendu la veille. De tous les postes ci-après : Travinh, Rach-Gia, Hatien, on télégraphiait à Saïgon : « Combat naval hors de vue ». Il n'y avait aucun doute pour personne à ce sujet : ce ne pouvait être qu'un combat naval. Quelles amusantes suppositions n'ai-je pas entendu faire pendant ces deux journées des 27 et 28 août ! »

C'est à son remarquable travail, publié récemment à Batavia, et dans lequel il a eu soin d'éliminer tous les récits exagérés pour ne donner place qu'à des faits régulièrement constatés, que j'emprunte la plupart des renseignements suivants.

Il est probable que l'effrayante détonation entendue dans la matinée du 27 à Buitenzorg et à Batavia a coïncidé avec l'effondrement de la partie nord de Krakatau. Une surface de 20 kilomètres carrés, environ les deux tiers de l'île, comprenant la moitié du pic de Rakata et les deux volcans Danan et Perbouwatan, s'est affaissée dans la mer, occasionnant un énorme déplacement d'eau. De là ces vagues gigantesques qui se sont ruées à diverses reprises sur les côtes de Java et de Sumatra, pénétrant à plusieurs kilomètres dans l'intérieur des terres, balayant les maisons comme des fétus de paille, déracinant les plus grands arbres et engloutissant des milliers de créatures humaines.

Ces lames, qui, sur la côte de Bantam, à une trentaine de kilomètres du point de leur formation, atteignaient encore l'énorme hauteur de 30 et même 36 mètres, offrent un exemple de propagation la plus lointaine que la science ait notée. La plus forte de toutes, celle qui, à 10 h. 30 du matin, détruisait Tjaringin à Java, et Telok-Betong à Sumatra, inondant deux heures après la partie basse de Batavia, a été ressentie, non seulement en Chine, au Japon, à Madagascar et dans tout le Pacifique, mais encore elle a pénétré dans l'Atlantique et est venue se manifester au marégraphe de La Rochelle. Elle a donc fait le tour entier de la terre.

Il en est de même de l'onde aérienne, qui, sans se traduire partout par des sons, ne s'est pas moins étendue annulairement à toute la terre, ainsi que l'ont constaté les appareils enregistreurs répartis sur divers points du globe. Trente-cinq heures et demie lui ont suffi pour faire le tour du monde.

La grande vague s'est propagée aussi avec une vitesse considérable. Elle n'a mis que douze heures pour atteindre Aden, c'est-à-dire pour franchir une distance de 3800 milles marins, soit 7037 kilomètres.

Quant aux projections de Krakatau, leur masse prodigieuse dépasse de beaucoup celle des plus formidables éruptions connues. On en a évalué le volume à 11 kilomètres cubes. De plus, sur une étendue de 75 kilomètres carrés, le sol sous-marin s'est affaissé dans de notables proportions.

Autour de Krakatau, les cendres, les débris et les ponces se sont accumulés à un tel point que des îles voisines ont été ensevelies sous un linceul blanchâtre, d'une épaisseur de 30 à 40 mètres; sur ce qui reste de Krakatau, cette épaisseur peut être évaluée en moyenne à 80 mètres. Des îles nouvelles ont surgi des eaux peu profondes du détroit; mais, comme on devait s'y attendre, elles n'ont pas tardé à disparaître sous l'action incessante des eaux de la mer, battant en brèche ces amas de matériaux sans cohésion. La baie de Lampong (Sumatra) a été obstruée, pendant six mois, par un banc de pierres ponces interdisant toute espèce de navigation. Cette barre flottante, large de 1 kilomètre, n'avait pas moins de 30 kilomètres de longueur, avec une épaisseur moyenne de 10 à 12 mètres. Peu à peu ces ponces se sont dispersées sous l'action des vents et des courants. Flottant au gré des vagues, elles vont échouer parfois à des distances énormes de leur lieu d'origine. Nous en avons remarqué quelques-unes dans le détroit de Banca, et, pendant longtemps encore, les paquebots en rencontreront dans ces parages.

Les cendres se sont répandues sur des espaces immenses; on en a recueilli à Singapore et jusqu'au Japon. On prétend même que, poussées par des courants aériens, des cendres fines sont venues tomber jusqu'en Espagne. Enfin, la science semble admettre aujourd'hui que ces particules, d'une ténuité excessive, mêlées à de la vapeur d'eau, sont restées longtemps en suspension dans les régions élevées de l'atmosphère, où, poussées par les vents, elles ont fait un voyage aérien autour du monde, en donnant lieu à ces *lueurs crépusculaires*, que tout le monde a remarquées à la fin de 1883 [1].

1. Communication faite à la Sorbonne par M. Vélain, maître de conférences à la Faculté des Sciences.

J'arrive maintenant au récit de notre exploration.

Le 24 mai, à 6 heures du matin, nous prenons le chemin de fer à Batavia, gare de Noordwyk, pour Tandjong Priok, nouveau port que le gouvernement hollandais vient de créer au milieu d'affreux marécages. Les travaux, qui ont déjà coûté des sommes considérables, sont loin d'être terminés. Nous voyageons dans le train des ouvriers.

Tandjong Priok passe pour un endroit très malsain, et je le crois volontiers, car, pendant la seconde partie du trajet (18 kilomètres en tout, depuis le centre de la ville), la voie ferrée traverse des marais et des bois de palétuviers d'un aspect peu rassurant. La fièvre habite certainement ces parages, mais c'est pendant la nuit que le danger est le plus grand. A ce sujet, toutefois, les opinions sont divisées. Les Hollandais prétendent qu'on a beaucoup exagéré l'insalubrité du nouveau port. Quoi qu'il en soit, les capitaines étrangers ne sont pas de cet avis : ils continuent, comme par le passé, à mouiller en rade, à une distance considérable de la côte, et les nouveaux bassins sont presque déserts.

L'ingénieur en chef, M. Van Berckel, prévenu de notre arrivée, nous attend à la station et nous conduit lui-même au bateau. Grâce à ses bons offices, le transport de nos nombreux colis se fait promptement et avec ordre. Outre les bagages indispensables, nous emportons une quarantaine de bouteilles de vin, autant de bouteilles d'eau minérale, une tente et l'appareil photographique de M. Bréon.

Nous sommes présentés au capitaine et au pilote, tous deux Hollandais, mais parlant parfaitement le français. Le *Kédiri* est sous vapeur, et nous avons la satisfaction de partir immédiatement.

Le petit steamer que le gouvernement des Indes a bien voulu nous prêter pour une dizaine de jours est ce que les Hollandais appellent un *hopperbarge* (bateau-trémie). Il est habituellement employé au transport des pierres et des matériaux de construction, que l'on va chercher sur différents points de la côte pour les conduire au port de Tandjong

Priok. Naturellement il n'est pas aménagé pour recevoir des passagers; mais, tel qu'il est, nous nous estimons fort heureux de l'avoir à notre disposition.

Aux environs de Tandjong Priok, on a remblayé les terres, creusé des canaux et commencé de grands travaux d'assainissement. La Hollande a entrepris là une œuvre vraiment colossale.

Nous sortons lentement du port et passons au large de la rade, cherchant notre route au milieu d'une multitude d'îles basses, véritables bouquets de verdure émergeant du sein de l'océan : c'est l'archipel des Mille-Iles. Le panorama est intéressant. Au dernier plan se dressent les masses imposantes de deux volcans, le Ghédé et le Salak; une chaîne de montagnes, qui leur fait suite, se profile dans la direction de l'ouest. Plus près, à leur base, un rideau de vapeurs roussâtres plane sur la côte et nous dérobe la vue de Batavia : ce sont les exhalaisons pernicieuses des marécages, qui, à cette heure matinale, flottent indécises dans l'atmosphère, jusqu'à ce que la brise de mer les disperse et les entraîne.

Voici le phare d'Edam, puis les docks et les établissements de la marine, sur l'île d'Onrust. J'aperçois la noire carcasse à demi submergée d'un navire français, échoué il y a huit ou neuf ans. Ces tristes débris représentent ce qui reste de la *Néva*, une vieille connaissance à moi, qui m'a ramené d'Égypte en 1863. Plus loin surgissent d'autres îles et îlots, Rotterdam, Amsterdam, Middlebourg, etc. A toute cette partie de l'archipel on a donné des noms de villes hollandaises. Les îles les plus petites sont inhabitées, mais toutes sont également charmantes. Elles ont eu pourtant beaucoup à souffrir l'année dernière : la grande vague du 27 août est arrivée ici avec une hauteur de 4 mètres, occasionnant partout de graves dommages. Il est vrai que l'exubérante nature équatoriale n'a pas tardé à les réparer.

La côte que nous longeons ensuite est celle du district de Tangerang. Elle a été inondée jusqu'à une distance de 1000 à 1500 mètres. Neuf villages furent complètement détruits, cinq dévastés en partie, et 2340 indigènes ou Chinois perdirent la vie. Mais nous sommes trop éloignés de terre pour constater aucune trace du désastre.

Cette navigation est fort agréable. La surface de la mer est unie comme un miroir; la température, qui à Tándjong Priok était de 29°, s'est abaissée à 27°, avec une brise délicieuse.

Le capitaine me fait voir ses cartes. Je ne crois pas que dans le monde entier il existe de meilleures cartes marines que celles que les Hollandais ont dressées pour leurs possessions de Malaisie. Elles sont à une échelle de plus d'un pouce par mille marin, avec un luxe de détails, sondages et indications diverses, comme je n'en ai jamais vu.

A midi nous passons devant la baie de Bantam, au fond de laquelle s'étend le district de Serang, qui a payé à Krakatau un tribut de 1933 victimes.

Bientôt nous doublons la pointe Saint-Nicolas, assez près de la côte pour nous rendre compte des effets du cataclysme de l'année dernière. Les cocotiers qui ont survécu montrent à leur sommet un nouveau panache verdoyant; mais la plupart de leurs grandes palmes, jaunies et desséchées, s'affaissent tristement tout autour du tronc.

Le *Kédiri* change sa route et, se dirigeant au sud-ouest, entre dans le détroit de la Sonde. A droite, nous sommes en vue de la côte de Sumatra, dominée par le grand volcan Rajah-Bassa; à gauche, nous rangeons de près, sur le littoral de Java, le joli site de Mérak, avec le cône imposant du Karang comme fond de tableau. Devant nous on aperçoit l'île singulière de Poulo-Renjang, en hollandais *Dwars in den Weg* (A travers le Chemin). Vue à cette distance, elle paraît divisée en quatre tronçons parfaitement distincts. Il n'est donc pas étonnant qu'on ait cru pendant un certain temps qu'elle avait été réellement partagée ainsi à la suite de la catastrophe. En effet, cette île se compose de quatre massifs assez élevés, soudés entre eux par trois langues de terre fort basses. Elle était auparavant uniformément revêtue d'épaisses forêts; mais, l'irruption de la mer ayant détruit tous les arbres qui accentuaient le relief des parties basses, l'île est apparue tout à coup comme découpée en plusieurs morceaux.

Nous longeons, à une distance d'environ deux milles, la côte ravagée de la province de Bantam. Les innombrables cocotiers qui couvraient les plages ont disparu, tous les arbres ont été rasés, et il ne reste plus trace d'une seule habitation. Là où vivait il y a neuf mois à peine, au milieu des jardins et des plantations, une population nombreuse et paisible, on ne voit plus qu'une plaine marécageuse et déserte. Une bande de terrain, de couleur jaunâtre, se déroule parallèlement au rivage; elle indique l'emplacement des sols dénudés par l'envahissement de la mer, et forme, avec la verdure éclatante du reste de la contrée, une ligne de démarcation nettement tranchée.

Le capitaine nous montre l'endroit où fut Anjer, port le plus fréquenté de la côte de Java, sur le détroit de la Sonde. Toute la plaine environnante, présentant une largeur d'environ 1000 mètres, a été rasée. Sur le rivage, la mer a rejeté d'énormes blocs de coraux, dont le plus gros a un volume de 300 mètres cubes.

Plus loin se trouvait la localité populeuse de Tjaringin, dont il n'est rien resté non plus. Elle était située dans une vaste plaine, derrière laquelle s'élevaient des collines hautes de 20 à 30 mètres; c'est là que se sont réfugiées les quelques personnes qui en eurent le temps.

Un conducteur des ponts et chaussées, M. Gaston, témoin oculaire de ces terribles événements, en a donné une relation citée par M. Verbeek dans la première partie de son grand ouvrage sur Krakatau. Dans la matinée du 27 août 1883, M. Gaston se rendait à cheval à Tjaringin. Il s'en trouvait encore à 2 kilomètres, lorsqu'il entendit une détonation formidable, venant de Krakatau. Quelques instants plus tard, il remarqua à la surface de la mer une agitation inaccoutumée et vit, très au loin, arriver une énorme vague. A bride abattue il courut à l'habitation d'un de ses amis et de là, avec les personnes qui s'y trouvaient, vers une hau-

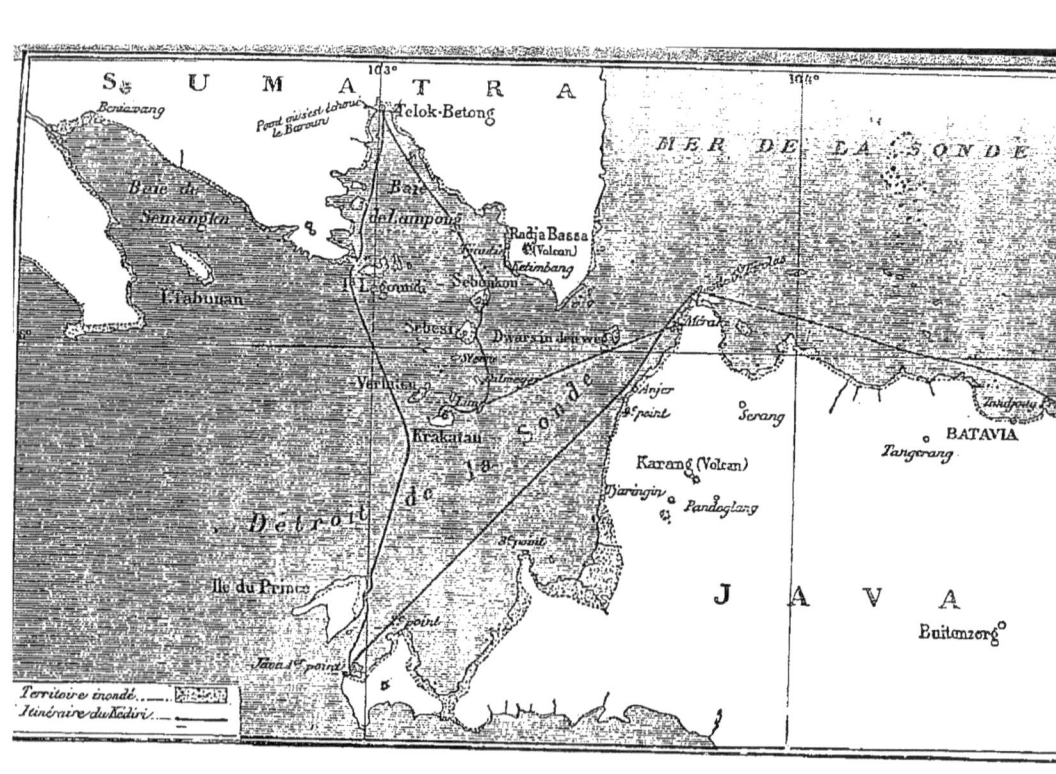

Carte du détroit de la Sonde.

teur voisine, où tout le monde fut en sûreté. Au pied de cette colline, située à 1600 mètres de la plage, l'eau s'est encore élevée à 15 mètres. Cependant l'obscurité était profonde, et il tombait une épaisse pluie de boue Quand la journée fut plus avancée, on chercha à tâtons, en compagnie de nombreux indigènes, le chemin de Pandeglang, localité de l'intérieur, que l'on atteignit heureusement.

A Mérak, Anjer et Tjaringin on a enregistré officiellement le chiffre de 19 632 victimes, dont 32 Européens; 48 villages furent complètement détruits, 37 autres en partie seulement.

Un peu avant le coucher du soleil, nous apercevons pour la première fois Krakatau, qui se présente dans l'éloignement sous la forme d'un triangle équilatéral, posé à la surface de la mer; plus près, dans la direction de l'ouest, se dresse le cône régulier de Sebesi. Quelques instants plus tard le soleil disparaît sous les flots. Un magique tableau se présente alors à nos regards : la mer est devenue couleur d'acier; les montagnes et les volcans passent du brun au violet sombre; du côté du couchant, l'horizon, d'abord jaune orangé avec des rayons vert pâle, se revêt successivement de teintes dorées, puis roses, violettes et enfin bleu foncé; au premier plan, la noire silhouette de Poulo-Renjang, avec ses grands arbres morts, mais encore debout et qui semblent plantés dans la mer. Sous nos froides latitudes on ne saurait imaginer une pareille orgie de couleurs, et, si jamais quelque artiste consciencieux parvenait à les fixer à l'aide de sa palette, son œuvre serait considérée comme le rêve d'une imagination en délire.

22 mai. — Toute la nuit, nous avons navigué contre vent et courant, à une assez grande distance de terre. Cette partie sud-ouest de la côte du Bantam a été aussi envahie par les eaux; mais, comme elle ne comptait qu'une population très clairsemée, le nombre des victimes n'a pas été considérable. A 8 heures du matin, le *Kédiri* jette l'ancre devant le phare de *Java's eerste Punt*.

La mer est houleuse; le canot du bord parvient à atterrir, non sans difficulté, et c'est sur le dos de nos matelots malais que nous gagnons la terre ferme. Des barres de fer tordues et d'énormes pieux, gisant pêle-mêle sur le rivage, indiquent l'emplacement de l'ancien débarcadère, détruit par la vague du 27 août 1883.

Le sol est couvert de fragments de pierres ponces; le petit chemin, nouvellement rétabli, que nous suivons pour nous rendre au phare, en est exclusivement formé. Hier, à plusieurs reprises, nous avions navigué à travers des amas flottants de poussières jaunâtres : c'étaient des résidus de pierres ponces. Çà et là se montraient, au milieu de petits fragments, des blocs gros comme la tête, aux angles arrondis par le frottement. Ce matin, dans le trajet du bateau à terre, nous n'avions qu'à étendre la main pour nous en procurer de jolis échantillons.

Chemin faisant, nous apprenons une triste nouvelle : le gardien du phare, auquel nous allions rendre visite, est mort depuis cinq jours. Il vivait là, loin de tout Européen, seul avec ses serviteurs indigènes. Ceux-ci n'avaient pas voulu l'enterrer, dans la crainte de se voir plus tard accusés de sa mort. Or il paraît que ce malheureux, nommé tout récemment, était déjà malade lorsqu'il se rendit à son poste; sa famille, restée provisoirement à Sourabaya, devait le rejoindre sous peu. Est-ce le chagrin de se voir séparé des siens, la privation de la société de ses compatriotes, ou simplement le climat perfide de cette partie de Java, qui l'aura achevé? Toujours est-il qu'il a succombé, nous dit-on, à un accès de fièvre pernicieuse.

En cette triste circonstance, notre devoir était tout tracé. Le capitaine du *Kédiri* constata régulièrement le décès, et nous accompagnâmes le corps jusqu'à la tombe que nous avions fait creuser, sous un grand arbre de la forêt.

Le phare, démoli trois années auparavant par un tremblement de terre, avait été solidement reconstruit sur un roc haut de 40 mètres. Grâce à cette situation élevée, il n'a pas eu à souffrir de la catastrophe, et même, par suite de l'obscurité, le surveillant qui s'y trouvait alors n'a rien vu de la grande vague du 27 ; c'est seulement dans la matinée du 28 que, le jour ayant reparu, il s'aperçut de la dévastation du littoral. La veille, la foudre avait frappé à plusieurs reprises les bâtiments du phare. Sur dix forçats qui y étaient enfermés, quatre portaient un collier en fer ; eux seuls furent atteints par le fluide et roussis de la tête aux pieds, tandis que les six autres n'eurent aucun mal.

De la vaste plate-forme dallée où s'élève le phare et à laquelle on accède par un escalier de 161 marches, on découvre une fort belle vue sur le détroit de la Sonde et l'océan Indien, sans limites. Au loin, dans le nord, on distingue Krakatau, et beaucoup plus près, dans la même direction, la grande île du Prince, uniformément couverte de sombres forêts ; sous nos pieds se profile une côte accidentée, profondément découpée et bordée d'une multitude d'îlots rocheux : c'est la pointe extrême dans l'occident de cette splendide terre de Java, qui de l'ouest à l'est, du détroit de la Sonde à celui de Bali, ne mesure pas moins de 1060 kilomètres !

Autour du phare, sur la plate-forme dont je viens de parler, sont disposés divers bâtiments annexes et l'habitation confortable du gardien. L'ensemble de ces constructions, spacieuses et bien ordonnées, fait honneur au gouvernement hollandais.

La forêt environnante, naguère impénétrable, présente maintenant, depuis le rivage jusqu'au pied des collines, c'est-à-dire sur une bande de terrain large de 300 à 400 mètres, l'image de la dévastation la plus complète. Çà et là d'énormes troncs, dépouillés d'écorce, restent encore debout, mais le nombre de ceux qui jonchent le sol est bien plus considérable. Cependant la nature travaille à réparer le désastre : de toutes parts, les feuilles luisantes des bananiers sauvages se font jour à travers la couche épaisse de cendres et de ponces qui recouvre le sol ; une légion de lianes et de plantes parasites courent dans toutes les directions, enveloppant de leur inextricable réseau les racines desséchées des géants de la forêt et s'élançant à l'assaut de leurs squelettes blanchis.

23 mai. — La chaleur étant intolérable dans l'unique cabine du *Kédiri*, j'ai passé la nuit sur le pont, roulé dans ma couverture. A 3 heures, une averse m'a réveillé. Peu après, on a levé l'ancre, et nous nous sommes mis en route pour l'île du Prince, *Prinsen eiland*. A 7 heures nous abordons sur la côte orientale.

Cette île, la plus grande de celles qui sont disséminées dans le détroit de la Sonde, est inhabitée et n'a jamais été l'objet d'aucune exploration scientifique. La plage est littéralement couverte de pierres ponces et d'une infinité d'espèces différentes de polypiers, parmi lesquels je remarque une charmante variété, d'une belle couleur pourpre.

La zone ravagée, sur le littoral, est large de 500 mètres au moins. Ici nous sommes plus rapprochés de Krakatau : aussi la force destructive de la mer a-t-elle agi avec plus de violence encore qu'à Java's eerste Punt. Il ne reste plus guère d'arbres debout, et partout le sol, dénudé, profondément raviné, laisse à découvert d'énormes racines, au milieu desquelles la marche est fort difficile. Il faut aussi se méfier des ponces traîtresses qui dissimulent la présence de trous pleins d'eau : on croit marcher sur la terre ferme, et tout à coup on s'enfonce dans l'eau jusqu'à la ceinture.

Un Malais qui nous accompagne nous fait voir, sur la cendre molle, des traces de plusieurs animaux sauvages, cerfs et panthères. Après deux heures d'une fatigante promenade, pendant laquelle il nous a fallu escalader à chaque instant d'énormes troncs d'arbres enchevêtrés, nous regagnons le bord, mouillés de la tête aux pieds.

Au moment de la catastrophe, cinquante-six personnes se trouvaient accidentellement sur l'île du Prince, occupées à y couper du bois : toutes ont péri, et aucun cadavre n'a été retrouvé. La hauteur de la vague, sur le côté nord, a été d'environ 15 mètres.

Maintenant nous nous dirigeons droit au nord, sur Telok-Betong, au fond du golfe de Lampong (Sumatra). Notre route

Krakatau, vue du sud-est.

nous rapproche de Krakatau, dont nous rangeons la côte à une faible distance à tribord. Nous pouvons enfin contempler de près cette île, dont le nom a été si souvent prononcé depuis qu'une épouvantable catastrophe a révélé son existence au monde. Vainement on chercherait à sa surface le moindre vestige de la puissante végétation qui la recouvrait il y a neuf mois à peine. Krakatau nous apparaît toute blanche, ensevelie sous un linceul de cendres et de ponces.

Le ciel, couvert depuis le matin, s'est heureusement dégagé, et nous jouissons d'une fort belle vue sur l'île volcanique de Sebesi et sa voisine Seboukou.

Plus loin, nous traversons le groupe des îles Lagoundi, situées à l'entrée de la baie de Lampong. Ici ce n'est pas seulement la zone basse du littoral qui a été atteinte, comme à l'île du Prince, mais bien toute la surface. Partout, sur le versant et jusqu'au sommet des collines, on ne voit plus que des troncs blanchis, les uns gisant sur le sol, les autres encore debout, mais également dépourvus de branches et de feuillage. Cette dévastation complète doit être attribuée aux pluies de cendres chaudes et de boue tiède qui, poussées par les vents, ont sévi à l'ouest de Krakatau avec plus de violence que dans l'est.

La grande île de Sumatra se termine au sud, sur le détroit de la Sonde, par trois longues pointes formant entre elles deux baies vastes et profondes, celle de Semangka à l'ouest, celle de Lampong à l'est. C'est au fond de la première que l'inondation s'est propagée le plus loin. Le chef-lieu, Beniawang (à 130 kilomètres de Krakatau), a été complètement détruit; 2160 personnes ont péri dans le district.

Une vague balaya la maison du contrôleur hollandais et plus de trois cents indigènes qui s'y étaient réfugiés. Presque tous les chefs de village, assemblés à Beniawang pour la réception du résident, attendu le 27, périrent également. Là aussi la pluie de boue a causé beaucoup de mal; dans les forêts, les branches, surchargées, se rompaient, écrasant dans leur chute les malheureux fuyards.

Dans la baie de Lampong, plus rapprochée de Krakatau, le chiffre des victimes a, naturellement, été bien plus considérable; il s'élève à 7165. Ketibang, Tjanti et Kalianda, localités importantes situées au pied du volcan Rajah-Bassa, ont été détruites; il y est tombé une grêle d'énormes fragments de ponce, puis de la cendre brûlante et enfin de la fange froide. Dans ce golfe profond, creusé en forme d'entonnoir, les vagues se sont précipitées avec une violence extrême. Tout le littoral a été dévasté par une vague, haute en moyenne de 24 mètres. La trace de son passage est encore parfaitement visible; heureusement, la largeur de la partie inondée a été minime, car partout le sol se relève rapidement.

24 mai. — Nous avons mouillé cette nuit à quelques milles de Telok-Betong, où nous abordons ce matin. Le canot qui nous mène à terre se fraye un passage au milieu des ponces flottantes, qui constituent encore ici de véritables bancs; hier, plusieurs fois le *Kédiri* avait dû changer sa route pour les éviter. Un débarcadère, grossièrement construit en rotin, remplace l'ancienne jetée, qui a été entièrement détruite.

Sur la plage, le long de la nouvelle chaussée, dont les pierres ponces ont fourni les matériaux, des marchands chinois ont réédifié de misérables baraques, qu'ils remplaceront plus tard par des boutiques bien approvisionnées. Infatigables quand ils travaillent pour leur propre compte, âpres au gain, économes et singulièrement tenaces, ils ne tarderont pas à refaire leur fortune.

A la place de la cité florissante, dont les avenues régulières se perdaient sous de magnifiques ombrages, on ne voit plus aujourd'hui qu'un vaste terrain absolument nu, parsemé de flaques d'eau saumâtre et séjour de la fièvre.

Nous traversons sous un soleil de feu cette plaine lugubre, où la moitié des habitants de la ville, c'est-à-dire plus de 1500 personnes, ont trouvé la mort. Les cases des indigènes, constructions légères en bambou, ont disparu sans laisser aucune trace; elles ont été littéralement ba-

Telok-Betong avant la catastrophe.

lavées par la mer, tandis que çà et là des amas de décombres indiquent l'emplacement des maisons européennes, d'une construction plus solide.

Le résident est absent. Sa belle habitation, que nous visitons, a été épargnée, grâce à sa situation sur une éminence, à une altitude de 30 mètres au-dessus du niveau de la mer; mais il s'en est fallu de bien peu qu'elle n'ait été emportée comme les autres.

La catastrophe eut lieu le 27 août, à 10 heures et demie du matin. D'après M. Verbeek, personne n'a pu l'observer, tout étant caché dans une obscurité profonde, qu'on a décrite comme « plus noire que la plus noire nuit ». Les fugitifs rassemblés dans la résidence entendirent seulement un fracas épouvantable, occasionné par un vent violent qui brisait les arbres et lançait avec force la boue contre les portes et les fenêtres. Le mugissement du vent dominait presque tous les autres bruits; pourtant quelques personnes croient avoir entendu le grondement des flots, qui battaient impétueusement la colline. Il est certain, en tout cas, qu'aucun des assistants n'a aperçu la grande vague, dont ils n'étaient cependant éloignés que de 30 mètres et qui est restée à 2 mètres à peine au-dessous de la maison où ils s'étaient réfugiés.

Nous constatons par nous-mêmes que la mer s'est arrêtée à la première marche de l'escalier qui donne accès à la plate-forme sur laquelle est construite la résidence. Immédiatement au-dessous, la trace des dégâts causés par les eaux se distingue facilement.

De cet endroit, très bien situé, on découvre un immense horizon sur la campagne et le golfe de Lampong. On aperçoit aussi le mont des Singes, monticule de forme régulièrement conique, autour duquel la bande de terrain dévasté tranche nettement, par sa blancheur, sur la verte forêt qui en couvre le sommet.

Nous trouvons une hospitalité charmante sous le toit de M. J. Dronkers, fonctionnaire hollandais, installé ici avec sa jeune femme, dans une petite maison entièrement construite en bambou, mais qui cependant ne manque pas de confortable. On nous apprend que le climat, assez salubre l'année dernière, est devenu fort malsain. L'affreux marécage qui occupe aujourd'hui l'emplacement de Telok-Betong exhale des miasmes pestilentiels, et la fièvre s'est rapidement acclimatée dans ces tristes parages. Chez notre hôte, nous avons aussi le plaisir de faire la connaissance de M. Van Heuckelum, ingénieur des mines à Batavia, en ce moment en tournée de service.

Dans l'après-midi, à l'heure où les rayons du soleil, devenus obliques, ont en partie perdu leur ardeur redoutable, ces messieurs nous proposent de nous conduire à l'endroit où le steamer *Barouw* a été transporté dans l'intérieur des terres. Chemin faisant, nous rencontrons plusieurs gros bateaux de pêche, couchés sur le flanc, au milieu des hautes herbes, à une grande distance du rivage. Nous passons à gué la rivière Kouripan, qui se jette au fond de la baie de Lampong, non loin de Telok-Betong, puis nous remontons le long de sa rive droite. Mais bientôt nous sommes assaillis par une averse, dont le moindre inconvénient est de rendre fort glissantes les cendres durcies sur lesquelles nous marchons. Ce n'est rien encore : le sentier s'arrête devant un fourré qui nous paraît impénétrable; nous y entrons cependant, précédés par nos guides malais, qui nous ouvrent un passage à travers la jungle. Enfin, après une heure de fatigues, nous nous trouvons tout à coup, à un détour de la rivière, en présence d'un spectacle étrange : un grand steamer à roues est devant nous, intact, échoué en pleine forêt, suspendu comme un pont au-dessus de la rivière; par-dessous sa quille l'eau s'écoule paisiblement sur un lit de larges galets noirâtres. La puissante végétation équatoriale encadre ce tableau bizarre, que malheureusement M. Bréon ne peut fixer par la photographie, car, à ce moment, la pluie redouble. D'ailleurs la nuit est proche, et il est temps de regagner notre domicile flottant. La retraite a été semblable à une déroute. Transis de froid, après la chaleur torride de la journée, nous avons été fort heureux de nous réchauffer et de faire sécher nos vêtements dans la chambre de la machine du *Kédiri*.

Cette intéressante excursion m'en rappelait une autre que j'avais faite, sept années auparavant, sur un point du globe bien éloigné de Sumatra, à Arica, sur la côte du Pérou. Le 13 août 1868, à la suite d'un tremblement de terre, d'énormes vagues envahirent la ville et noyèrent une grande partie de ses habitants. Soulevés par les flots, trois bâtiments furent lancés à terre et laissés à sec, à un mille du rivage, sans avaries notables. Ils y étaient depuis neuf ans, lorsque, le 9 mai 1877, à la suite d'une nouvelle et violente secousse de tremblement de terre, la mer sortit encore une fois de son lit et, s'élevant d'une hauteur de 15 mètres, fit irruption dans l'intérieur des terres. La corvette américaine à aubes *Waterie*, remise à flot, alla s'échouer une lieue plus loin, en plein désert, près du chemin de fer de Tacna. C'est là que je l'avais vue, au mois de septembre 1877. Non loin de la carcasse disloquée d'un steamer péruvien de 1200 tonneaux, à demi enfouie dans le sable, se dressait la masse noire du *man of war* américain; la solide coque de fer, appuyée sur ses deux roues, reposait d'aplomb sur le sol, attendant peut-être qu'une troisième invasion de l'océan vînt l'emporter pour un nouveau voyage.

Quant au *Barouw*, voici comment les choses se sont passées. Il était mouillé devant Telok-Betong, lorsque, dans la matinée du 27 août, une lame le souleva, le fit passer sans avaries par-dessus la digue et le déposa dans le quartier chinois. Le 28, lorsque le jour revint, il avait disparu. On le retrouva où nous l'avons vu, dans un repli de la rivière Kouripan, à 3300 mètres de son mouillage en rade et à 2200 du point du quartier chinois où il avait été transporté le matin. Tous les *praos* malais étaient échoués dans la vallée; seul le transport à sel *la Marie* avait été préservé et, à l'étonnement général, se balançait paisiblement en eau profonde.

Au moment de la catastrophe, les deux seuls Européens qui se trouvaient à bord du *Barouw*, le capitaine et le mécanicien, ont cru trouver le salut en s'accrochant aux branches d'un arbre; mais une seconde vague survint, plus terrible encore que la première, emporta l'arbre et les noya, tandis que l'équipage, demeuré à bord, restait sain et sauf.

25 mai. — M. Van Heuckelum, qui attendait une occasion pour retourner à Batavia, s'est embarqué avec nous sur le *Kédiri*. Je m'en félicite, car ce jeune et savant ingénieur, d'un caractère sympathique, habite depuis plusieurs années les Indes Néerlandaises, et sa conversation est des plus intéressantes. Avec lui j'apprendrai bien des choses nouvelles sur le pays et ses habitants; de plus, il possède le français comme sa langue maternelle et s'exprime sans le moindre accent.

Le *Kédiri* a levé l'ancre dans la nuit, et ce matin, à 8 heures, nous mouillons en face de la côte orientale de Seboukou, à 32 milles de Telok-Betong, dans la direction de Krakatau.

Le canot nous conduit à terre; grâce au beau temps, le débarquement est plus facile que les jours précédents. Nous abordons à l'îlot Protection (*Beschutters eiland*), qui était habité, ainsi que le constatent des vestiges de plantations de cocotiers alignés en quinconces. Mais il ne reste plus trace des cases indigènes, dont les habitants, au nombre de 150, ont tous péri.

La grande île de Seboukou, que nous visitons ensuite, était inhabitée. Cette île est peu élevée et, bien que d'origine volcanique, ne présente pas de cône central, comme sa voisine Sebesi. Ici nous ne sommes plus qu'à huit lieues du centre destructeur de Krakatau; aussi les effets produits sont-ils plus terrifiants encore que tout ce que nous avons vu jusqu'à présent. A la place de la forêt il n'existe plus qu'un chaos de troncs blanchis, couchés sur les pentes des collines, en partie enfouis sous la cendre.

Nous rentrons à bord, après avoir longé l'île en canot

Le *Barouw*, échoué sur la rivière Kouripan.

jusqu'à la pointe nord. Heureusement la brise s'était élevée, et nous n'avons pas eu trop à souffrir de la chaleur.

Poursuivant notre route, nous débarquons dans l'après-midi à Sebesi, à 20 kilomètres seulement de Krakatau. Il est impossible de savoir au juste ce qui s'y est passé, car, ainsi que nous l'avons dit, de ses 3000 habitants, tous Malais ou Chinois, pas un n'est resté. La grande vague du 27 a dû y atteindre une hauteur de plus de 30 mètres. L'île est maintenant comme ensevelie sous une couche épaisse d'au moins 10 mètres de cendres grises, mêlées de pierres ponces et de fragments d'obsidienne. Sa forme générale, qui est celle d'un cône volcanique presque régulier, est restée la même, mais son littoral s'est sensiblement accru, par suite de la chute des matériaux projetés par Krakatau.

Nous franchissons d'abord une grande plaine, où de larges dépressions indiquent l'emplacement, encore indécis, des ruisseaux qui se forment après chaque averse. En ce moment on n'y voit pas une goutte d'eau ; cependant il n'est pas prudent de se risquer sur ce terrain perfide, desséché seulement à la surface. Au commencement, la marche y paraît facile, mais bientôt le sol cède sous vos pas et vous enfoncez graduellement dans une couche de cendres boueuses, de plus en plus profonde, où vous courez grand risque d'être englouti. J'en ai fait personnellement l'expérience, et sans l'aide de M. Bréon, qui se trouvait non loin de moi et fort à propos vint à mon secours, je ne sais trop ce qui serait advenu.

Sortis de ce mauvais pas, nous nous élevons sur les premières pentes. Là encore il faut prendre des précautions, car le sol, bien que les cendres soient agglutinées à sa surface, est formé de matières meubles, sillonné de larges crevasses aux parois taillées à pic, et le moindre choc peut déterminer un éboulement.

Au fond d'un ravin récemment creusé par les pluies torrentielles qui tombent pendant la mousson du nord-ouest, un spectacle navrant s'offre à nos regards. Les eaux, dans leur course irrésistible des sommités du volcan à la mer, ont balayé les cendres jusqu'au niveau de l'ancien sol et laissé en partie à découvert l'emplacement d'un village. Une cinquantaine de squelettes sont là, gisant pêle-mêle au milieu des débris de leurs demeures et des ustensiles de leur ménage. Beaucoup sont enveloppés de *sarongs* multicolores, très peu détériorés. On voit encore des touffes de longs cheveux noirs adhérant aux crânes luisants; objets mobiliers, ossements blanchis, vêtements, tout est confondu dans un affreux désordre. Évidemment ces malheureux sont morts étouffés sous une pluie de boue relativement froide, car nulle part on ne voit trace de brûlures.

Nous ne sommes pas les premiers visiteurs de cette lugubre nécropole : des coffres brisés montrent que des maraudeurs ont passé par ici et fait main basse sur tous les objets ayant quelque valeur. Parmi ceux qu'ils ont dédaignés, je ramasse, à titre de souvenir, un livre imprimé en caractères arabes; il est encore en assez bon état. C'est un exemplaire du Koran.

Cependant la nature a déjà commencé son œuvre de réparation : de vigoureuses pousses de bananiers émergent du sol; des noix de coco, tombées des arbres qui ne sont plus, ont germé, et leur élégant panache ombragera bientôt le champ de la mort.

26 mai. — Nous faisons route enfin pour Krakatau, but principal de notre exploration. Le *Kédiri* s'avance avec une prudente lenteur. On jette la sonde sans discontinuer, car, dans ces parages, les anciens sondages n'ont plus aucune valeur.

Tout d'abord nous constatons un fait géographique de la plus haute importance : la disparition des trois nouvelles îles signalées au lendemain de la catastrophe. Steers, Kalmeyer et le petit îlot indiqué à l'est de Verlaten sur les nouvelles cartes n'existent plus! 4 mètres d'eau recouvrent l'emplacement qu'ils occupaient. Voilà une nouvelle qui certainement ne fera pas plaisir aux officiers de la marine hollandaise dont ces îles portaient les noms. *Sic transit gloria mundi!*

Le peu de profondeur de l'eau nous oblige à prendre le large, et, après un long détour, nous revenons passer au plus près de Krakatau, dans le chenal de l'île Lang. En vain le capitaine cherche un mouillage : sur l'emplacement où se dressait il y a neuf mois le cône du Danan, la sonde indique maintenant des profondeurs de 240 à 300 mètres. Le *Kédiri* sera forcé de rester sous vapeur à 500 mètres de terre, tandis que nous prendrons le canot pour nous en approcher le plus possible.

En ce moment nous sommes précisément en face de la grande coupure : une moitié du cône principal de Krakatau, le Rakata, volcan éteint depuis de longues années, a été entraînée dans l'effondrement qui a fait disparaître la plus grande partie de l'île ; l'autre moitié, semblable à une gigantesque muraille ruinée, haute de plus de 800 mètres et de forme triangulaire, est restée debout. Le ton général est d'un brun rougeâtre. On distingue facilement les bancs des anciennes coulées des laves, disposées en assises assez régulières séparées par des lits de cendres et traversées de haut en bas par un réseau compliqué de veines ou filons de couleur moins sombre. D'après M. Bréon, ces filons correspondent à des fissures par lesquelles arrivaient des profondeurs souterraines les matières fondues qui, venant s'épancher et se répandre en nappes, à l'air libre, à différentes époques, ont édifié le cône que nous avons sous les yeux. C'est assurément la plus belle coupe volcanique qui soit au monde.

Tout à l'heure, à mesure que nous approchions, Krakatau nous apparaissait comme enveloppée d'une fumée blanchâtre. On eût dit des vapeurs s'échappant de fissures sillonnant la paroi verticale qui termine brusquement la montagne du côté du nord ; elles s'élevaient lentement et venaient, comme un léger nuage, en couronner le sommet. Tous, nous croyions alors à l'existence de fumerolles résultant d'une activité volcanique ; mais nous reconnûmes bientôt notre erreur. Ayant fait mettre le canot à la mer et nous étant approchés du pied de la falaise, nous constatons que les prétendues fissures ne sont que de simples couloirs, et que ce que nous prenions pour des vapeurs n'est autre chose que des flocons de poussière, soulevés par la chute incessante de pierres bondissant sur les pentes rapides et presque verticales du grand escarpement. En même temps, une rumeur continue, semblable au crépitement d'une fusillade éloignée, se fait entendre, tandis que nous apercevons distinctement des pierres de diverses grosseurs, tournoyant dans les airs et venant, après plusieurs ricochets, s'engloutir dans la mer. Nous remarquons que, lorsque ces projectiles frappent un terrain friable, ils le désagrègent; alors les parties lourdes s'écoulent en noires avalanches, en cascades de sable d'une coloration foncée, serpentant au fond des couloirs, ruisselant le long des parois inclinées et donnant enfin naissance à des cônes dont la base repose au fond de la mer, très profonde en cet endroit, car la sonde n'indique pas moins de 20 mètres à quelques brasses du rivage. Au contraire, les parties légères, composées de cendres grises, remontent sous forme de nuages et sont entraînées au loin par la brise.

Cependant un de nos rameurs venait d'être atteint à la jambe par une pierre de la grosseur d'une petite orange; en même temps, un bloc d'un volume supérieur à un obus de la plus forte dimension tombait à quelques mètres de notre barque. Le danger devenait évident; nous nous éloignons en toute hâte, mais non sans avoir réussi à recueillir sur plusieurs points des échantillons de roches.

Il était temps de battre en retraite. Le Rakata nous mitraille avec un redoublement d'activité, comme l'indiquent le bruit continu des décharges, les nuages de poussière de plus en plus épais et les gerbes d'eau jaillissante qui sembleraient faire croire que la mer est en ébullition, mais qui sont simplement produites par la chute des pierres. Heureusement, nous sommes hors de la portée du volcan et nous nous rions de sa colère. Il était alors près de midi, heure à laquelle, sous l'action de la chaleur solaire, les éboulements atteignent leur maximum d'intensité. Nous avons remarqué que le phénomène était d'autant moins prononcé que les rayons du soleil devenaient plus obliques : pendant la nuit, il cessait complètement.

À l'extrémité occidentale de la coupure du pic de Rakata, nous trouvons enfin un point abordable. Nous débarquons sur une petite plage tranquille, à l'issue d'un ravin dont les parois escarpées sont formées, d'un côté par d'anciennes coulées de lave noirâtre, et de l'autre par des cendres solidifiées et des ponces pulvérulentes presque blanches. Là il nous est permis d'étudier avec sécurité la nature des roches et des divers produits volcaniques accumulés par la dernière éruption sur une épaisseur qui atteint en ce point 80 et même 100 mètres.

Le long du rivage, la mer travaille activement à regagner le terrain qu'elle a perdu ; elle bat en brèche de hautes falaises de boue desséchée, dans lesquelles sont enchâssés des blocs d'obsidienne de couleur noire ou vert foncé. On sait que cette substance vitreuse, à cassure brillante, est un mélange résultant de la fusion, dans les entrailles de la terre, de matières diverses en proportions variables. Quant à la ponce, on peut la considérer comme l'écume de l'obsidienne à l'état liquide.

J'ai recueilli quelques spécimens d'un autre produit volcanique. Je veux parler de ces petits corps sphériques, de nature calcaire et argileuse, que l'on a appelés « marbres de Krakatau ». Jusqu'à présent cette forme de concrétions n'avait été observée dans aucune éruption. Laissant à mes savants compagnons le soin d'expliquer leur formation, je dirai seulement que ces billes sont assez rares et que certains amateurs se sont disputés à prix d'or les premières qui ont été rapportées à Batavia.

Malgré toutes mes recherches, je n'ai pu observer à terre aucune trace de vie végétale ou animale, sauf une seule et très petite araignée ; cet étrange pionnier du renouveau était en train d'ourdir sa toile ! Il serait bien intéressant de suivre pas à pas les progrès du développement de la vie nouvelle sur cette terre actuellement morte, mais qui dans peu d'années, grâce à la chaleur intense du soleil et à l'abondance des pluies équatoriales, aura certainement recouvré sa verdoyante parure.

Dans l'après-midi nous visitons l'île Verlaten, autrefois corbeille de verdure, maintenant uniformément revêtue d'une couche de cendres grises, épaisse d'une trentaine de mètres. Les profondes crevasses qui en sillonnent la surface lui donnent, à une certaine distance, l'aspect d'un glacier ; que ne lui en donnaient-elles aussi la fraîcheur bienfaisante ! Ici, comme à Krakatau, les arbres les plus gigantesques ont complètement disparu sous la boue.

Cette île, située au nord-ouest de Krakatau, n'en était séparée avant la catastrophe que par un étroit chenal, large à peine de quelques centaines de mètres ; elle en est maintenant à la distance de 6 kilomètres. D'après M. Verbeek, sa superficie a été portée de 3 kil. 7 à 11 kil. 8 : son étendue a donc plus que triplé.

Cette journée a été des plus intéressantes, mais aussi fort pénible, à cause de la chaleur excessive, encore augmentée par la réverbération des rayons solaires. Sur ces terres absolument dénudées on ne saurait trouver un abri contre le soleil implacable de l'équateur. Maintenant j'ai pris l'habitude de coucher sur le pont. Comment dormir dans la cabine du *Kédiri*, où tout à l'heure M. Bréon développait ses clichés photographiques par une température de 38° ?

27 mai. — De bonne heure nous allons visiter un noir rocher affleurant à 2 kilomètres au nord de Krakatau ; c'est le dernier débris de la portion engloutie de l'île. Tout près de là, sur l'emplacement du cône du volcan Danan, la sonde ne trouve pas le fond à 200 mètres.

L'île Lang, vers laquelle nous nous dirigeons ensuite, ressemble beaucoup à sa voisine Verlaten ; elle s'est accrue aussi, mais dans de moindres proportions. Très probablement ces deux îles sont des fragments détachés anciennement de Krakatau par un cataclysme dont l'histoire n'a pas gardé le souvenir.

Nous touchons encore une fois à Krakatau, au même endroit qu'hier. Dans cette seconde excursion, l'un de nous découvre une grotte au fond de laquelle la température est brûlante; ses parois sont tapissées de cristaux de soufre. Toutefois ce phénomène n'indiquerait pas une continuation de l'activité volcanique; il attesterait simplement que les produits rejetés depuis neuf mois par le volcan ont encore conservé par places, sous la couche des cendres refroidies qui les recouvre, une température assez élevée pour donner lieu à des dégagements de vapeurs.

Il est certain maintenant que l'éruption, qui avait atteint son maximum d'intensité le 27 août, a cessé presque complètement peu après le 28. Cependant, à Batavia, bien des personnes se figuraient encore Krakatau en activité. Cette erreur était entretenue par les capitaines de navires, qui, passant par le détroit de la Sonde, apercevaient toujours des vapeurs et même du feu. Or ces lueurs et ces fumées provenaient simplement des monceaux de ponces brûlantes et des troncs d'arbres carbonisés qui se consumaient lentement, au contact de la cendre chaude. Le volcan, après un réveil terrible, était de nouveau rentré dans une période de tranquillité.

En quittant Krakatau, le *Kédiri* se dirige sur Mérak, où il jette l'ancre vers 5 heures du soir.

Mérak, point d'attache du câble qui réunit Java à Sumatra, est situé sur la côte nord-ouest de Java. C'est un des endroits qui ont le plus souffert. La ville, une des plus importantes de la résidence de Bantam, a été totalement détruite, et, sur quatorze habitants européens qui n'avaient pas pris la fuite avant le désastre, treize ont péri. L'unique survivant a été M. Pechler, comptable des travaux du port. Dans la matinée du 27, il était en route pour porter à Serang un télégramme annonçant que, la veille, la partie basse de Mérak avait été dévastée. Il se trouvait au pied d'une colline, derrière la ville, quand arriva la grande vague, « aussi haute peut-être qu'un cocotier ». Il gravit en courant cette colline, mais l'eau le gagna de vitesse et lui venait aux genoux lorsque, par un suprême effort, il atteignit le sommet.

Aujourd'hui le village indigène a été reporté plus haut dans la vallée, et la population européenne de Mérak ne se compose plus que du gardien du phare, d'un pilote anglais et d'un Allemand, nouvellement marié, qui, moyennant un traitement de 3000 florins, remplit ici les fonctions de directeur de la poste et du télégraphe. Nous allons passer la soirée chez lui; sa jeune femme se met au piano, et des rafraîchissements nous sont offerts sous la véranda. L'habitation, qui vient d'être reconstruite, s'élève sur un promontoire escarpé, d'une altitude d'environ 15 mètres. Des maisons voisines il ne reste plus que le pavé en ciment : tout a été balayé par la mer, qui a atteint ici une hauteur moyenne de 30 mètres.

28 mai. — Nous avons passé toute cette journée à Mérak. Tandis que les coolies malais transportent à bord du *Kédiri* un chargement de pierres destinées aux constructions du port de Batavia, nous faisons une longue promenade sur la côte, où les traces de la catastrophe sont encore visibles à chaque pas. Le petit chemin de fer qui servait à l'exploitation des carrières a été détruit, ses rails tordus et brisés; machines et wagons ont été entraînés dans la mer. On voit encore, à marée basse, une locomotive couchée sur le flanc, à demi enfouie sous le sable. Le rivage lui-même a été bouleversé : de vastes terrains ont disparu; une anse se dessine où s'avançait un promontoire.

Nous terminons notre visite à Mérak par une excursion au phare, qui, en raison de sa situation au sommet d'un îlot haut d'une cinquantaine de mètres, a échappé au désastre. Là, sous le toit hospitalier du gardien, nous passons les heures les plus chaudes du jour. L'habitation est à proximité d'un bois touffu; on y jouit d'une belle vue et, dans la soirée, d'une brise délicieuse.

Le lendemain, nous étions de retour à Batavia.

Notre expédition sur le *Kédiri* n'avait duré que huit jours; mais, pendant ce court laps de temps, que de spectacles variés, parfois grandioses et terribles, il nous a été donné de contempler! que d'observations intéressantes nous avons pu recueillir! Nous avons été les premiers à constater la fin de la période éruptive de Krakatau et la disparition des îles nouvellement formées. Quant aux résultats purement scientifiques de notre voyage, je n'en parlerai pas : ils sont du domaine de mes compagnons, MM. Bréon et Korthals.

CHAPITRE IV

VOLCANS DE JAVA

30 mai — 9 juillet.

Buitenzorg. — Bandong. — Ascension du Tankouban-Prahou. — Le Gounoun-Gountour. — Sindanglaya. — Ascension du volcan Ghédé. — Samarang, Solo et Djokjokarta. — Le Boro-Boudour. — Ascension du Mérapi. — Sourabaya. — Le Bromo. — Malang. — Ambarawa. — Retour à Batavia et départ pour l'Australie.

Après l'intéressante mais fatigante expédition que nous venions de mener à bonne fin, nous avions, d'un commun accord, résolu de prendre quelques jours d'un repos bien mérité, sous les magnifiques ombrages de Buitenzorg. Ce petit Versailles de Java, dont le nom en hollandais signifie *Sans-Souci*, est relié à Batavia par un chemin de fer long de 60 kilomètres. On y respire, au pied des montagnes, un air meilleur que dans la plaine marécageuse où la ville est construite. Confortablement installés dans un hôtel tenu par un Français, M. Garreau, nous employions notre temps en promenades aux environs et surtout dans l'incomparable jardin qui entoure le palais, résidence habituelle du gouverneur général des Indes Néerlandaises ; ce jardin botanique est, à mon avis, le plus beau du monde entier.

Assez longtemps mes regards avaient été attristés par

Paysage dans l'intérieur de Java.

des scènes de ruine et de mort ; maintenant d'autres horizons m'attendent, et c'est avec joie que je me prépare à pénétrer au cœur même de cette merveilleuse terre de Java, où la puissante vitalité de la nature équatoriale se révèle à chaque pas dans toute sa splendeur.

Nous avions l'intention de visiter d'abord la province de Préanger, qui passe pour la plus belle de l'île, et d'y faire, selon les circonstances, une ou plusieurs ascensions de volcans. De ce côté, nous n'avions que l'embarras du choix, car Java est la terre volcanique par excellence, et, sur une superficie qui n'atteint même pas le quart de celle de la France, on ne compte pas moins de quarante-six volcans. Sur ce nombre, une vingtaine sont plus ou moins en activité. Quant à ceux qui sont réputés éteints, il ne faut pas trop se fier aux apparences. L'expérience a démontré que les plus terribles éruptions ont été produites par des volcans qui, depuis un temps immémorial, n'avaient pas donné signe de vie ; une épaisse végétation les recouvrait de la base au sommet, et on pensait n'avoir rien à craindre de leur voisinage : tel était, d'ailleurs, le cas du Krakatau.

Justement le chemin de fer venait d'être ouvert jusqu'à Bandong, capitale de la Résidence, à 156 kilomètres au sud-est de Buitenzorg. Le 5 juin, nous nous mettions en route, munis de passeports en règle, car, pour voyager dans l'intérieur de Java, il faut une permission spéciale du gouvernement des Indes.

Au sortir de Buitenzorg, le paysage est de toute beauté. On a d'abord la vue du volcan Salak, puis de son voisin le Ghédé La voie s'élève rapidement. Les plantations de thé, de cannes à sucre, de manioc se succèdent sans interruption ; partout la campagne est admirablement cultivée : c'est un véritable jardin. A la station de Soukaboumi, la voie atteint une altitude de 580 mètres jusqu'à Tjandjour, où se trouve le principal buffet de la ligne.

Il est midi : c'est l'heure du troisième déjeuner, que les Hollandais appellent *rijsttafel*, « table de riz ». Dans ce singulier repas, particulier aux colonies hollandaises, le pain est remplacé par du riz cuit à l'eau, que l'on arrose copieusement d'une sauce jaune fortement pimentée : c'est le kari, bien connu de tous ceux qui ont voyagé dans l'Extrême Orient. On y ajoute une foule de mets hétéroclites, découpés en petits morceaux, viandes, volailles, poissons, œufs, légumes, etc., et toute la série des condiments de la cuisine javanaise. Le tout, entassé pêle-mêle sur une large assiette creuse, ne tarde pas à former une pyramide de taille respectable, que chacun attaque vivement à l'aide d'une cuillère. C'est, il faut le dire, le repas de résistance de la journée.

Après Tjandjour, la voie ferrée s'engage dans une contrée montagneuse et déserte, puis atteint, à une altitude de 700 mètres, le fertile plateau de Bandong, où nous arrivons à 3 heures de l'après-midi; nous avions quitté Buitenzorg à 8 heures du matin. Ici, grâce à l'élévation du sol, la température est sensiblement plus fraîche : mon thermomètre ne marque plus que 26°.

Bandong m'a beaucoup plu. Comme toutes les villes javanaises, elle est cachée sous de magnifiques ombrages et on ne l'aperçoit que lorsqu'on est arrivé. Elle ne ressemble en rien à nos cités européennes. Les blancs portiques des maisons hollandaises tranchent sur la verdure éclatante des bananiers, des bambous, des cocotiers et de mille autres espèces d'arbres particuliers aux tropiques. De larges avenues, bordées de superbes varingas (figuiers des Indes), sont coupées de ruelles proprement tenues où, derrière une clôture de rotang, s'élèvent les cases des indigènes. Sauf dans le quartier chinois, chaque maison a son jardin, ou plutôt la ville elle-même n'est qu'un immense jardin.

Après avoir étudié la carte et consulté le patron de l'hôtel, un ancien bottier allemand devenu aubergiste à Bandong, nous nous décidons à faire l'ascension du volcan Tankouban-Prahou, dont le nom signifie en malais « *Bateau renversé* »; effectivement, le sommet que l'on aperçoit d'ici, à une distance d'une trentaine de kilomètres, représente assez bien la quille retournée d'un navire.

Le lendemain, de bon matin, nous nous mettons en relation avec un loueur indigène ; mais ce n'est pas sans de longs marchandages que nous parvenons à obtenir deux *kahars*, petites voitures du pays, qui, moyennant 14 florins [1], nous conduiront jusqu'à Lembang, village situé au pied du volcan. Si j'entre dans ces détails, c'est que je crois bon de dire qu'avec les Malais il faut toujours débattre les prix et même exiger un écrit relatant les stipulations convenues. Si l'on se presse trop de conclure le marché et si l'on néglige les précautions que je viens d'indiquer, presque toujours votre homme trouvera un prétexte pour vous manquer de parole et réclamer un prix plus élevé.

La route, étroite mais bien entretenue, offre de ravissants points de vue lorsqu'elle n'est pas encaissée dans les rizières, comme il arrive trop souvent. La traversée des villages est particulièrement intéressante. Je ne me lasse pas d'étudier cette population à la peau bistrée, ces gens demi-nus qui nous regardent passer, graves et silencieux. Que de tableaux à prendre sur le vif ! Que de charmants paysages offrent à chaque pas ces petites cases proprettes, faites de rotins entrelacés et couvertes de nattes tressées, enfouies sous les touffes gigantesques des bambous ou sous le sombre feuillage des palmiers à sucre !

A Lembang, où nous arrivons à 9 heures, nous sommes déjà à une altitude de 1200 mètres. C'est ici que cesse le chemin carrossable ; il nous reste à escalader, soit à pied, soit à cheval, un millier de mètres. Nous avons un temps à souhait : une petite pluie est tombée ce matin ; elle a cessé, mais le ciel est resté couvert. Tout porte à croire que nous n'aurons pas à souffrir de l'ardeur du soleil ; aussi nous nous décidons à faire la route entièrement à pied. Le chef du village nous fournit deux jeunes gens pour porter nos provisions, quelques flanelles de rechange et l'appareil photographique de M. Bréon.

D'abord un petit chemin s'élève en pente assez douce au

---

1. Le florin hollandais vaut à peu près 2 fr. 15 c.

milieu des vergers et des champs de café, puis serpente
à travers de superbes plantations de quinquina en plein
rapport. A la hauteur de 1600 mètres, les cultures cessent;
on s'engage dans la forêt vierge, sous les fougères arborescentes, entre deux murailles végétales que mille variétés
de lianes et de philodendrons rendent impénétrables.
L'ascension devient plus pénible, mais le sentier est bien
tracé, et, au moyen de zigzags fort raides, nous atteignons,
trois heures après notre départ de Lembang, le point culminant de la montagne, à 2072 mètres au-dessus du niveau
de la mer; puis nous redescendons un peu sur le versant
opposé.

Le caractère de la végétation a changé : sur les bords du
sentier, des framboisiers sauvages nous offrent leurs baies
jaunes et savoureuses. L'horizon se dégage; par-dessus les
sommités voisines, la vue plane au loin sur une vaste étendue, semblable à un océan parsemé d'îles : c'est la plaine
de Java qui, sous l'éclatante lumière équatoriale, nous
apparaît couleur d'azur, comme les flots; et ces taches
sombres, que l'on prendrait pour des îles, sont les bois épais
qui abritent les villages.

Cependant nous entrons dans une forêt morte, tuée,
pour ainsi dire, par les émanations sulfureuses qui s'échappent du volcan. Seuls quelques arbustes rabougris, au
pâle feuillage, croissent sous les grands arbres restés debout, mais dépouillés de leur écorce, véritables squelettes
végétaux, étendant vers le ciel leurs rameaux blanchis et
desséchés. Tout à coup nous débouchons sur une arête
étroite, taillée à pic et séparant deux cratères jumeaux,
dont elle domine les profondeurs d'une hauteur de plus de
150 mètres.

Spectacle étrange et qui défie toute expression! Deux
immenses entonnoirs, larges de plus d'un kilomètre, sont
là, béants sous nos pieds. Le fond en est occupé par de
perfides marais, des flaques d'eau stagnante de couleur laiteuse. Le cratère de gauche paraît assez tranquille; quelques fumerolles s'échappent sans bruit du fond de l'abîme.

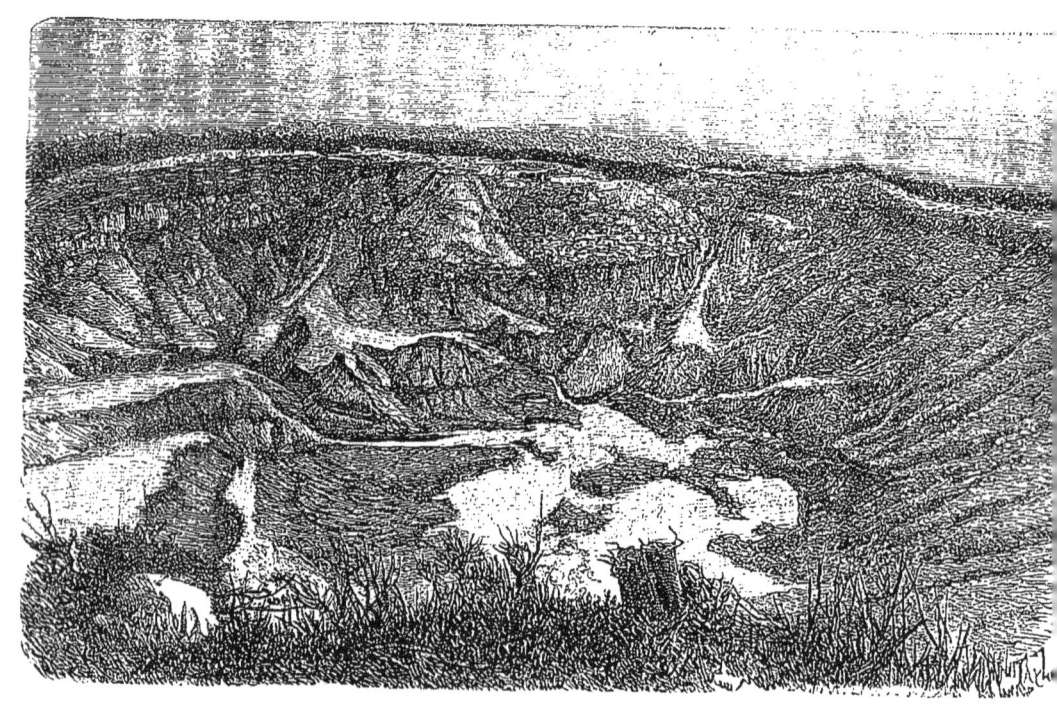

Cratère du volcan Tankouban-Prahou.

Dans celui de droite, au contraire, un ronflement terrible et continu accompagne l'émission de puissants jets de vapeur qui font bouillonner les eaux du lac.

Nous avons rencontré, au sommet du Tankouban-Prahou, un touriste allemand qui était venu jusque-là à cheval; mais je n'enviais nullement sa monture, surtout pour la descente, car, en plusieurs endroits, les pentes sont si rapides et le terrain argileux si glissant, que l'on a dû tailler des marches dans le sol. A 7 heures du soir, par un beau clair de lune, nous étions de retour à l'hôtel, fort satisfaits de la réussite de notre première ascension.

Le jour suivant, nous repartons en voiture pour un autre volcan, le Gounoun-Gountour. Nous n'avions pas l'intention d'en gravir le cône, mais seulement d'en visiter la base. Cette seconde journée a été fort intéressante et aussi très fatigante, plus peut-être que la première. Nous ne sommes rentrés à Bandong qu'à 10 heures du soir, ayant fait 100 kilomètres dans de mauvais kahars. Pour la première partie du trajet, nous avons suivi pendant deux heures la grande route de poste de Batavia à Chéribon, qui est excellente; elle traverse de populeux villages et d'interminables rizières. La seconde partie est pittoresque, mais très difficile, par suite des pentes rapides qu'il s'agit d'escalader et du mauvais état de la route. Aux descentes les plus raides, chaque kahar nécessite l'emploi supplémentaire de trois hommes : l'un d'eux, placé à la tête des chevaux, soutient le timon de la voiture, tandis que les deux autres la retiennent par derrière, à l'aide de cordes.

Le village de Lélès, point extrême de notre course, est situé à la base du Gountour, au fond d'une splendide vallée dominée par plusieurs pics volcaniques, aux lignes imposantes; d'énormes blocs, projetés par son terrible voisin, gisent sur le sol, au milieu des rizières et des champs en culture. La dernière éruption du volcan remonte au siècle dernier : à cette époque, tout fut détruit dans un périmètre de plusieurs lieues; mais, depuis bien des années déjà, la nature, aidée ici par le travail de l'homme, a réparé le désastre.

Le chef javanais du village porte le titre de bourgmestre. Ce brave homme met à notre disposition son secrétaire, pour nous servir de guide dans une promenade que nous allons faire aux environs. A notre retour, nous trouvons chez lui un *rijsttafel* bien préparé et auquel nous faisons honneur.

Indépendamment du paysage, presque toujours magnifique, cette excursion m'a permis de voir une région hors de la grande route, à près de 300 kilomètres de Batavia, et où les indigènes ont conservé les anciennes coutumes. Le pays est extrêmement peuplé. De jour comme de nuit — la lune nous éclairait au retour — nous rencontrions sur le chemin une foule d'indigènes, hommes, femmes et enfants. Presque tous les hommes portaient l'arme nationale, le *kriss*, suspendu à la ceinture. La plupart de ces gens ne se contentaient pas de nous saluer humblement : ils descendaient dans le fossé et, déposant leur fardeau à terre, s'agenouillaient sur notre passage. Cette habitude, générale autrefois, n'existe plus aujourd'hui que dans les contrées reculées de l'intérieur.

Une autre observation que j'ai faite; c'est le grand nombre de personnes qui, à une heure déjà avancée de la nuit, circulaient sur les routes ou bien étaient rassemblées dans les rues de leur village. J'ai remarqué aussi le calme, la gravité extraordinaire de cette population, parlant peu et presque toujours à voix basse. Au milieu de foules parfois compactes, où se trouvent un grand nombre de femmes et d'enfants, pas un cri, pas un éclat de voix : un silence presque complet.

Le 8 juin, nous employons notre matinée à faire de la photographie dans ce luxuriant jardin, cette merveilleuse serre chaude qui s'appelle la ville de Bandong. Quel paradis pour un photographe! Et puis aussi quels types curieux que tous ces gens qui se rendent au marché, coiffés de grands chapeaux vernis ayant la forme d'un bouclier; il y en a de toutes les couleurs : verts, jaunes, rouges, plusieurs même sont dorés. Les hommes tiennent en équilibre sur leurs épaules un long bambou qui supporte à chaque extrémité de lourds fardeaux. Les femmes, vêtues de *sarongs* multicolores, plient sous le poids d'énormes bottes de fourrage, ou bien de corbeilles remplies de fruits ; de petits enfants tous nus les suivent, également chargés d'objets bien lourds pour eux. La plupart des transports se font ici à dos d'homme.

A 3 heures de l'après-midi, nous prenons le train pour Tjandjour, où nous passons la nuit, et le lendemain, continuant notre voyage en voiture, nous montons par une route très pittoresque au sanatorium de Sindanglaya, où les Hollandais de Batavia viennent de temps en temps chercher, à une altitude de 1070 mètres, un refuge contre les chaleurs accablantes de la plaine. La facile ascension du Tankouban-Prahou nous avait mis en goût ; nous avions maintenant l'intention de gravir le volcan Ghédé, qui domine Buitenzorg d'une hauteur de 3000 mètres et dont le profil imposant s'aperçoit de fort loin, en mer, avant d'arriver à Batavia.

Le 10 juin, nous faisons, comme entraînement, une course de cinq heures, à pied, sur les premières pentes du Ghédé, à la recherche d'une cascade que notre guide n'a jamais pu trouver. Au retour, il nous fait passer par un jardin d'acclimatation que le gouvernement a créé à une altitude d'environ 1600 mètres. On y cultive avec succès, sous l'œil d'un jardinier hollandais, des arbres et des plantes d'Europe ainsi que des régions tempérées de l'Amérique et de l'Australie. Cette simple promenade, faite pendant la forte chaleur du jour, nous a réellement fatigués ; aussi prenons-nous la résolution de tenter de nuit l'ascension du Ghédé.

Le lendemain, à 9 heures du soir, nous nous mettions en route, accompagnés de six Malais, à la fois guides, porteurs de torches, de bagages et de provisions. Le temps était superbe ; la lune elle-même s'était mise de la partie en nous versant sa douce lumière.

D'abord nous marchons lentement, réservant nos forces,

car nous aurons à nous élever de 2000 mètres d'une seule traite et nous avons résolu de faire toute la route à pied. Pendant les deux premières heures, tout va bien ; il suffirait de bien peu de travaux pour rendre carrossable le chemin que nous suivons.

A 11 heures, notre altitude n'est encore que de 1350 mètres. Cependant les dernières cultures sont dépassées ; nous pénétrons dans la forêt. C'est alors que la scène change. Le sentier, à peine tracé, traverse un affreux marécage ; on ne sort d'un bourbier que pour retomber dans un autre. Il nous faut franchir des torrents sur des troncs branlants, sur des amas de branchages qui tombent en pourriture. Souvent un arbre énorme, abattu, nous barre le passage ; nous devons ramper par-dessous ou bien l'escalader péniblement, à la lueur vacillante des torches. Parfois il nous faut marcher dans le lit même d'un ruisseau ; mais déjà nos vêtements sont trempés, car dans ces forêts vierges l'humidité suinte partout ; les mousses et les fougères sur lesquelles vous marchez sont comme autant d'éponges imbibées d'eau, et chaque feuille qui vous balaye la figure au passage forme gouttière. A minuit nous faisons une halte de dix minutes ; mon baromètre anéroïde n'indique encore que 1700 mètres. C'est alors que je me prends à regretter amèrement la folie qui m'a poussé à m'embarquer dans une semblable aventure, et, je l'avoue à ma honte, j'ai espéré un moment qu'il y aurait une reculade générale.

Cependant, à mesure que nous montons, le sol devient moins spongieux, le terrain plus solide. Le murmure des ruisseaux est le seul bruit qui trouble le silence solennel de la forêt. Sous les grands arbres, l'effet produit par la rouge lueur des torches et la blanche lumière de la lune est réellement merveilleux. Non, jamais je n'oublierai cette nuit féerique ! Je me dis que, pour jouir d'un pareil spectacle, il faut bien braver quelques fatigues. Cette pensée me donne du courage. De temps à autre je consulte l'aiguille de mon baromètre ; mais, à mon gré, elle est encore bien lente à se mouvoir.

A 2 h. 30, par une altitude d'environ 2000 mètres, nous rencontrons une source chaude. L'eau du ruisseau dans lequel nous marchons est à la température de 41° centigrades; son contact me réchauffe un instant les pieds, mais plus loin je retombe dans l'eau froide. L'ascension devient de plus en plus raide; le fracas des cascades se fait entendre partout, sur nos têtes, sous nos pieds. L'étroit sentier, que nous suivons à la file indienne, me semble bordé de précipices, mal dissimulés sous les feuillages dentelés des grandes fougères, les guirlandes des lianes moussues et les touffes monstrueuses des orchidées. Tant que nous montons régulièrement, l'idée que chaque effort me rapproche du but me donne une certaine ardeur; mais trop souvent il nous faut redescendre pour franchir quelque ravin et perdre ainsi le terrain que nous venons de gagner.

A 4 heures du matin, halte d'une demi-heure. Nous sommes à la hauteur de 2500 mètres. L'humidité pénétrante des régions inférieures a disparu; nos Malais parviennent à allumer du feu; nous prenons une tasse de café chaud, qui nous réconforte, puis on se remet en route. Il s'agit de ne pas manquer le lever du soleil, et nous avons encore plus de 500 mètres à escalader.

A ces hauteurs, le caractère de la végétation change complètement : plus de fougères arborescentes, plus d'orchidées; la forêt prend peu à peu un aspect européen. A mesure que l'on s'élève, les arbres diminuent de grosseur; près du sommet ils font place à des arbustes, sous lesquels nous devons nous glisser. Enfin, aux premières lueurs du jour, nous atteignons l'arête terminale : un cri d'admiration s'échappe de nos poitrines. A 1000 mètres sous nos pieds, un océan de nuages sans limites nous dérobe la vue des plaines; près de nous, le Pangerang et le cône majestueux du Mandalawangi, d'une régularité parfaite, couvert de sombres forêts; à divers points de l'horizon, d'autres volcans, d'une coloration bleue, plus ou moins foncée selon leur éloignement, émergent comme autant d'îles d'un archipel fantastique. Bientôt le globe du soleil apparaît, couleur de feu, illuminant l'espace de ses rayons étincelants, et peu à peu le rideau de nuages, se déchirant par places, laisse entrevoir tout en bas de grandes taches jaunes mouchetées de vert : ce sont les rizières et les villages de la plaine immense, que nous dominons d'une hauteur de 3000 mètres !

Cependant il faut nous arracher à ce magique spectacle. Nous descendons dans l'ancien cratère, et, après avoir péniblement gravi le versant opposé sur des éboulis de roches, nous nous trouvons enfin sur le bord d'un gouffre de forme circulaire, large d'environ 400 mètres et d'une profondeur égale : c'est le nouveau cratère, encore en activité. Impossible de songer à tenter la descente, car les parois, imprégnées de soufre, sont presque verticales, et du fond de la chaudière s'échappent continuellement d'épaisses vapeurs.

Nous avons passé deux heures et demie au sommet du Ghédé, où M. Bréon a réussi à prendre plusieurs photographies.

La température, qui au moment de notre arrivée n'était que de 12°, n'avait pas tardé à s'élever rapidement. Aussi, vers 8 heures, nous songeons à battre en retraite, chassés par l'ardeur du soleil, qu'il eût été imprudent de braver plus longtemps sans abri, et aussi par la faim, car nos provisions sont restées à 500 mètres plus bas, à l'endroit où nos guides avaient allumé du feu quatre heures auparavant.

Après avoir déjeuné et fait une courte sieste sous un abri improvisé, nous nous remettons en route à 11 heures. La descente m'a paru interminable, aussi fatigante que la montée, sinon davantage, car il faut toujours se tenir sur ses gardes pour éviter un accident. Cependant nous avons encore pris quelques photographies, notamment aux environs de la source d'eau chaude, où, sous l'influence des vapeurs tièdes qui s'en échappent constamment, les mousses et les plantes parasites ont pris un tel développement, qu'elles donnent à la végétation un caractère tout à fait extraordinaire. A 5 heures du soir, nous étions de retour à l'hôtel de Sindanglaya : nous avions marché pendant vingt heures consécutives, sans avoir pris plus de deux heures de repos.

Le lendemain de cette belle excursion, nous retournons en voiture à Buitenzorg. Le col de Pontiak (altitude 1482 mètres) marque la frontière entre la résidence de Préanger et celle de Batavia. De ce point on découvre un merveilleux panorama sur la contrée que nous venons de parcourir.

Une demi-heure de promenade, par un charmant sentier sous bois, nous amène près d'un petit lac romantique, en pleine forêt vierge. Sa forme circulaire, ses rives escarpées figurant un gigantesque entonnoir, démontrent que ce lac occupe le fond d'un ancien cratère.

Du col de Pontiak, une descente de 30 kilomètres nous conduit à Buitenzorg par une route vraiment ravissante, sablée comme une allée de parc et serpentant à travers un pays magnifique.

Le 15 juin, je m'embarquais avec M. Bréon pour Samarang, sur le *Gouverneur general's Jacob*, grand steamer tout neuf, appartenant à la Compagnie de Navigation à vapeur des Indes Néerlandaises. Notre intention était de visiter les provinces centrales et orientales de Java, et aussi de tenter de nouvelles ascensions de volcans. Notre ami M. Korthals, un peu éprouvé par les fatigues des jours précédents, ne nous accompagne pas ; il a préféré s'installer à Buitenzorg, où il attendra notre retour.

La traversée directe de Batavia à Samarang (distance 234 milles, soit 433 kilomètres) pourrait aisément se faire en vingt-quatre heures, mais nous en mettrons trente, car le commandant a reçu d'Europe l'ordre de ne jamais dépasser la vitesse de 8 milles à l'heure. Si c'est par économie que MM. les administrateurs ont pris cette singulière mesure, ils me semblent avoir fait un mauvais calcul ; car les passagers sont nombreux et font honneur aux repas copieux qui, selon la coutume hollandaise, nous sont servis trois fois par jour, sans compter le café du matin, le bitter de l'après-midi et le thé du soir. Il y aura un peu moins de charbon brûlé, mais un *rijsttafel* de plus, voilà tout.

D'ailleurs, à bord du *Gouverneur general's Jacob*, personne ne paraît pressé d'arriver. On y mène une existence qui n'est pas sans charme ; chacun s'y installe comme chez soi. Sur le pont, à l'abri d'une double toile, une vingtaine de larges fauteuils à bascule sont occupés par des dames en *kabaya* (camisole blanche), les cheveux dénoués, les pieds nus passés dans des babouches brodées, à talons dorés. En guise de jupe, elles portent le *sarong* des femmes indigènes, simple pièce d'étoffe de fabrique javanaise, ornée de dessins bizarres, de couleurs éclatantes. Cette liberté de tenue existe aussi pour les hommes, mais à un moindre degré ; c'est-à-dire qu'à l'heure des repas ils font un bout de toilette, dont généralement ils se relâchent bien vite pour venir, en déshabillé, faire leur sieste sur le pont.

Par ordre d'importance, Samarang est la troisième ville de Java. Elle ne présente pas un grand intérêt ; aussi, dès le lendemain de notre arrivée, nous prenions le chemin de fer pour Solo (108 kilomètres).

Solo, ou Sourakarta, est une ville populeuse, résidence d'un fantôme d'empereur qui touche du gouvernement des Indes une pension de 125 000 francs par mois. Le peuple ici est javanais et non plus sundanais ou malais, comme dans les provinces de l'ouest. Tous les hommes sont armés de grands kriss, quelquefois fort beaux, qu'ils portent par derrière, passés dans la ceinture. Quant aux femmes, elles ont la déplaisante habitude de chiquer toute la journée une grosse boule de tabac qui leur sort à moitié de la bouche et ne contribue pas à les embellir.

Djokjokarta (58 kilomètres de Solo), où nous nous rendons ensuite, est aussi la capitale d'une principauté prétendue indépendante. Présentés par le résident hollandais, nous avons été reçus au *kraton* ou palais du sultan. A certaines époques de l'année, on y donne des fêtes magnifiques, où les étrangers de passage sont invités ; malheureusement il n'y en avait pas alors.

Les Hollandais, qui en réalité détiennent toute la puissance, ont eu l'habileté de laisser au sultan, comme à l'empereur, le prestige de la domination. De plus, empereur et sultan sont flanqués, chacun dans sa capitale, d'un autre prince, indépendant comme eux, et naturellement leur rival; ce dernier touche un traitement dix fois moins élevé, mais a le privilège d'entretenir une petite armée, chose interdite aux premiers. Enfin, comme couronnement du système politique au moyen duquel 40 000 Européens gouvernent paisiblement 22 millions de Javanais, une forteresse hollandaise occupe le centre de chaque ville, juste en face du palais des souverains indigènes.

De nombreux restes de monuments brahmaniques et bouddhiques existent dans les environs de Djokjokarta. Nous avons visité, à Brambanan, les Mille Temples, qui sont en réalité au nombre de quatre, si l'on ne tient pas compte d'une infinité de petites chapelles envahies par la végétation, ruinées par les tremblements de terre et la main de l'homme, et qui n'existent plus guère aujourd'hui qu'à l'état d'amas de pierres.

Dans les États indigènes, *Vorstenlanden* (pays princiers), comme disent les Hollandais, les routes sont larges et souvent divisées en trois parties : l'une pour les voitures de maître, l'autre pour les charrettes, la troisième pour les piétons; mais leur entretien laisse beaucoup à désirer: les ponts tombés en ruine ne sont pas toujours remplacés, et le passage des torrents offre parfois de grandes difficultés. A l'état seul des chemins, il est facile de reconnaître que l'on n'est plus dans un district directement administré par la Hollande.

De tous les monuments antiques disséminés sur le sol de Java, le Boro-Boudour est le plus célèbre et aussi le mieux conservé. Il se trouve à une quarantaine de kilomètres à l'ouest de Djokjokarta. Sur la route qui y conduit, on admire, en passant, le Mandout, harmonieux édifice récemment découvert sous un monticule de terre où il était resté enfoui pendant des siècles, et, plus loin, un charmant petit temple, au centre duquel a poussé un arbre gigantesque qui le renversera quelque jour, si l'on n'y prend garde.

Le Boro-Boudour occupe le sommet d'une petite colline.

Ce n'est pas un temple dans lequel on puisse entrer, mais une pyramide pleine à l'intérieur, à base carrée et reposant sur une plate-forme de 162 mètres de côté. Sept étages de galeries découvertes, dont la première mesure 112 mètres sur chaque face, aboutissent à une coupole, en partie détruite, s'élevant à 40 mètres au-dessus du sol. Cet immense bloc, élevé à la gloire de Bouddha, sert de piédestal à un nombre infini de statues, — colossal trophée dont chaque pierre est sculptée, dont les parois et les couloirs à ciel ouvert sont chargés de bas-reliefs fouillés sur la pierre dure, avec un art infini : ce sont de belles compositions, pleines de vie et d'expression, scènes de chasse et de guerre, cortèges triomphants, cérémonies pacifiques, emblèmes religieux, en un mot c'est l'histoire de tout un peuple, de ses mœurs et de sa religion.

« On parcourt ces galeries comme on feuillette le livre d'or d'une grande époque disparue dans la nuit des temps. De tous côtés se voient, dans l'épaisseur des murailles, des statues de grandeur humaine représentant Bouddha trônant, les jambes croisées et souriant béatement au passant étonné. Quatre cents de ces statues subsistent encore aujourd'hui ; sur l'avant-dernière plate-forme seule on peut en compter soixante-douze, enfermées dans des niches de pierre arrondies, avec grillages à jour[1]. »

La construction du Boro-Boudour remonte au IXe siècle de notre ère. Même après les temples cambodgiens d'Angkor, que j'avais visités en 1881, ce monument me produisit une impression des plus profondes, et je n'hésite pas à le classer parmi les merveilles du monde.

A deux pas du Boro-Boudour, dans un site charmant, se trouve un petit hôtel où nous avons pris notre repas. J'aurais bien voulu y passer le reste de la journée et ne partir que le lendemain, mais nos jours étaient comptés. Des relais de chevaux nous attendaient sur la route : triste

---

1. *Souvenirs de notre tour du monde*, par Hugues Krafft. Hachette, 1885.

Temple de Boro-Boudour.

route, tristes chevaux surtout, pauvres petites bêtes mal nourries, que nos cochers malais ne peuvent mettre en mouvement qu'à force de vociférations et de coups de fouet. Aussi, partis à 4 heures, nous ne rentrons qu'à 10 h. 30 du soir à l'hôtel de Djokjokarta.

Parmi les volcans des provinces centrales, le Mérapi attire particulièrement l'attention par la noblesse et la régularité de ses formes. De Djokjokarta, comme de Solo, on aperçoit son imposante silhouette, dominant les rizières de la plaine d'une hauteur de 2800 mètres. A Batavia on nous avait dépeint son ascension comme extrêmement difficile et même impraticable à moins de dépenses considérables. Toutefois, encouragés par de nouveaux renseignements, nous résolûmes de tenter l'aventure, d'autant plus que, à ce moment même, le Mérapi faisait beaucoup parler de lui. On racontait qu'une montagne, s'étant formée récemment à l'intérieur de son cratère, l'avait comblé peu à peu; que maintenant elle le dépassait et qu'une catastrophe était imminente.

Le 24 juin, de bon matin, nous partons de Solo en voiture pour Boyolali (distance 28 kilomètres, altitude 418 mètres). Dans cette localité, l'assistant résident, prévenu par dépêche du résident de Solo, nous offre un excellent déjeuner. De plus, il a fait préparer à notre intention deux chevaux de selle; il nous donne un soldat pour nous accompagner, et nous remet une lettre pour le chef indigène du village de Sélo, où nous devons passer la nuit.

A midi nous montons à cheval. D'abord le chemin, bien entretenu, s'élève en pente douce au milieu des champs cultivés. A la hauteur de 800 mètres on atteint les premières plantations de café. Le précieux arbuste croît à l'abri de grands arbres, ménagés tout exprès pour que leur ombrage le protège contre les rayons trop ardents du soleil. Chaque plant est taillé de façon que sa hauteur ne dépasse pas 2 ou 3 mètres. Plus loin, le chemin monte rapidement et descend parfois de même dans de profonds ravins, dont les parois escarpées disparaissent sous une végétation luxuriante. Souvent nous chevauchons sur une arête étroite, entre deux larges crevasses béantes. Le pays est très joli et aussi très peuplé. Enfin, après une charmante promenade de quatre heures, nous arrivons au village de Sélo, près duquel se trouve une grande et confortable maison de campagne appartenant au résident et que ce dernier a bien voulu mettre à notre disposition.

Impossible de rêver une plus belle situation. L'habitation est construite au sommet du col qui joint le Mérapi à son puissant voisin, le Merbabou, dont le cône majestueux ne mesure pas moins de 3146 mètres. Devant la maison s'étend un grand jardin où, grâce à l'altitude du lieu, qui est de 1585 mètres, prospèrent les fleurs, les légumes et les arbres fruitiers de l'Europe, mêlés à ceux des tropiques. Je prends un plaisir enfantin à cueillir des fraises, à examiner des pêchers et des pruniers, chargés à la fois de fleurs roses et blanches et de petits fruits verts.

La température est de 18°. Dans la soirée, nous nous donnons la satisfaction, bien rare à Java, de nous chauffer devant un bon feu. Le chef javanais est venu conférer avec nous pour organiser l'expédition du lendemain. Il s'appelle Djojohantjolo; c'est un homme intelligent, serviable et qui, par bonheur, parle un peu d'anglais, ce qui nous permet de nous entendre. Il nous montre un curieux autographe qui lui a été donné par l'un des rares Européens qui ont gravi le Mérapi; cette pièce est signée : « Ernest Griolet de Geer (Club Alpin suisse), Sélo, le 2 août 1877 ». M. Griolet, quoique sourd-muet de naissance, a la passion des voyages. En 1881 on m'avait souvent parlé de lui en Sibérie; il avait traversé ce pays un an avant moi, et maintenant je retrouvais la trace de son passage bien loin de là, au pied d'un volcan de Java !

Le 25 juin, nous partons au point du jour; nous avions demandé quatre guides ou porteurs : il s'en présente huit, qui tous tiennent absolument à nous accompagner; bien plus, des enfants viennent grossir notre cortège, qui, au sortir du dernier village, ne s'élève pas à moins de treize personnes. Je remarque que les cases des indigènes sont plus grandes et mieux tenues ici que dans la plaine; ce fait, qu'on a observé d'ailleurs dans tous les pays de montagnes, est également vrai pour Java.

En quittant les lieux habités, nous nous engageons au fond d'une profonde crevasse; nous suivons, pendant un quart d'heure, le lit d'un torrent desséché, puis nous gravissons les premières pentes, au milieu de maigres champs de maïs. A 1850 mètres, toute culture cesse. Sur le Mérapi, point de fougères arborescentes, point de forêts vierges, comme au Ghédé; les flancs du volcan sont uniquement couverts de broussailles et de mimosas de petite taille. Nous commençons une montée que la raideur de la pente rend excessivement pénible. Souvent nous sommes obligés, pour avancer, de nous cramponner aux branches des arbustes. Cependant nous nous élevons assez rapidement, car, moins de trois heures après notre départ, nous avons atteint la limite de la végétation, à 2600 mètres. Nous cheminons alors sur une crête légèrement inclinée, mais taillée en lame de couteau, au-dessus de deux pentes vertigineuses. D'épais brouillards nous dérobent la vue du précipice. Il fait froid; les nuages se condensent en rosée glaciale sur nos vêtements.

Ce passage scabreux aboutit à un plateau ou plutôt à une vaste dépression, reste d'un ancien cratère, où nous faisons halte pour déjeuner. Encore une pente de cendres, de lapilles et de pierres ponces, fort difficile à escalader, — en effet le sol, formé de matériaux sans cohésion, cède sous nos pas, — et à 11 heures nous atteignons le bord même du cratère actuel, à 2866 mètres au-dessus du niveau de la mer. Malheureusement nous ne pouvons rien voir. Les nuages, chassés par un vent violent, emplissent le gouffre insondable. Nous y jetons des pierres : le temps qu'elles mettent à tomber prouve que sa profondeur est considérable. D'un autre côté, le point où nous nous trouvons doit surplomber, car, si nous frappons du pied le sol, il rend un son caverneux. Tout près de là, des fumerolles s'échappent d'une petite crevasse. Je consulte mon thermomètre : il marque 11° à l'ombre et 39° au soleil.

Enfin, après une longue heure d'attente, nous sommes récompensés de notre patience par une éclaircie qui nous permet de distinguer l'orifice du cratère, profondément découpé en roches de formes fantastiques, suspendues au-dessus de l'abîme, où leur chute paraît imminente. Nous nous approchons jusqu'à la limite extrême, et, plongeant nos regards au fond du précipice, nous apercevons la base du cumulo-volcan central, amoncellement de blocs énormes, portant des traces de soufre et de perchlorure de fer. D'innombrables fumerolles s'échappent des interstices qui existent entre les blocs, et remplissent le cratère de vapeurs. Du sommet de cet amas pyramidal, qui paraît dépasser de quelques mètres le niveau du point que nous occupons, se dégagent d'épaisses colonnes de fumée. Toutefois nous ne percevons aucun bruit ; rien ne prouve que le travail souterrain qui tout récemment a formé la montagne que nous avons sous les yeux, se continue à l'heure présente : une tranquillité parfaite, un silence absolu règnent dans ces solitudes désolées.

A la descente j'ai pu admirer à loisir l'incomparable panorama qui se déroulait sous mes pieds, depuis le col tourmenté où les profondes crevasses qui descendent du Mérapi viennent rejoindre celles du Merbabou, jusqu'au cône glorieux du volcan Soumbing (3336 mètres), émergeant des nuages, à plus de 50 kilomètres dans la direction de l'ouest.

A 3 heures nous étions de retour à la maison du résident, et le lendemain nous arrivions à Solo juste à temps pour le rijsttafel de l'hôtel Stier. Pour ma part, ayant eu l'imprudence d'exposer pendant trois jours mes mains dégantées au soleil de Java, j'avais les doigts couleur de homard cuit, mais je n'en étais pas moins très fier d'avoir vaincu le Mérapi. Peu de jours après, j'eus la satisfaction de lire dans la *Gazette de Samarang* le récit de notre ascension ; on ajoutait, en terminant, que M. Bréon et moi nous étions les deux premiers Français qui l'eussent accomplie.

Quatre jours plus tard, le 30 juin, je me trouvais, toujours en compagnie de M. Bréon, au sommet d'un autre volcan, le Bromo, à 400 kilomètres à l'est du Mérapi. Voici quel a été notre itinéraire.

De Solo à Sourabaya, grande ville commerçante et seconde capitale de l'île, 261 kilomètres en chemin de fer. Le pays que l'on traverse est admirablement cultivé, principalement en riz et en canne à sucre. D'immenses étendues de terre sont préparées pour la culture de la canne, avec autant de soin que pourrait l'être un jardin. De temps à autre, on aperçoit de grands bâtiments sans caractère, dominés par une cheminée d'usine : ce sont des fabriques de sucre ; mais on ne voit rien ou presque rien des villes et des villages, toujours cachés sous des bois épais de cocotiers, de bambous et d'arbres fruitiers. Aussi ce long trajet m'aurait-il paru un peu monotone, si je n'avais pas eu la ressource de reposer ma vue sur les grands volcans, le Lawou, le Willis et bien d'autres encore, qui se succédaient à notre droite.

De Sourabaya, continuant notre voyage dans la direction du sud-est, nous nous rendons à Pasourouan (63 kilomètres), toujours en chemin de fer. Nous prenons à la station une voiture attelée de quatre chevaux, qui, en une heure et demie, nous conduisent, par une belle route ombragée de gigantesques bambous, au village de Paserpan, où nous trouvons des chevaux de selle. Enfin quatre heures d'une agréable chevauchée, au milieu des plantations de café, nous amènent au sanatorium de Tosari, à 1780 mètres dans la montagne. Nous y trouvons un excellent petit hôtel, tenu par une bonne dame hollandaise qui parle le français comme sa langue maternelle ; elle a cela de commun avec la plupart de ses compatriotes. Pour nous autres Français, c'est un grand agrément de trouver presque partout, à Java, des gens qui, non seulement comprennent notre langue, mais encore la parlent couramment.

Le climat de Tosari est idéal. Un printemps perpétuel règne dans ces hautes régions; de plus, on y jouit d'une vue magnifique. Au moment de notre arrivée, nous avons été témoins d'un splendide coucher de soleil sur le massif volcanique de l'Ardjouno, dont la plus haute cime (3333 mètres) porte le nom de Vidodayan (Séjour des dieux).

Le Bromo est un des plus remarquables volcans, non seulement de Java, mais encore du monde entier. Sa base couvre une surface immense; il s'élève d'abord en pentes douces et régulières, puis se redresse en terrasses successives. Vu à distance, son sommet est moins conique que celui des autres volcans : sa hauteur varie, selon les divers points observés, de 2100 à 2500 mètres. Enfin son cratère présente cette particularité qu'il se trouve à 300 mètres au-dessous du point culminant.

Montés sur de bons petits chevaux javanais, nous avons quitté Tosari à 6 heures du matin. Un chemin muletier, parfaitement entretenu, escalade les derniers contreforts de la montagne, en suivant le plus souvent d'étroites arêtes bordées de pentes vertigineuses. Le paysage diffère entièrement de tout ce que j'ai déjà vu à Java. Des pins élevés, au sombre feuillage, de gigantesques cyprès, s'étagent sur la montagne ou bien en couronnent les hauteurs. Partout le sol est cultivé; sur les déclivités les plus accentuées, qu'on croirait inaccessibles à l'homme, on voit des champs de maïs, de choux, de pommes de terre. A l'altitude de 2200 mètres on rencontre encore des villages; les cultures ne cessent qu'au delà de 2300 mètres. Et, sur les bords du sentier, quelle profusion de fleurs, qui, elles aussi, nous rappelaient l'Europe : capucines, myosotis et cent variétés d'œillets, toutes plus éclatantes les unes que les autres!

A 8 heures nous arrivons au bord de l'ancien cratère Mounggal (2378 mètres), de beaucoup le plus vaste de tous ceux de Java. Qu'on s'imagine une immense excavation dessinée en ovale irrégulier, longue de plus de 7 kilomètres, large de 5 et demi, profonde de 250 mètres; tout autour, une ceinture de sommets plus ou moins élevés; au fond

Fond de l'ancien cratère Mounggal, avec le cratère du Bromo, actuellement en activité.

du gouffre, une surface parfaitement plane, sans arbres, en partie couverte d'herbes jaunâtres : c'est la *mer de Sable*, ainsi appelée parce que les cendres et les sables mouvants, soulevés et dispersés par les vents, ont formé, en de certains endroits, des sillons semblables aux vagues de la mer. Au centre de ce désert se dressent plusieurs pics coniques, aujourd'hui éteints, et enfin le Bromo, qui seul est encore en activité.

Après avoir contemplé à loisir ce spectacle extraordinaire, probablement unique au monde, nous opérons la descente à pied, par prudence, car la pente est excessivement raide. Une dégringolade de dix minutes nous amène au fond du cratère, où nos bêtes nous ont précédés, je ne sais comment, sous la conduite de nos guides. C'est un vrai tour de force, et je ne crois pas que chez nous il existe un cheval capable de l'accomplir. Nous remontons en selle, et après une demi-heure de chemin, sous les rayons d'un soleil aveuglant, nous mettons pied à terre devant un petit hangar, que je ne m'attendais certes pas à rencontrer dans ces solitudes désolées. Nous sommes au pied du Batok, cône d'une régularité surprenante, couvert de broussailles de la base au sommet. En face de nous s'élève, à une hauteur moindre que le Batok, un autre cône, complètement dépourvu de végétation, formé de cendres blanchâtres et couronné d'un panache de fumée : c'est le Bromo, dont nous entendions déjà depuis quelque temps les sourds grondements.

Du point où nous sommes, son ascension n'est ni longue ni difficile. L'orifice du cratère est à peine à 200 mètres au-dessus de la mer de Sable ; de plus, à la base de l'escarpement final, on trouve une série d'échelles posées à plat sur les flancs du volcan et qui nous permettent d'en atteindre le sommet sans trop de fatigue. Enfin, sur la crête même, on a disposé un petit observatoire rustique, muni de bancs, de sorte que, tout en restant commodément assis, vous pouvez plonger vos regards jusqu'au fond du cratère.

Nous y avons passé une heure entière. Je ne saurais mieux comparer le cratère du Bromo qu'à un immense entonnoir, ayant plus d'un kilomètre de circonférence et 200 mètres de profondeur. Sa forme est à peu près régulière; ses parois intérieures sont composées de couches ondulées de sable et de débris volcaniques de diverses couleurs, gris, rougeâtres ou noirs. Toutes ces stratifications convergent, au fond de l'entonnoir, vers une ouverture béante, large de quelques mètres seulement et d'où s'échappent, avec un ronflement terrible et continu, d'épaisses colonnes de vapeur. A plusieurs reprises cette ouverture m'a paru changer de forme, tandis que ses profondeurs se coloraient en rouge sombre; en même temps, le grondement du volcan augmentait d'intensité, à tel point qu'on pouvait le comparer au fracas du tonnerre entendu à une faible distance.

Du Bromo on aperçoit, dans toute sa majesté, le roi des volcans de Java, le Semirou, dont le cône fumant, point culminant de l'île, s'élève à une hauteur de 3672 mètres. Pour terminer dignement notre visite aux volcans de Java, nous aurions dû en faire l'ascension; mais, pour cela, il fallait cinq jours entiers, et j'aurais manqué le bateau qui devait m'emmener en Australie.

En venant à Java, je ne croyais guère qu'il me serait possible de faire de longues courses à pied et de gravir des volcans hauts de 2500 à 3000 mètres. Je savais déjà, par expérience, que sous la zone torride l'Européen perd fatalement une partie de sa vigueur et de son activité; que, de plus, le soleil est toujours un ennemi redoutable, contre lequel il ne saurait s'entourer de trop de précautions. D'autre part, on n'avait cessé, dans le pays, de me représenter comme très difficile toute ascension un peu longue. On voit cependant, par mon récit, qu'il ne faut pas trop s'effrayer des ascensions de volcans dans les pays tropicaux. Ce qui passe à Java pour une entreprise hasardeuse et pleine de difficultés ne serait que jeu d'enfant, en Suisse, pour un alpiniste exercé.

J'ajouterai aussi que le climat de Java vaut mieux que sa réputation. Dès qu'on a quitté la côte, l'air devient meilleur; quelques centaines de mètres d'altitude amènent un changement sensible, qui s'accentue de plus en plus à mesure qu'on s'élève. Dans l'intérieur il existe une foule de points qui jouissent d'un climat tempéré, et plusieurs fois, dans mes ascensions, j'ai été fort content de me réchauffer devant un bon feu.

De Tosari nous avons effectué notre retour par une autre direction. D'abord il a fallu remonter à l'altitude de 2150 mètres sur le chemin du Bromo, afin de prendre l'embranchement de Malang. Comment décrire, sans redites, cette merveilleuse descente de 40 kilomètres, pendant laquelle je suis resté constamment sous le charme de l'incomparable nature de Java, encadrée dans les sites les plus grandioses!

Aux cultures maraîchères succède une forêt, en partie défrichée pour une plantation naissante de quinquina. Sur un côté de la route, des pépinières de jeunes plants sont abritées sous une toiture formée de bambous entrelacés; de l'autre, la forêt vierge règne dans toute sa splendeur, avec ses profondeurs inexplorées, ses précipices que l'on devine sous la puissante végétation qui en dérobe la vue. Plus bas se déroulent d'interminables plantations de café, où toute la population des villages environnants, hommes, femmes et enfants, est occupée à la cueillette de petits fruits assez semblables à la cerise et dont la couleur plus ou moins rouge indique le degré de maturité. Ici on laisse monter le caféier à une hauteur de 5 ou 6 mètres; aussi l'emploi d'une échelle est-il indispensable. La vue de tous ces gens qui s'avancent en ligne, chargés de corbeilles, ces garçons et ces filles qui rient et plaisantent entre eux, tout cela me rappelle nos vendanges bourguignonnes.

Au-dessous de 700 mètres, les plantations de café disparaissent à leur tour. Nous entrons dans la région des rizières et des bambous. Une heure plus tard, une atmosphère plus chaude, un air saturé d'humidité m'avertissent que nous touchons à la plaine.

A partir du village de Pakie, la route devient carrossable. Nous renvoyons nos chevaux à Tosari, sous la conduite d'un coolie. Bien que je sois fort mauvais cavalier, je suis resté ce jour-là neuf heures en selle. Aguerri par mes courses précédentes, je me suis abandonné complètement à ma monture, et j'ai eu raison. Mon brave petit cheval n'a pas trahi ma confiance : dans les passages les plus scabreux, dans les descentes les plus rapides, sur un sol glissant où jamais auparavant je n'aurais osé me risquer, il n'a pas bronché une fois.

Le chef indigène de Pakie met à notre disposition un kahar couvert de dorures, mais bien incommode, car il est dépourvu de sièges. Deux heures après, nous nous reposions de nos fatigues à l'hôtel de Bellevue, vaste et confortable établissement, nouvellement construit à proximité de la station du chemin de fer.

Malang est une des plus jolies villes de l'intérieur et aussi l'une des plus salubres, grâce à son altitude, qui est de 450 mètres. Dans ses environs existent de curieuses ruines bouddhiques, que nous avons visitées. Chez les marchands chinois du bazar, nous avons fait emplette d'armes, d'étoffes et de bijoux du pays, profitant de quelques bonnes occasions; puis nous sommes revenus en chemin de fer (107 kilomètres) à Sourabaya.

Après avoir consacré une journée à la visite de cette ville immense, où vivent en bonne harmonie 120 000 Malais, 25 000 Chinois et 3000 Européens, nous avons franchi en train express (onze heures) la distance de 374 kilomètres qui nous séparait de Samarang. De là je me suis rendu, toujours en chemin de fer (72 kilomètres), à Ambarawa, point stratégique de la plus haute importance, où les Hollandais ont élevé un vaste système de fortifications, à la base du volcan Merbabou.

Enfin nous avons repris la mer pour rentrer à Batavia. De la rade de Samarang on jouit d'un panorama très complet sur la chaîne volcanique qui court parallèlement à la côte, dans le centre de l'île. Six volcans s'offrent à la fois à vos regards. Ce sont, en commençant par l'ouest, le Djieng, le Sindoro, le Soumbing, l'Ounarang, le Mérapi

Chaîne de six volcans, le Merbabou, le Mérapi, l'Ounarang, le Soumbing, le Sindoro et le Djieng, vus de la rade de Samarang.

Volcan Tjerimai (3070 mètres), vu de la rade de Chéribon, à 32 kilomètres de distance.

et le Merbabou. Leurs nobles profils se dessinent en bleu foncé sur l'azur du ciel. Le Mérapi seul est surmonté d'un panache de fumée, parfaitement visible, malgré la distance de 60 kilomètres qui nous en sépare à vol d'oiseau. Naturellement, c'est lui qui fixe le plus mon attention : je me rappelle, non sans une légère pointe d'orgueil, que, dix jours auparavant, j'ai foulé du pied son sommet redoutable.

Nous faisons escale à Pékalongan, à Tagal, à Chéribon. Successivement d'autres volcans nous apparaissent; d'abord le Slamat, puis le Tjerimai, tous deux hauts de plus de 3000 mètres. Je ne cite que les principaux.

Le volcan Slamat (3427 mètres), vu de la rade de Chéribon, à 90 kilomètres de distance.

Notre steamer, le *Compta*, ne marche pas plus vite que le *Gouverneur general's Jacob*; il se garderait bien de filer plus de 8 nœuds. Aussi mettrons-nous trois jours entiers pour faire la traversée.

Le 9 juillet, dans la matinée, je débarquais à Batavia. Il en était grandement temps : le même jour je prenais passage à bord du *Roma*, de la Compagnie *British India*, qui entretient un service régulier entre Londres et Brisbane (Queensland), par le canal de Suez.

MM. Bréon et Korthals allaient retourner sous peu en Europe. Pour moi, je n'avais encore accompli qu'une partie de la tâche que je m'étais imposée : désormais seul, j'allais voguer sur la mer des Moluques, traverser le détroit de Torrès et gagner la lointaine Australie, qui devait être la seconde grande étape de mon voyage autour du monde.

CHAPITRE V

DE JAVA EN AUSTRALIE

9—27 juillet.

Madura. — Bali. — Lombok. — Sumbawa. — Le *Roma* et les émigrantes. — Florès. — Timor. — La mer d'Arafura. — Thursday Island et le détroit de Torrès. — Cooktown. — Townsville. — Bowen. — Mackay. — Rockhampton. — Arrivée à Brisbane.

A Java, où ma vie était très active et mon temps limité, j'ai dû me borner à prendre des notes fort succinctes. Sur le *Roma* il n'en était pas de même ; aussi ai-je recours maintenant à mon carnet de voyage.

10 juillet. — J'ai quitté Batavia bien précipitamment, à mon grand regret ; mais, par une fâcheuse coïncidence, le bateau anglais, qui arrive toujours après l'époque réglementaire, avait cette fois un jour d'avance, tandis que le bateau hollandais qui me ramenait de Samarang était justement en retard de 24 heures. Il en est résulté que, à peine débarqué, il m'a fallu courir aux agences, à la banque, à la poste, à l'hôtel, rassembler mes bagages, faire deux ou trois visites indispensables et m'embarquer de nouveau, le tout dans l'espace d'une demi-journée. M. Korthals étant à Buitenzorg, je n'ai pu lui dire adieu ; quant à M. Bréon, il est venu me reconduire à bord, et, entre deux verres de champagne, nous nous sommes donné rendez-vous en France pour 1885.

À l'heure où j'écris, le *Roma*, qui file allègrement ses 12 nœuds, passe en vue, mais cette fois au grand large, de cette même chaîne de volcans que j'admirais, il y a quatre jours, de la rade de Samarang. La température est délicieuse : je n'aurais jamais cru qu'on pût jouir d'une fraîcheur si agréable par 6° 30′ de latitude.

11 juillet. — Ce matin on distingue dans l'éloignement les contours hardis du massif de l'Ardjouno ; puis nous rangeons de près une côte peu élevée, se profilant en ligne droite. C'est l'île de Madura, dont l'extrémité occidentale est séparée de la grande terre de Java par le détroit de Sourabaya, large d'un mille.

De nombreux bateaux de pêche croisent sur notre route. Plusieurs fois nous passons à les toucher : ce sont des embarcations légères, à double balancier, montées par quatre ou cinq hommes demi-nus.

Madura n'est pas de formation volcanique. Moins boisée, moins verdoyante que Java, elle diffère essentiellement de sa voisine, dont cependant elle est regardée comme une dépendance naturelle. Une petite chaîne centrale, haute de 300 à 400 mètres et régulièrement orientée de l'ouest à l'est, la traverse dans toute sa longueur.

Peu après midi, Madura est dépassée. Nous rasons l'îlot Poulo-Poudi, puis, mettant le cap au sud, nous laissons à bâbord Poulo-Sapoudi, petite île bien cultivée et fort peuplée, à en juger par les nombreuses habitations éparses sous les cocotiers du rivage.

Encore une fois la terre de Java se révèle à nos regards, dans toute sa magnificence. Les lignes imposantes de trois volcans, le Boulouran, l'Idgen et le Barou, ce dernier haut de 3400 mètres, se dessinent hardiment sur l'horizon empourpré par les rayons du soleil couchant.

Le cap Sedano est doublé, et à 9 heures, par un clair de lune superbe, nous déposons le pilote à l'entrée du détroit de Bali, non loin de la pointe orientale de Java. Quelques instants auparavant, je lui avais remis une carte postale, griffonnée au crayon. Le petit rectangle de carton ira retrouver mon frère en Bourgogne et lui donnera, pour la dernière fois, des nouvelles datées des Indes Néerlandaises. Pour 10 centimes, ce n'est vraiment pas cher !

Aussitôt après le départ du pilote, le capitaine fait changer la route à l'est. Jusqu'à Timor nous suivrons exactement le huitième parallèle, ce qui nous assure encore trois jours de navigation en vue des côtes. J'en suis fort satisfait, car, si nous avions passé entre Bali et Lombok, je n'aurais eu bientôt que le monotone spectacle de la pleine mer. Dans la saison où nous sommes, les marins préfèrent la route au nord des îles, où ils sont à peu près certains de rencontrer une mer tranquille. De décembre à juin, au contraire, on passe par le sud. C'est une question de mousson.

12 juillet. — Lorsque le jour paraît, nous sommes encore en vue de Bali. Cette île, à peine grande comme un de nos départements, nourrit une population de près d'un million d'âmes. Une haute chaîne volcanique, prolongement de celle de Java, la traverse de l'ouest à l'est ; elle comprend plusieurs volcans actifs, entre autres le Batour, que l'on distingue très bien du *Roma*, ainsi que son rival l'Agong, dont l'altitude atteint 3300 mètres. Bali est divisée en huit États distincts, gouvernés chacun par un rajah vassal de la Hollande.

Lombok vient ensuite, un peu plus étendue que sa voisine et tout aussi montagneuse. Son point culminant, le volcan Rinjani, est marqué sur la carte comme ayant une altitude de 4200 mètres ; mais ce n'est là qu'un chiffre approximatif, car jamais aucun Européen n'en a fait l'ascension. Il est évidemment en activité : une colonne de fumée s'échappe de son sommet, qui s'élève fièrement bien au-dessus des nuages. Les pentes du volcan, dissimulées par le brouillard dans leur partie moyenne, se prolongent jusqu'au niveau de la mer avec une régularité surprenante. Lombok et Bali sont les deux seules îles de l'archipel malais où l'antique religion hindoue n'ait pas cédé la place au mahométisme.

Sumbawa est beaucoup plus grande que les précédentes.

Sa forme est très irrégulière; sa longueur est de 260 kilomètres, avec une superficie de 13 000 kilomètres carrés. Relativement peu peuplée et couverte de forêts, elle est à peu près indépendante, bien que la Hollande entretienne un assistant résident à Bima, petit port sur la côte nord. L'intérieur est peu connu. Les poneys de Sumbawa passent pour les meilleurs de l'archipel; on les exporte en grand nombre à Java.

Sumbawa est essentiellement volcanique. C'est dans cette île que se trouve le volcan Tomboro, célèbre par l'une des plus terribles éruptions que l'histoire ait enregistrées. Elle eut lieu en novembre 1815; sur les 12 000 habitants de la province on dit que vingt-six seulement eurent la vie sauve.

Le *Roma* longe la côte de fort près. On aperçoit distinctement le sommet dentelé du Tomboro, son cratère effondré en partie et la brèche qui a livré passage à une gigantesque coulée de lave. Cette coulée affecte la configuration d'un glacier; s'élargissant progressivement, elle descend jusqu'à la mer, où elle s'arrondit en forme d'éventail. Aujourd'hui le désastre est en partie réparé; le fleuve de feu s'est métamorphosé en une fertile vallée. Non loin de là sont mouillés quatre petits navires, en train de charger du bois de sandal.

Ce soir la lune vient tard au rendez-vous. Vers 10 heures elle projette sa douce clarté sur un îlot que sa forme parfaitement conique fait reconnaître pour un volcan.

Parlons maintenant du *Roma* et de ses habitants. A la première classe, nous sommes seulement douze passagers, dont quatre jeunes femmes voyageant seules, une vieille dame française qui va rejoindre son mari à Sydney, et trois jeunes touristes anglais. Ces derniers se sont embarqués, comme moi, à Batavia.

On ne serait pas trop mal si les deux tiers de l'emplacement habituellement mis à la disposition des passagers de la première classe n'avaient été consacrés à l'installation de 185 jeunes filles qui se rendent dans la colonie de Queensland. Une simple barrière, à hauteur d'appui, les sépare de nous; de part et d'autre il n'est pas permis de s'adresser la parole. C'est un spectacle assez singulier que celui de ces Irlandaises, Écossaises, Anglaises, Allemandes et Danoises[1], toutes émigrantes libres, parquées à l'arrière, pendant toute la journée, comme un troupeau de moutons. La bergère préposée à leur garde, avec ses lunettes bleues et son immense chapeau de forme pyramidale, est un bon type de matrone anglaise; elle a déjà fait sept fois le voyage.

A bord du *Roma*, comme sur la plupart des paquebots anglais, il n'existe pas de seconde classe. Les jeunes gens, les émigrants mariés, leurs femmes et leurs enfants, au nombre de 250 environ, occupent l'avant du navire. Deux constables veillent au maintien du bon ordre.

La cuisine est supportable; elle se rapproche davantage de la nôtre, et je la préfère à celle de Java, dont je commençais à me fatiguer. Mais j'aimais mieux la société des Hollandais que celle des Anglais, qui, sauf les trois touristes dont je viens de parler, ne comprennent pas un mot de français. Cependant mes compagnons ne manquent pas de gaieté, bien au contraire; le piano résonne du matin au soir, et, la plupart du temps, même pendant les repas, un feu roulant de plaisanteries, sans doute fort spirituelles, mais dont je n'ai pas toujours le mot, excite de bruyants et interminables éclats de rire.

Mais comme Java est déjà loin! Adieu les sarongs si jolis et, les pieds nus des Hollandaises, avec leurs pantoufles brodées au talon d'or! Nos Anglaises ont si grand'peur de montrer le bout de leurs chaussures — elles ont peut-être raison —, qu'elles s'enveloppent les jambes de châles et de couvertures, par une température voisine de 30°. C'en est vraiment comique.

Les soirées sont si belles, que je reste sur le pont jusque vers minuit; puis je vais me coucher, c'est-à-dire m'étendre

---

1. Dans cette classification, j'ai suivi l'ordre numérique de nationalité. On m'a dit qu'au voyage précédent il y avait parmi les émigrantes deux Françaises, ce qui ne s'était jamais vu jusqu'alors.

sur une des banquettes du salon. Je m'y trouve infiniment mieux que dans l'étroite cabine d'où m'ont chassé, dès la première nuit, les ronflements sonores d'un gros marchand de viandes d'Australie, homme aussi considérable par l'importance de son commerce que par la masse de son individu.

13 juillet. — Hier la mer était unie comme un miroir, et le coucher du soleil sur Sumbawa et ses volcans avait un cachet de grandeur incomparable. Je ne suis pas encore blasé sur ce spectacle, que cependant j'ai déjà été à même de contempler bien des fois.

Notre route suit toujours le huitième parallèle. La température ne varie pas : 27° de jour comme de nuit, et une petite brise résultant de la marche du navire, qui nous transporte en droite ligne vers l'orient, avec une vitesse régulière de 250 milles (463 kilomètres) par jour.

La grande île de Florès, longue de 400 kilomètres, reste fort éloignée dans le sud; c'est à peine si de temps en temps on en distingue les hautes montagnes. Florès renferme plusieurs volcans en activité ; elle est à peu près entièrement inconnue des Européens.

Nous avons dépassé maintenant la ligne fictive séparant les deux grandes races qui se partagent l'archipel. Les aborigènes de Florès ne sont plus des Malais; ils appartiennent à la race sauvage des Papous. Ce sont des hommes grands et bien découplés, noirs de peau, à la chevelure frisée. La Hollande entretient un administrateur à Larantuca, ancien établissement abandonné par les Portugais, à la pointe orientale de Florès; mais elle n'exerce guère sur l'île qu'une autorité nominale. De fait, les habitants sont indépendants.

Aujourd'hui passagers et passagères ont mis une sourdine à leur gaieté : c'est dimanche. Les airs de *la Belle Hélène* et de *Madame Angot* sont remplacés, sur le piano, par de pieuses mélodies. A ma grande surprise, j'apprends que l'aîné des trois touristes, celui-là même qui, les jours précédents, avait la spécialité de provoquer chez nos *misses* les éclats de rire les plus prolongés, est un *clergyman*. Sous la longue redingote noire du ministre j'ai peine à reconnaître le gai compagnon qui, la veille encore, montrait, pour le flirtage, des dispositions exceptionnelles. C'est lui-même qui a officié, sur le pont, en présence de la foule endimanchée des émigrants et des émigrantes, autorisée à se mêler à nous pour la circonstance. Il a prêché *very well*, m'a-t-on dit, puis l'assistance a chanté des cantiques. Le reste de la journée a été des plus calmes. Les hommes sirotaient du whisky; les dames causaient à voix basse, étouffant de petits rires, ou bien dormaient.

14 juillet. — Hier soir on a doublé à une faible distance l'extrémité de Florès, dont la pointe orientale se relève vers le nord. Cette nuit, nous avons dépassé successivement les petites îles d'Adanara, Lomblem et Pantar; maintenant nous rangeons de près la côte nord d'Ombai, beaucoup plus grande que les précédentes. Toutes ces terres montagneuses, de formation volcanique, sont le prolongement de l'immense chaîne qui, partant du nord de Sumatra et rompue une première fois par le détroit de la Sonde, se développe sur plus de 30° de longitude.

A mesure que nous avançons vers l'est, la végétation prend un caractère différent; les arbres sont plus clairsemés, le sol plus aride. Ce qui me frappe également, c'est la solitude de la mer : point de navires au large, point de barques sur la côte, pas même de poissons volants.

Vers midi, Ombai a disparu. Le *Roma*, obliquant légèrement au sud, s'engage dans le détroit formé par Kambing et la grande île de Wetter. Cette dernière paraît absolument stérile; pas un arbre ne croît sur ses montagnes dénudées; on dirait que l'île entière est le produit d'une récente convulsion volcanique. Kambing, au contraire, est en partie cultivée. Ses hautes falaises, rongées à la base, éventrées çà et là par l'action de la mer, forment une série de cavernes et d'arceaux d'un aspect saisissant.

Le courant nous entraîne rapidement; à un certain moment nous filons jusqu'à 17 nœuds.

A 2 heures, nous sommes en vue de Timor, qui, par son étendue, occupe le troisième rang parmi les îles de la Sonde. Orientée obliquement par rapport au long chapelet d'îles que nous venons de passer en revue, elle appartient évidemment à une formation différente. Sa moitié nord, dont nous apercevons les hauts sommets, est revendiquée par le Portugal; l'autre moitié est sous l'autorité nominale de la Hollande. Le résident hollandais est fixé à la pointe sud de l'île, à Koupang, place d'une certaine importance commerciale, tandis que l'établissement portugais de Delli, au contraire, est en décadence complète.

Le bois de sandal, les chevaux, la cire, le maïs sont les principaux articles d'exportation. L'intérieur de l'île est peu connu; mais, vu la configuration du sol et son aridité, il est peu probable que le chiffre de la population dépasse 100 000 habitants. Les indigènes appartiennent à la race papoue, mais occupent dans l'échelle de la civilisation un rang plus élevé que les naturels de la Nouvelle-Guinée.

Le climat de Timor se ressent du voisinage de l'Australie et participe de la sécheresse qui est le trait caractéristique du continent austral.

A la tombée de la nuit, nous passons entre la petite île de Kisser et l'extrémité orientale de Timor. Bientôt la terre disparaît. La mer, qui tout à l'heure était d'une phosphorescence extraordinaire, s'assombrit et devient houleuse. Un grain violent nous assaille; nous entrons dans la mer d'Arafura.

Aujourd'hui j'ai franchi le 122º degré de longitude est de Paris. Il y a trois ans, par une coïncidence bizarre, je coupais également ce même méridien, à cette même date du 14 juillet, mais alors dans l'autre hémisphère et à 61° en latitude du point où je me trouve en ce moment.

15 juillet. — Pour la première fois depuis que nous avons quitté Batavia, aucune terre n'est en vue. Nous sommes dans la mer d'Arafura, à un jour de la côte australienne, à deux jours de la Nouvelle-Guinée.

La mer est sombre, le ciel couvert. Nous avançons lentement, vent de bout et avec un tangage sensible. Cependant personne n'éprouve le moindre malaise. Au fond, je suis presque tenté de le regretter, car la gaieté exubérante de nos passagères de la première classe commence à m'agacer singulièrement. Leurs éclats de rire indéfiniment prolongés, à propos de tout et de rien, un instant étouffés par la solennité du dimanche, ont repris de plus belle dès le lundi matin et n'ont guère cessé depuis; jusqu'à une heure avancée de la nuit on les entend rire comme des folles dans leur cabine. Ces demoiselles voyagent évidemment avec des intentions matrimoniales, que du reste elles ne cherchent nullement à déguiser. Bien que déjà un peu mûres, elles ont fait la conquête de l'état-major du *Roma*. Le galant capitaine ne les quitte pas plus que leur ombre; quant au second, il est également sous le charme et confie au troisième officier — celui-là est un vieux loup de mer, peu sensible aux coquetteries féminines — le soin de diriger le navire. Le jeune et beau clergyman, surtout, excelle dans l'art de raviver le feu, quand il fait mine de s'éteindre.

Impossible de s'isoler, vu l'espace restreint dans lequel nous sommes confinés. Alors je déserte le pont et vais faire un tour chez les émigrants, à l'avant du *Roma*, d'où je n'entends plus que les échos affaiblis des rires de la première classe.

Quant à nos voisines de la troisième classe, les cent quatre-vingt-cinq émigrantes dont j'ai déjà parlé, elles se disposent, d'une manière assurément plus convenable, à faire le bonheur d'un pareil nombre de Queenslandais. Heureux Australiens! la fleur de la jeunesse anglaise, danoise et allemande traverse pour vous les vastes océans! Toutes ces jeunes filles ont une tenue décente, s'occupent de travaux de couture, lisent ou bien conversent paisiblement, sans rire aux anges comme leurs aînées. Peut-être aussi la présence de la respectable duègne qui les surveille est-elle pour beaucoup dans cette apparente modestie. Dans le nombre, il y en a de bien jolies, des Irlandaises surtout, au regard clair, aux grands yeux bleus. Mais pourquoi beaucoup d'entre elles ont-elles les cheveux coupés court, comme des garçons?

16 juillet. — Rien en vue. J'en profite pour compléter mes notes sur la vie du bord.

Le jeune trio des touristes anglais se compose de deux frères, dont l'aîné n'a pas encore vingt-deux ans, et de leur ami le clergyman, plus âgé qu'eux de quelques années seulement. Ils ont quitté Londres depuis un an, ont visité l'Amérique du Nord, les îles Hawaï, le Japon, la Chine, la Cochinchine et Java. Maintenant ils se rendent en Australie ; ils verront aussi la Nouvelle-Zélande, et reviendront chez eux par les Indes et le canal de Suez. Leur tour du monde aura duré dix-huit mois.

Les deux frères ont eu la singulière idée de se faire tatouer au Japon. Ils m'ont fait voir avec orgueil leurs bras, entièrement couverts de dessins représentant des dragons, des femmes, des fleurs et des oiseaux. Pour cette décoration intime, ils se sont adressés à un véritable artiste, qui a signé son œuvre sur la peau de ses clients. Cette fantaisie, qui a coûté très cher et exigé beaucoup de temps, n'a pas été sans causer de vives souffrances aux deux amateurs. Mais ils comptent bien ne pas en rester là : chez les Maoris, ils se feront tatouer la poitrine ; quant à leur dos, ils le réservent pour les spécialistes du royaume de Siam. Ces jeunes gens, fort bien élevés d'ailleurs, parlent couramment le français et sont d'une grande ressource pour moi, qui n'ai à ma disposition qu'un anglais rudimentaire.

Ma compatriote quitte rarement sa cabine. La mer, qui grossit et parfois nous envoie quelques éclaboussures, lui inspire de vives inquiétudes, non pour elle, mais pour un certain petit chien blanc qui semble faire partie de son individu, tant il est soigneusement roulé dans un fichu protecteur. Songez donc! Si Toto prenait froid, s'il allait se mouiller les pattes!

Les émigrants de l'avant ont l'air de bonnes gens, en tout cas de robustes travailleurs. Beaucoup voyagent avec toute leur famille, parents âgés, femme et enfants. Au milieu d'eux, un peuple de moutards prend ses ébats. A de certaines heures, des tables sont dressées sur le pont, et un vieux maître d'école fait la classe à tout ce petit monde.

L'équipage se compose en majeure partie de lascars, Arabes d'Aden ou musulmans de l'Inde. Chez l'un de ces derniers, j'ai eu l'occasion d'observer le *ver de Guinée*, dont j'avais entendu parler si souvent, sans l'avoir jamais vu [1]. Le pauvre diable portait, fixé à la cheville, une sorte de dévidoir ou de tourniquet, assez semblable à celui dont se servent les pêcheurs à la ligne. Cet instrument lui servait à extirper progressivement l'horrible animal logé dans son pied. En procédant avec précaution, on peut en enrouler 1 ou 2 centimètres par jour ; or le parasite atteint parfois plusieurs mètres de longueur : si l'on brusquait l'opération, il se romprait, et tout serait à recommencer.

Le *Roma* est bien tenu. Chaque matin le pont est lavé minutieusement. Le service des cabines et du salon est fait par des Indiens catholiques de Goa, dits Portugais, vêtus de blanc, propres et prévenants.

17 juillet. — Nous sommes par le travers du golfe de Carpentarie, vaste échancrure qui découpe profondément la côte nord du continent australien. La mer grossit, le vent d'est souffle avec violence, les embruns balayent le pont. Cependant le temps n'est pas précisément mauvais, et le thermomètre se maintient obstinément entre 26 et 27 degrés. Par suite du vent contraire, le *Roma* a bien de la peine à filer ses 10 nœuds. Pourtant on nous promet l'arrivée à Thursday Island pour demain à midi.

18 juillet. — Toujours le même temps, seulement la couleur de la mer a changé : de presque noire, elle est devenue d'un vert pâle, ce qui indique la proximité des côtes. En effet, nous sommes à 60 milles à peine de la Nouvelle-

---

1. *Dragonneau (filaire de Médine)*, ver nématoïde filiforme, long de 0 m. 50 à 4 mètres, dont le mâle est peu connu. La femelle se développe dans le tissu cellulaire, sous la peau, où elle est pelotonnée sur elle-même, et devient l'occasion de la formation d'une tumeur qui a la grosseur d'un pois.

Guinée. Un instant, j'avais cru entrevoir, du côté du nord, cette terre mystérieuse, mais le capitaine m'a enlevé cette illusion en m'assurant que ce que je prenais pour une chaîne de montagnes n'était qu'un nuage.

A 10 heures nous passons devant un bateau-feu amarré en pleine mer sur un banc sous-marin; ce signal indique l'entrée du détroit de Torrès. Deux heures plus tard on range à tribord l'îlot Booby. Dans l'éloignement on distingue la grande île du Prince-de-Galles. Son aspect, tout d'abord, est peu engageant; cependant, à mesure que l'on pénètre dans l'archipel dont elle occupe la partie méridionale, les montagnes arides se transforment en collines bien boisées, descendant en pente douce vers de jolies plages de sable blanc.

Les premières maisons apparaissent. Elles sont habitées par des pêcheurs de perles, établis en assez grand nombre sur différentes îles, aux environs de Thursday Island. Le passage se resserre, offrant parfois de beaux points de vue. Mais rien ici ne rappelle la nature tropicale : point de cocotiers; des plages désertes, aucun terrain en culture; des collines hautes de quelques centaines de pieds, uniformément couvertes, de la base au sommet, d'une forêt touffue d'arbres élevés, que je suppose être des eucalyptus.

A 3 heures nous mouillons à Thursday Island[1] (île du Jeudi), à un demi-mille de terre. Là un désappointement m'attendait. Je m'étais toujours figuré qu'il me serait facile de débarquer, et, vu la proximité de la Nouvelle-Guinée, je caressais l'espoir de rencontrer quelques indigènes de ce pays, et même de leur acheter des armes et autres curiosités. Il en a été tout autrement. Le vent soufflait avec violence, et la mer était si grosse, que le seul bateau qui nous ait amené des visiteurs n'a pu le faire qu'avec une extrême difficulté; encore l'un d'eux est-il tombé à la mer; il est

---

[1]. Trois des îles qui composent cet archipel, situé au milieu du détroit de Torrès, entre l'Australie et la Nouvelle-Guinée, ont reçu le nom de trois jours de la semaine : *Wednesday, Thursday, Friday Island* (îles du Mercredi, du Jeudi, du Vendredi).

vrai qu'il a eu la chance d'être repêché presque aussitôt. Enfin il n'y avait aucune barque disponible. J'ai donc dû rester à bord, comme tout le monde, et me contenter d'observer, faute de Papous, de simples Anglo-Australiens, légèrement brunis par le soleil des tropiques. Leur sort, d'ailleurs, n'est pas digne d'envie. Peut-être un jour, dans ce bosphore australien, s'élèvera-t-il une grande cité; mais aujourd'hui Port-Kennedy, quoique fondé depuis sept ans, ne se compose que d'une vingtaine de maisons éparses sur une langue de terre, au pied d'une colline couverte d'une végétation rabougrie. Son aspect est peu attrayant, bien que le site, dans son ensemble, ne manque pas d'une certaine grandeur.

Comme le sol ne produit rien encore, la population ne vit que de conserves. Du reste elle est peu nombreuse et formée seulement d'une centaine d'individus, en y comprenant les noirs. Port-Kennedy est cependant un point important, où relâchent presque tous les navires qui passent par le détroit de Torrès; c'est aussi l'entrepôt du commerce des perles et de la nacre. En 1883, 212 bateaux, montés par 1500 hommes de toutes races, étaient employés à cette pêche fructueuse, dans un rayon de 50 milles autour de Thursday Island.

19 juillet. — Nous avons passé la nuit à l'ancre, chargeant et déchargeant des marchandises. Ce matin on s'est remis en route, toujours avec un vent du sud-est, dont la violence ne fait que s'accroître. La mer est clapotante et balayée par les embruns, la côte est grise, le ciel de même, avec des déchirures sombres. Il me semble qu'il fait froid, et cependant le thermomètre marque encore 25°.

Nous contournons l'archipel par le nord. Le panorama des diverses îles qui se groupent autour de Thursday Island est intéressant et parfois même, malgré le mauvais temps, offre de magnifiques échappées. Une bande jaunâtre de récifs s'étend dans la direction de la Nouvelle-Guinée. Le *Roma* les longe d'assez près, puis oblique vers le sud-est. Alors, pour la première fois, j'aperçois la côte d'Australie. Elle est

Vue de Somerset, près du cap York.

un peu plus élevée, mais d'un aspect analogue à celui des îles que nous venons de quitter. Le cap York, que nous atteignons bientôt, forme, par 10° 40′ de latitude sud, la pointe extrême du continent vers le nord.

Un peu plus loin, on s'engage dans le détroit d'Albany. Sur la rive méridionale se trouve, dans un site pittoresque, le *settlement* de Somerset, chef-lieu du district avant le transfert des offices publics à Thursday Island. Aujourd'hui c'est le quartier général des Missions de Londres, qui de là étendent leur sphère d'action jusqu'en Nouvelle-Guinée. C'est aussi une station pour la pêche des perles. La passe est si étroite que pas un détail du paysage ne nous échappe. Le sol est presque partout couvert de belles forêts, composées d'une seule essence, probablement des eucalyptus. Çà et là, dans les rares clairières, je remarque des monticules de terre rouge, hauts de 3 à 4 mètres, en forme de pain de sucre : on m'apprend que ce sont des nids de fourmis.

Au sortir de la passe d'Albany on entre dans la baie de Newcastle ; à bâbord, une ligne non interrompue de brisants ; à tribord, une côte éloignée. Tout à l'heure nous étions à l'abri du vent ; maintenant il souffle avec une violence inouïe. Cependant la mer est peu agitée : c'est que, depuis notre départ de Thursday Island, nous naviguons dans les eaux tranquilles et peu profondes de la mer de Corail, abritée de la houle du large par la grande barrière de récifs qui, pendant plusieurs centaines de lieues, suit une direction parallèle au continent australien. La route est semée d'une infinité d'îles et d'îlots, les uns couverts d'une végétation serrée, les autres simples bancs de sable à fleur d'eau. Ces parages, autrefois réputés fort dangereux, sont maintenant parfaitement connus, balisés et éclairés ; partout des signaux bien visibles indiquent l'emplacement des écueils sous-marins. Aussi la navigation y est-elle très active, car le nord du Queensland, colonisé d'abord par une population de mineurs, prend de jour en jour plus d'importance, grâce aux progrès de l'industrie sucrière.

20 juillet. — A minuit, le *Roma* a stoppé et n'a repris

sa marche qu'avec le jour. C'est aujourd'hui le deuxième dimanche que je passe à bord. Triste journée ! Les grains qui nous assaillent sans relâche rendent le séjour du pont impossible, c'est au salon de la première classe que le service religieux a été célébré. Cette fois, les passagers de l'avant n'ont point été invités à s'y rendre. En revanche, on a permis aux jeunes gens de faire visite aux émigrantes de l'arrière, de sorte que cette journée, que je viens de qualifier de triste, et qui l'a été pour moi, s'est écoulée au contraire fort gaiement chez nos voisines.

21 juillet. — Nous avons passé la nuit au mouillage, dans la baie de la Princesse-Charlotte. Vers 10 heures du matin on double le cap Bedford, figurant une table gigantesque. Une demi-heure après, le *Roma* jette l'ancre à un mille de la petite ville de Cooktown, construite à l'embouchure de la rivière Endeavour, au pied de collines dont la plus élevée (442 mètres) porte le nom de mont Cook.

Cooktown, fondée en 1873, est un des ports les plus importants de la colonie de Queensland. Sa population fixe dépasse 2000 habitants, parmi lesquels on compte 500 Chinois. Le sol environnant est très favorable à la culture du riz et de la canne à sucre. Des mines d'or sont exploitées dans l'intérieur du pays.

Comme à Thursday Island et pour les mêmes raisons, il me faut renoncer à l'espoir d'aller à terre.

Une vingtaine d'émigrantes doivent nous quitter ici. Mais, vu l'état de la mer, ce n'est pas chose facile que de sauter sur la grosse barque, qui tangue et roule aux côtés du *Roma*. De vigoureux matelots se passent ces demoiselles et les reçoivent à tour de rôle dans leurs bras, au milieu des rires des spectateurs, et l'on n'a pas à enregistrer d'autres accidents que robes mouillées et chapeaux tombés à la mer. Celles qui restent agitent gaiement leurs mouchoirs, tandis que la barque qui porte leurs compagnes se livre à des oscillations désordonnées, tout en s'éloignant dans la direction du rivage.

Nous devions également perdre ici une de nos passagères de la première classe, précisément celle qui avait su captiver le galant capitaine. Son frère, établi à Cooktown et prévenu de son arrivée, était venu la chercher à bord. Mais, en deux mots, la jeune miss l'a mis au courant de la situation : le capitaine lui plaît, elle continue la route avec lui et l'épousera à Brisbane, dans une dizaine de jours. Le frère, après avoir *tiffiné* avec nous, est retourné bredouille à terre, et voilà une affaire conclue : on écrira aux grands parents, qui apprendront dans deux mois le mariage de leur fille, et tout le monde sera content. En Australie on n'a pas besoin, pour se marier, du consentement des père et mère.

Le capitaine est si heureux de voir son mariage assuré et si pressé d'arriver à Brisbane, qu'il a donné prématurément l'ordre du départ. Il en est résulté que nous avons emmené avec nous un passager involontaire, qui n'a pas eu le temps de reprendre le canot qui l'avait amené. Tant pis pour lui : il ira avec nous jusqu'à Townsville, à 400 kilomètres plus loin, et reviendra quand et comme il pourra.

22 juillet. — Les jours diminuent et la température s'abaisse graduellement, à mesure que nous avançons vers le sud. Dans l'hémisphère austral, juillet correspond à notre mois de janvier : nous sommes donc en hiver, hiver peu rigoureux il est vrai, car le thermomètre marque encore 23°.

La vue de la côte, que nous longeons d'assez près, est intéressante. C'est une succession de collines hautes de 200 à 300 mètres, bien boisées et ne portant aucune trace de culture. Cette contrée est parcourue par de nombreux aborigènes, d'un naturel guerrier et réfractaire à toute civilisation ; traqués comme des bêtes sauvages par les colons, ils se vengent parfois en attaquant les habitations isolées.

Nous passons en vue de l'île haute et pittoresque d'Hinchinbrook, à laquelle succèdent d'autres îles plus petites, mais également montagneuses et couvertes d'épaisses forêts ; et à 3 heures nous mouillons en rade de Townsville, à 5 milles de la ville, dont on aperçoit les blanches maisons. Encore une descente manquée, car il n'y a pas d'autre communication avec la terre qu'un petit steamer qui vient chercher les passagers, les emporte et ne revient plus. On me dit qu'il en sera de même aux trois autres escales qui nous restent à faire avant Brisbane.

Townsville est une petite ville prospère, peuplée de 6000 habitants et chef-lieu d'un district à la fois minier, pastoral et agricole. Le maïs, la canne à sucre et la pomme de terre y réussissent fort bien. Un chemin de fer la réunit aux mines d'or de Charters Tower, à 131 kilomètres dans l'intérieur.

Dans les journaux de Townsville qu'on nous apporte à bord, je lis des dépêches de Londres et de Paris, datées de la veille. Il y est question du choléra de Toulon et de la prise de Fou-tcheou. On le voit, le télégraphe rayonne partout, jusqu'aux extrémités les plus reculées de l'Australie.

Pendant que l'on décharge force rails de chemin de fer et que quatre ouvriers anglais [1] exécutent un travail auquel suffiraient à peine vingt Malais, je m'amuse à pêcher à la ligne en compagnie du pilote. Nous prenons quantité de petits poissons, assez semblables à nos perches de rivière, mais parés des couleurs les plus éclatantes.

Townsville est à peu près à moitié route entre Thursday Island et Brisbane. Une distance de 1420 kilomètres nous sépare encore de la capitale du Queensland.

23 juillet. — Voici enfin le beau temps, mais avec 19° seulement. Départ pour Bowen.

24 juillet. — Bowen ou Port-Denison, où nous arrivons vers 4 heures du matin, est un des meilleurs ports de la côte orientale d'Australie. Comme à Townsville, la contrée environnante abonde en excellentes terres, propres à la culture de la canne à sucre et du maïs; de plus, on y trouve d'importants gisements de charbon de bonne qualité.

De Port-Denison à Mackay, pendant un trajet qui ne dure pas moins de dix heures, le paysage est constamment d'une grande beauté. On fait route entre la grande terre et d'innombrables îles de toute grandeur, rocheuses, de structure accidentée et couvertes d'une puissante végétation de pins et

---

1. Leur salaire est de 1 shilling 6 pence (1 fr. 90) l'heure.

Townsville.

d'eucalyptus. Cette navigation dans une sorte de mer intérieure est d'autant plus charmante qu'elle est favorisée par un temps magnifique.

Nous avons croisé sur notre route un tout petit canot de forme grossière, monté par deux noirs complètement nus, barbe et cheveux en broussailles. J'avais sous les yeux, pour la première fois, des représentants authentiques de la race australienne.

Dans le district de Mackay, la culture de la canne à sucre est en pleine prospérité. On y a déjà édifié de nombreuses fabriques et des distilleries de rhum, qui envoient leurs produits sur les marchés de Brisbane, Sydney et Melbourne.

25 juillet. — Aujourd'hui la côte qui défile sous nos yeux est formée de collines peu élevées et d'un aspect monotone. Au large, les îles sont moins nombreuses. A midi on est en vue du cap Capricorne et des îles du même nom. C'est là que passe le tropique sud. Nous le franchissons par une température de 18°, qui m'oblige à tirer du fond de ma malle le pardessus que j'y avais placé à Toulon, quatre mois auparavant.

Le *Roma* jette l'ancre à 2 heures, au fond de Keppel Bay, à l'embouchure de la rivière Fitzroy.

Rockhampton se trouve sur le cours de cette même rivière, à 65 kilomètres plus haut. C'est une ville importante et qui s'accroît rapidement; sa population dépasse 10 000 habitants. Elle est tête de ligne d'une voie ferrée qui pénètre déjà à 435 kilomètres dans l'intérieur et sous peu se prolongera beaucoup plus loin. Rockhampton occupe le second rang dans la colonie, et le temps n'est pas éloigné où elle deviendra la rivale de Brisbane. Sa situation géographique sur la limite de la zone tropicale, à 600 kilomètres au nord de Brisbane, la désigne comme la capitale des districts septentrionaux, si jamais la colonie de Queensland, dont l'étendue n'est pas moindre de 1 762 000 kilomètres carrés (trois fois et demie celle de la France), vient à se diviser en deux parties. Or des tendances séparatistes se manifestent depuis quelque temps dans les districts où domine l'industrie sucrière : les grands propriétaires du nord, forcés de recourir pour leurs plantations au travail des Canaques ou des Chinois, ne se trouvent plus en communauté d'intérêts avec les populations agricoles et pastorales du sud de la colonie.

26 juillet. — Pour la première fois depuis quinze jours, j'ai eu la satisfaction de passer la nuit dans ma cabine. J'en ai maintenant la jouissance exclusive, mon compagnon, le marchand de viandes d'Australie, nous ayant quittés à Rockhampton. Jusqu'alors je dormais tout habillé sur une banquette du salon.

Le temps a changé de nouveau. La pluie tombe, la mer est grosse et le roulis se fait sentir : c'est que nous en avons fini avec la grande barrière de récifs, longue de 2000 kilomètres et à l'abri de laquelle, depuis une semaine, nous bravions les vagues de l'océan Pacifique. Rien en vue, sauf, dans la soirée, une sombre ligne de côtes qui disparaît bientôt dans la brume.

27 juillet. — A 8 heures on stoppe dans Moreton-Bay, et le pilote monte à bord. Le temps est exécrable, et c'est grand dommage, car la montée de la rivière, qui dure trois heures, m'a paru charmante, autant que j'ai pu en juger à travers la pluie froide qui ne cessait de tomber. Aux approches de Brisbane, le fleuve, à peine large comme la Seine à Rouen, devient de plus en plus tortueux. Cependant le *Roma*, malgré sa masse imposante, poursuit sa route et vient mouiller au centre de la ville, en face de la douane. C'est aujourd'hui dimanche ; demain on s'occupera des bagages et du débarquement des émigrants et émigrantes, dont le nombre, diminué à chaque escale, est maintenant réduit de plus des trois quarts. Presque tout le monde reste à bord. Pour moi, un petit sac à la main et muni de mon parapluie, je hèle un canot, et c'est dans ce modeste équipage que je pose enfin le pied sur le sol d'Australie.

CHAPITRE VI

QUEENSLAND

27 juillet — 4 août.

Brisbane. — Ipswich. — Le pays des moutons. — Roma. — Un campement d'aborigènes. — Mitchell. — Retour à Brisbane. — Le *Ranelagh*. — Traversée de Brisbane à Sydney.

L'annuaire de Brisbane n'indique pas moins de 56 hôtels et de 32 restaurants, ce qui, on l'avouera, est bien suffisant pour une ville de 40 000 âmes. Je n'avais donc que l'embarras du choix. Je me décidai pour le *Grand hôtel Philips*, où, moyennant 10 shillings par jour, j'aurai la jouissance d'une chambre éclairée au gaz, petite, mais très propre, avec droit aux trois repas réglementaires, sans autre boisson, bien entendu, que le thé et le café. Cette affaire réglée, je me mets en devoir d'explorer la ville, le plan en main.

C'est déjà une terrible chose que le dimanche en Angleterre, mais en Australie c'est encore pire. Les rues sont absolument désertes, les magasins hermétiquement fermés, et dans toute la ville il serait impossible de trouver à acheter une boîte d'allumettes.

Je me réfugie au Jardin botanique, qui occupe un vaste emplacement dans un coude formé par la rivière. Il est disposé avec beaucoup de goût et parfaitement entretenu. Ce qui en fait le charme principal, c'est de voir, à côté de nos fleurs et de nos arbustes d'Europe, qui se développent ici avec la plus grande vigueur, toute la série des plantes des tropiques, bananiers, bambous, fougères arborescentes et palmiers de cent espèces différentes. Je ne parle pas des innombrables variétés d'eucalyptus, de pins et d'araucarias, qui sont ici chez eux. Le climat presque tropical de Brisbane a permis de réunir côte à côte et en plein air tous ces végétaux qui, en d'autres pays, sont distribués séparément en massifs ou en serres chaudes. Je suis d'autant plus étonné de me retrouver en face de la végétation luxuriante des pays chauds, qu'en ce moment la température est assez fraîche : le thermomètre ne marque que 12°.

A l'autre extrémité de la ville, je vais visiter Bowen Park, où sont érigés de grands bâtiments destinés à une exposition annuelle, et, près de là, un fort beau jardin d'acclimatation.

Brisbane a commencé par être une simple colonie pénale. Son nom lui vient de sir Thomas Brisbane, qui en 1825, étant gouverneur de l'Australie, envoya de Sydney les premiers convicts, sur l'emplacement actuel de la ville. En 1842 la colonie fut ouverte à l'émigration libre, mais elle n'eut une existence propre qu'en 1860, époque à laquelle les vastes territoires qui forment actuellement le Queensland se séparèrent politiquement de la Nouvelle-Galles du Sud. Brisbane, devenue capitale de la nouvelle colonie, n'a cessé de s'accroître et renferme un grand nombre d'édifices publics, dont les plus remarquables sont le palais de la Législature, la Poste et la cathédrale catholique de Saint-Étienne.

La rue principale, *Queen street*, aboutit à un superbe pont de fer reliant la ville à ses faubourgs du sud. La plupart des magasins sont munis, à la hauteur du premier étage, d'une galerie soutenue par des piliers, de sorte que, dans les rues commerçantes, le piéton peut circuler sur les trottoirs, à l'abri de la pluie et du soleil. Brisbane, d'ailleurs, n'offre rien de particulièrement intéressant. C'est une ville anglaise, avec cette seule différence que beau-

Brisbane.

coup de maisons sont peu élevées, construites en bois et couvertes en tôle plissée.

Le soir je n'obtins à dîner que des mets froids, et, comme j'en faisais l'observation, on me répondit par ce simple mot : « *Sunday!* » Une table, voisine de la mienne, était occupée par les garçons et servantes de l'hôtel, qu'à leur tenue irréprochable on aurait pu prendre pour d'opulents voyageurs : en Australie, tout le monde est *gentleman*, ou du moins tâche à le paraître.

J'avais une lettre de recommandation pour M. Denis O'Donovan, bibliothécaire du Parlement. J'allai le voir le lendemain ; très obligeamment il se mit à ma disposition, et, grâce à ses bons offices, la douane me donna un laissez-passer pour mes bagages ; puis nous visitâmes le musée, petit mais très intéressant, où l'on a réuni une foule d'objets, provenant de la Nouvelle-Guinée, de la Nouvelle-Bretagne, de la Nouvelle-Irlande et des îles Salomon. J'y ai vu une caisse à eau à laquelle se rattache le souvenir d'un drame poignant qui s'est passé aux environs de Cooktown, il y a deux ou trois ans. Dans cette embarcation improvisée, une dame anglaise, sa fille et leur domestique chinois étaient parvenus à se dérober aux poursuites des indigènes australiens, qui avaient attaqué leur habitation et en avaient tué les défenseurs ; mais les infortunés n'ont échappé au massacre que pour aller mourir de soif, quarante milles plus loin, sur une île déserte.

M. O'Donovan a habité Paris, où il a laissé de nombreux amis. Fixé depuis plusieurs années à Brisbane, il a entrepris et mené à bonne fin une œuvre qui lui fait le plus grand honneur. Je veux parler d'un catalogue raisonné de la bibliothèque du Parlement. Cet ouvrage, conçu sur un plan tout à fait nouveau, est un chef-d'œuvre de patience et de conscience.

Dans un pays neuf comme le Queensland, une des questions vitales est celle des chemins de fer. Aussi le gouvernement s'efforce-t-il de ne pas rester en retard sur ses voisins pour le développement de ses voies ferrées. On a projeté la construction d'une ligne transcontinentale qui aboutira au fond du golfe de Carpentarie, et sur laquelle viendront se souder trois grandes lignes parallèles, partant de divers points du littoral. En ce qui concerne ces dernières, les travaux marchent rapidement ; déjà la ligne qui part de Brisbane est livrée à la circulation jusqu'à Mitchell, sur la rivière Maranoa, à 600 kilomètres du chef-lieu de la colonie.

Brisbane ne me retenait plus, et j'avais hâte de pénétrer dans l'intérieur. Le 29 juillet, à 3 heures du soir, je prends, à la gare monumentale du *Southern and Western railway*, un billet pour Ipswich, à 40 kilomètres de Brisbane. J'y passerai la nuit, et demain je continuerai ma route.

Une demi-heure après avoir quitté Brisbane, on entre dans de grands bois d'eucalyptus. La forêt est clairsemée ; des clôtures en bois la traversent de part en part. Les plus grands arbres sont restés debout ; les autres, sciés à hauteur d'homme, jonchent le sol. Je remarque une grande quantité de nids de fourmis, de même structure que ceux que j'ai observés au cap York, mais beaucoup moins élevés. Plus loin la forêt fait place à des champs en culture et à des pâturages qui paraissent de qualité supérieure. Les routes sont tout à fait primitives, très larges, gazonnées et ne se distinguent guère des terrains voisins, dont elles ne sont séparées que par une barrière en bois ; souvent même, sur leur tracé, on a négligé d'abattre les arbres.

A 5 heures je descends à Ipswich, et je trouve un logis à *Commercial hotel*, juste en face de la station.

Ipswich, autrefois plus important que Brisbane, est maintenant bien en arrière de la capitale du Queensland. Elle est restée une petite ville de 8000 habitants, agréablement située sur les bords d'une rivière aux eaux profondes, resserrées entre de hautes berges à pic. Ses larges rues s'étendent au loin, mais avec beaucoup de places vides.

Le lendemain, à 7 heures 1/2, je continue ma route vers l'ouest. Nous ne tardons pas à rentrer dans la forêt. A la station d'Helidon, le paysage prend un caractère alpestre ;

la voie s'engage dans la montagne et peu à peu atteint une altitude de 600 mètres. Durant ce trajet on jouit d'une fort belle vue sur un horizon infini de sommités boisées.

A Toowoomba, sur le revers opposé, changement de décor. Nous sommes dans le riche district appelé les Darling Downs. Partout la campagne est cultivée ; des vignobles, des jardins, des arbres fruitiers, des pêchers en fleur, contrastent avec les sombres forêts que nous venons de traverser. Le long des ravins, les saules pleureurs inclinent leurs rameaux délicats ; la terre, grasse et noire, paraît d'une extrême fertilité. Un peu au delà de Toowoomba, à 174 kilomètres de Brisbane, se détache l'embranchement de Warwick et Stanthorpe, destiné, dans un avenir prochain, à se relier au réseau des chemins de fer de la Nouvelle-Galles du Sud.

Quand on a dépassé la station de Jondaryan (206 kilomètres), les cultures deviennent plus rares et finissent par disparaître. Plus de ces vallons verdoyants, encadrés de collines boisées et qui rappellent les paysages européens ; la contrée est devenue tout à fait plane : c'est la terre à moutons qui commence, pauvre terre desséchée, sur laquelle il n'a pas plu, dit-on, depuis plus d'une année. La voie ferrée s'avance en ligne droite, sans remblais ni tranchées. Pour la construire, il a suffi de placer les traverses au niveau du sol et les rails par-dessus. Quelquefois on rencontre des bois de pins rabougris et de maigres eucalyptus, puis on rentre dans l'interminable plaine, nue aussi loin que la vue peut s'étendre. Ce n'est pas cependant le désert : cette surface qui paraît sans limites est divisée, par des fils de fer reliés à d'énormes pieux (*fence*), en grands carrés qui ont souvent plusieurs kilomètres de côté, et c'est dans ces carrés (*paddocks*) que sont répartis, puis abandonnés à eux-mêmes, les innombrables moutons qui forment la seule production du pays. Aucun berger ne les garde ; toutefois des hommes à cheval inspectent assez souvent les clôtures et les réparent s'il y a lieu.

Dalby, Miles, Yeulba sont les seules stations qui méritent d'être signalées. A Chinchilla (325 kilomètres) j'ai pu lire, il est vrai sur deux baraques, les enseignes suivantes : *Commercial hotel, Royal hotel* ; mais je n'ai guère aperçu d'autres maisons.

A 10 heures 30, le train s'arrête à Roma (511 kilomètres de Brisbane), et je monte dans l'omnibus qui attend les voyageurs à la gare pour les conduire dans l'un des treize hôtels signalés par l'*Australian guide*. Notons, en passant, que le même guide attribue à Roma une population de 1838 habitants seulement. Pour mon compte, j'aurais préféré moins d'hôtels et de meilleures chambres. Dans celle qui me fut donnée, une simple cloison en planches, s'arrêtant à un mètre au-dessous du plafond, me séparait de la chambre voisine, où cinq ou six gentlemen, d'humeur joviale, ont bu et joué aux cartes pendant toute la nuit. Après quinze heures de chemin de fer, j'avais grand besoin de repos, mais je ne pus fermer l'œil que vers le matin.

En wagon j'avais fait la connaissance de M. Bond, propriétaire de mines d'opale dans l'extrême ouest, et je devais l'accompagner jusqu'à Mitchell, terminus de la voie ferrée, à 84 kilomètres au delà de Roma, sur les bords de la rivière Maranoa. Comme le train ne partait que dans l'après-midi, M. Bond me proposa fort aimablement d'aller visiter une tribu d'aborigènes, campés à quelque distance de la ville. J'acceptai avec empressement.

La matinée était fraîche, 8° seulement, et il faisait bon marcher. Après avoir dépassé les dernières maisons de la ville, on rencontre une brasserie, puis de misérables cabanes habitées par des Chinois. Un quart d'heure plus loin commence la forêt ou plutôt le *bush* (le buisson), comme on dit en Australie, et qui ne ressemble en rien à nos forêts européennes. Les arbres croissent à une certaine distance les uns des autres ; la plupart sont d'une hauteur énorme, mais donnent très peu d'ombre. Sur le sol se déroule un éternel tapis d'herbes courtes et drues, sur lequel la

Campement et groupe d'Australiens.

marche est facile et agréable. Point de fouillis de plantes et d'arbustes entrelacés, point de retraites sombres : entre les troncs blanchâtres des eucalyptus, de larges espaces où l'air circule, où la vue s'étend au loin. Dans ces forêts australiennes on peut à la rigueur se passer de routes tracées; une légère voiture à deux roues circule aisément presque partout. C'est ainsi que M. Bond compte se rendre chez lui, à Cooper Creek, à plus de 1000 kilomètres au delà de Mitchell. Il emmène dans sa voiture un domestique indigène, chargé chaque soir de lui dresser la hutte de branchages où il passera la nuit.

Nous arrivons au campement. Voici d'abord le chef, un noir de moyenne stature, barbe et cheveux incultes, dents blanches et œil brillant, tout fier de porter sur sa poitrine, retenue à une ficelle passée autour du cou, une plaque de cuivre sur laquelle on lit en gros caractères ces deux mots : *King Jackey*. Il est assis sur un lit de feuilles sèches et se chauffe devant quelques tisons. A ses côtés sont deux vieilles femmes, ayant à la bouche une courte pipe. La demeure royale est des plus primitives; elle se compose de deux ou trois rouleaux d'écorce d'eucalyptus, orientés contre le vent. Plus loin sont d'autres abris semblables, occupés par des familles plus ou moins nombreuses. Tout ce monde est, je ne dirai pas habillé, mais couvert en partie de loques européennes. Chaque famille cependant possède une couverture, sous laquelle grouillent pêle-mêle les enfants nus et les chiens.

Plusieurs de ces naturels savaient quelques mots d'anglais. Nous les invitâmes à lancer le *boumerang*, et ils y consentirent volontiers. On sait que cette singulière arme de jet est spéciale aux peuplades australiennes. C'est un morceau de bois dur, long de 60 à 80 centimètres, large de 6 à 8, aplati en lame de sabre et cambré au milieu. Les indigènes possèdent le secret d'imprimer à cette arme des mouvements vraiment extraordinaires. J'ai vu le boumerang, lancé d'abord en ligne droite au ras du sol, s'élever en tournoyant dans les airs, puis revenir en arrière, après avoir frappé le but avec une précision étonnante. Moyennant deux ou trois petites pièces blanches et un peu de tabac, non seulement je fis répéter plusieurs fois l'expérience, mais encore j'eus le droit d'emporter les armes qui avaient servi à la démontrer.

De retour à Roma, je me procurai chez un photographe, M. Cardell, plusieurs types de natifs, fort bien exécutés. Je cite à dessein le nom de cet excellent homme, qui, apprenant que j'étais un touriste français, m'a promis de me faire plus tard un nouvel envoi, et cela sans aucune rétribution[1].

De Roma à Mitchell, la contrée est légèrement ondulée et le paysage assez varié. Plusieurs fois j'ai vu sautiller sous bois des kangurous de forte taille, tandis que des émus, espèce d'autruche noire particulière à l'Australie, s'enfuyaient au passage du train, de toute la vitesse de leurs énormes pattes. C'est aussi durant ce trajet que je me suis trouvé pour la première fois en présence de l'arbre-bouteille, *Sterculia rupestris*, singulier végétal dont le tronc colossal ressemble à une bouteille de vin du Rhin qui aurait 10 mètres de hauteur. Et, le long de la voie, que de campements fantastiques, non d'aborigènes cette fois, mais bien de colons de race blanche : des baraques de tôle et de fer-blanc, des huttes d'écorce habitées par de robustes travailleurs barbus, en manches de chemise et chapeau mou, des ladies bien mises et des nichées d'enfants roses et joufflus!

Sous peu, le chemin de fer sera prolongé jusqu'à Charleville, sur la rivière Warrego, à 800 kilomètres de la côte. En attendant, des voitures publiques font ce trajet régulièrement, deux fois par semaine. Je lis dans le *Guide* que Mitchell renferme 7 hôtels, 2 fabriques d'eaux gazeuses, une succursale de la banque nationale du Queensland, une école avec 75 enfants, une église catholique, une cour de justice, un bureau de police, un *Cricket Club*, un *Amateur Dramatic* et enfin un *Jockey Club* avec un bon champ de

---

1. M. Cardell a tenu parole. En 1885 il m'a adressé par la poste, à Paris, une nouvelle série de types australiens.

courses : et tout cela pour une population qui, au recensement de 1881, s'élevait à 273 habitants. Les villages d'Australie, on le voit, ressemblent peu à ceux de la vieille Europe. Malheureusement, je ne pus vérifier par moi-même l'exactitude de ces renseignements ; je n'eus que le temps de souhaiter bon voyage à M. Bond, et j'étais de retour à Roma dans la soirée.

Au souper, j'eus la fantaisie de déguster un certain vin du cru, capiteux et très coloré. Il ne se vend pas moins de 5 shillings la bouteille : à ce prix, les propriétaires de vignobles doivent faire de bonnes affaires. On récolte aussi à Roma des oranges superbes et qui m'ont paru meilleures que le vin. Les colons anglais, d'ailleurs, ne savent pas faire le vin et ne s'entendent guère à la culture des arbres fruitiers, qui cependant réussiraient très bien dans le pays ; ils laissent généralement cette spécialité aux Chinois.

Le lendemain soir, après dix-sept heures passées en wagon, je revoyais l'hôtel Philips, et, le jour suivant, 2 août, à midi, je quittais définitivement Brisbane, en destination de Sydney, à bord du steamer *Ranelagh*, de l'*Australasian Company*. Ce qui m'engageait à partir si vite, c'est que le lendemain était un dimanche ; j'évitais ainsi de le passer à terre : c'était autant de gagné.

Le temps est superbe, et je revois, cette fois bien éclairés par le soleil, les jolis paysages de la rivière de Brisbane, ses vertes collines parsemées de maisons blanches et roses. Hors de la baie Moreton, nous trouvons la mer assez grosse. Le *Ranelagh* est petit et danse fortement sur les vagues. En revanche, il marche bien ; nous filons régulièrement nos douze nœuds, et, comme on compte 504 milles (933 kil.) de Brisbane à Sydney, nous arriverons après-demain de bonne heure.

3 août. — Nous longeons la côte à une faible distance. Formée de collines uniformément boisées et peu élevées, elle présente peu d'intérêt.

J'ai retrouvé à bord un de mes compagnons de voyage de Roma à Brisbane, et j'apprends de lui des choses bien intéressantes. M. X... habite Melbourne et possède en commun avec deux co-associés, dans les districts de Warrego et de Maranoa, sur la frontière de la Nouvelle-Galles, un terrain qui n'a pas moins de 2050 milles carrés, quelque chose comme 530 000 hectares, soit à peu près la surface d'un de nos départements. Il estime à 320 000 le nombre de ses moutons, et vient d'en vendre 15 000, immédiatement après la tonte, à raison de 8 shillings la pièce. Les barrières qui entourent sa propriété sont formées de gros pieux réunis entre eux par six fils de fer; elles ont un développement de 240 milles (386 kil.) et peuvent durer vingt ans. La dépense de première installation, à raison de 60 livres par mille, ne s'est pas élevée à moins de 12 400 livres, soit 310 000 francs. Un mille carré peut nourrir 320 moutons, ce qui donne 127 moutons par 100 hectares: aussi M. X... espère-t-il arriver plus tard à doubler le chiffre de ses moutons. On vient de faire la tonte; il faut en moyenne 80 toisons pour une balle de 400 livres (181 kilogrammes). Ces balles sont comprimées à l'aide de machines, puis chargées sur de grands chariots qui les transportent à la station de chemin de fer la plus proche.

Les lapins, autrefois inconnus en Australie, y ont été introduits d'Europe et se sont tellement multipliés, qu'on les considère aujourd'hui comme un véritable fléau. Leur armée, partie de Victoria, s'avance régulièrement de 100 kilomètres par an vers le nord, à travers la Nouvelle-Galles, et ne tardera pas à envahir le Queensland. Là où sont établies leurs colonies prolifiques, il ne reste plus d'herbe pour les moutons. On a essayé de les détruire de mille manières, on a même été jusqu'à construire à grands frais des barrières en pierre pour s'opposer à leur marche en avant : tout a été inutile. Maintenant leur tête est officiellement mise à prix. Chaque propriétaire paye 25 francs pour 1000 moutons, et le produit de cette taxe sert à rémunérer les chasseurs de lapins, à raison de 1 penny pour chaque paire d'oreilles.

Le lapin n'est pas le seul quadrupède qui dispute aux moutons leur nourriture. Les kangurous aussi sont traqués sans relâche, et l'on fait de ces pauvres bêtes inoffensives un carnage impitoyable.

Aujourd'hui la mer est calme; aussi, malgré la fraîcheur de la température, beaucoup de passagers s'installent sur le pont pour y passer la soirée. Une dame est enveloppée d'une superbe couverture, formée de 66 peaux d'ornithorrhynques : on me dit que cette couverture ne vaut pas moins de 50 livres (1250 francs).

4 août. — A 5 heures du matin, de stridents coups de sifflet m'apprennent qu'il se passe quelque chose de nouveau. Je me lève en toute hâte, et c'est à peine si j'ai le temps d'apercevoir les deux hautes murailles de rochers qui forment l'entrée de Port-Jackson. La lumière électrique darde incessamment ses jets éblouissants à tous les points de l'horizon. Nous voici dans la baie de Sydney; une multitude de points lumineux nous indiquent la situation de la ville. Déjà les bateaux à vapeur omnibus se croisent dans tous les sens.

Une heure après, la douane, fort large ici, me rendait mes bagages sans les avoir visités, et j'accompagnais à pied dans *George street*, principale artère de Sydney, la charrette sur laquelle je les avais fait charger.

CHAPITRE VII

DE SYDNEY A MELBOURNE
4 — 16 août.

Sydney. — Le Jardin botanique. — La baie. — Parramatta. — Départ pour Newcastle. — Le *Northern Railway*. — Armidale et la Nouvelle-Angleterre. — De Sydney à Melbourne. — Le *Salazie*. — Melbourne. — Ballarat et ses mines d'or.

Sydney n'est pas seulement la capitale de la Nouvelle-Galles du Sud, c'est aussi la cité mère de l'Australie entière. Avant la séparation de la colonie de Victoria, en 1851, et celle plus récente du Queensland, la Nouvelle-Galles s'étendait sur un espace immense. Aujourd'hui son territoire ne forme plus que la neuvième partie de l'Australie, ce qui constitue encore une étendue fort respectable, puisqu'elle est égale à une fois et demie celle de la France.

Le recensement de 1881 donne à Sydney une population de 220 000 habitants, qui doit dépasser maintenant le chiffre de 250 000, car la ville s'est considérablement accrue dans ces dernières années. Son aspect est celui d'une ville anglaise du premier ordre; ses rues sont bien bâties, ornées de riches magasins et très animées. Parmi les principaux monuments, il faut citer : les deux belles cathédrales de Saint-André et de Sainte-Marie; l'Université, construite en style gothique du quinzième siècle; les nouveaux offices du gouvernement, l'Hôtel de Ville, enfin la Poste, magnifique établissement

Vue générale de Sydney.

que ses colonnades et la décoration de sa façade rattachent au style italien de la Renaissance.

Le Jardin botanique, enclavé dans le vaste parc du Domaine, est l'un des plus beaux du monde. Bordé d'un côté par un promontoire escarpé, de l'autre par les eaux tranquilles de la baie, ce jardin, parfaitement entretenu, offre au visiteur la plus heureuse combinaison d'eaux, de pelouses, d'arbres et de rochers qu'il soit possible d'imaginer. Le climat de Sydney a permis d'y réunir de magnifiques spécimens de la végétation des zones tropicale et tempérée.

C'est sur les terrains du Domaine que s'élevaient les bâtiments de l'Exposition universelle de 1879-80, malheureusement détruits, le 22 septembre 1882, par le plus terrible incendie qui ait jamais eu lieu en Australie.

Hyde-Park est une belle promenade, ornée de statues et très fréquentée le soir ; elle occupe un plateau au centre de la ville.

Les environs de Sydney sont délicieux. L'immense baie, dans laquelle pourraient se réunir toutes les flottes du monde, pénètre profondément dans les terres, se ramifiant en plusieurs baies secondaires, qui à leur tour se découpent en une infinité de criques et de petites anses, dominées par des rochers pittoresques ou simplement ourlées d'une plage de sable blanc ; sur les vertes collines qui les séparent, de jolies villas s'étagent parmi les jardins. On a souvent comparé la baie de Rio-de-Janeiro à celle de Sydney ; leur genre de beauté est cependant bien différent : si la première mérite sans conteste l'épithète de grandiose, la seconde l'emporte par la grâce et la fraîcheur.

Rien de plus intéressant pour le nouvel arrivant que de profiter de l'un des petits steamers-omnibus qui mettent la ville en communication fréquente et régulière avec tous les points de la baie. Manly fut le but de ma première excursion. C'est une petite ville d'eaux, propre et gentille ; sa situation sur un isthme étroit, près de l'entrée de Port-Jackson, permet aux baigneurs de choisir entre ses deux plages, c'est-à-dire entre les vagues de l'Océan et les flots plus tranquilles de la baie.

Une autre promenade, bien faite pour donner une idée des sinuosités de la baie, est celle de Parramatta. Le bateau s'arrête à une dizaine de stations, pour prendre ou laisser des voyageurs. Le paysage, variant à chaque instant et toujours gracieux, me rappelait celui du lac Mælar en Suède, mais avec plus d'animation.

Parramatta est une petite ville de 8000 âmes, entourée de vergers et de plantations d'orangers. Son parc possède une avenue de superbes chênes, les plus vieux d'Australie. C'est que Parramatta a été fondée en 1788, la même année que Sydney; elle a donc près d'un siècle d'existence, antiquité déjà bien reculée pour une ville australienne.

Un trajet d'une heure, en chemin de fer, me ramena à Sydney. Les chemins de fer, au Queensland, étaient à voie étroite (1 m. 06); ceux de la Nouvelle-Galles ont une largeur égale à celle des chemins de fer anglais, c'est-à-dire de 1 m. 43. Quant aux wagons, luxueux et fort longs, ils sont établis d'après le système américain.

Ce chemin de fer de Parramatta à Sydney est le premier qui ait été ouvert dans la colonie; son inauguration remonte à 1855. La construction des chemins de fer, longtemps retardée par la difficulté que présentait la traversée des Montagnes Bleues, a pris un grand essor depuis que cet obstacle a été franchi. En 1884 on ne comptait pas moins de 2633 kilomètres en exploitation et près de 1000 kilomètres en construction. Tous ces chemins de fer appartiennent à l'État, sauf une petite ligne construite par l'industrie privée.

Sous le nom de tramway à vapeur, Sydney possède un véritable chemin de fer métropolitain. A des intervalles très rapprochés partent, du centre de la cité, des trains remorqués par une locomotive et comprenant trois grandes voitures avec galeries couvertes. Ces trains desservent la ville et plusieurs localités de la banlieue.

Après quatre mois passés sous les tropiques, le climat

de Sydney, quoique tempéré, me paraissait un peu rude ; cependant une température de 12° dans la matinée, de 15° à 16° dans l'après-midi, ne constitue pas un hiver bien rigoureux. Je n'en ai pas moins retrouvé avec un certain plaisir les lourds vêtements de drap que j'avais enfouis au fond de ma malle. Je craignais de les revoir en piteux état ; mais, somme toute et grâce aux précautions que j'avais prises contre l'humidité de Java, ils étaient encore présentables. J'en fus d'autant plus satisfait que la mission que j'avais reçue du ministre de l'Instruction publique m'obligeait à certaines visites. Partout, je dois le dire, j'ai reçu un accueil empressé ; j'ai même été l'objet d'une faveur dont je suis heureux de pouvoir remercier ici M. le secrétaire général du gouvernement de la Nouvelle-Galles du Sud. Je veux parler d'un billet de circulation sur le réseau des chemins de fer de l'État (*free pass*), qu'il a bien voulu mettre à ma disposition. On comprend facilement qu'avec mon humeur voyageuse, mon insatiable désir de voir de nouveaux horizons, j'avais hâte d'en profiter.

Mon plan fut vite arrêté. Le 9 août, à 11 heures du soir, je m'embarquais sur le *Namoi*, grand et beau steamer parfaitement tenu, à destination de Newcastle. J'avais l'intention de parcourir dans toute son étendue le *Northern Railway*, qui traverse les plus riches provinces de la Nouvelle-Galles.

Newcastle, où je débarquai le lendemain au point du jour, est situé à l'embouchure de la rivière Hunter. Son excellent port reçoit presque autant de navires que celui de Sydney. La ville, peuplée de 16 000 habitants, doit sa prospérité aux produits agricoles de la riche province de Hunter River, et surtout aux inépuisables gisements de houille qui se trouvent dans ses environs immédiats. En 1883 on n'a pas chargé dans son port moins de 1 824 570 tonnes de charbon. La voie ferrée qui reliera un jour Newcastle à Sydney n'aura qu'un développement de 140 kilomètres ; elle est en construction depuis plusieurs années, mais les obstables à vaincre sont considérables et retardent son achèvement.

Une heure après avoir quitté Newcastle, on arrive à Maitland, ville importante sur la rivière Hunter, et centre d'un district agricole que sa prodigieuse fertilité a fait surnommer le grenier de la Nouvelle-Galles. Dans les environs se trouvent des plantations d'orangers et des vignobles très soignés, dont la production annuelle s'élève déjà à 12 000 hectolitres.

Les voitures du *Northern Railway* sont construites d'après le système en usage en Angleterre, mais elles sont plus hautes et aménagées avec un grand luxe ; on n'a pas épargné les bois précieux, cèdre rouge d'Australie et pin jaune citron de la Nouvelle-Zélande. Je leur ferai cependant un reproche assez grave, celui de tenir les voyageurs sous clef. Aux stations où l'on désire descendre, il faut attendre que le conducteur veuille bien vous ouvrir la portière : de là une perte de temps d'autant plus sensible que l'arrêt réglementaire pour les repas ne dépasse pas quinze minutes.

Le service des buffets (*refreshment rooms*) laisse beaucoup à désirer. C'est véritablement la lutte pour l'existence : chacun se précipite dans une salle étroite, où l'on se trouve en face de gigantesques quartiers de viande dont il s'agit de se procurer une tranche ; rien n'est découpé à l'avance, et le service est à peu près nul ; pas d'autre liquide sur la table qu'une tasse de thé brûlant. C'est entre les repas seulement que l'on va boire au bar ; alors la bière et le whisky ont leur tour. J'admets volontiers que l'Australie soit un grand pays, plein d'avenir ; mais je crois que, parmi les voyageurs qui l'ont visitée, aucun ne me contredira si je déclare ici que la cuisine y est détestable.

Lorsque je considère le public qui m'entoure, je trouve aussi matière à observer. Impossible de distinguer à première vue à quelle classe de la société appartiennent les hommes qui, aux stations des petites villes, se pressent sur les quais de la gare. Ouvriers, avocats, industriels, cultivateurs, tous ont la même tenue bourgeoise. Du côté des femmes, je signalerai un assez grand luxe de toilette ; une cuisinière est mise à peu près comme sa maîtresse. En un mot, ce ne sont que *ladies* et *gentlemen*.

L'Australie est vraiment le paradis de l'ouvrier anglais, mais elle ne serait pas le mien : nos habitudes françaises sont tellement différentes, et notre manière de voir les choses concorde si peu avec la tournure d'esprit des Anglais! Ce prodigieux développement de la race anglo-saxonne aux antipodes n'en est pas moins bien intéressant à étudier; il est même effrayant. C'est tout un monde nouveau qui se forme, et avec une rapidité incroyable. Partout des villes naissantes, des industries qui se créent, des richesses naturelles mises en exploitation; les chemins de fer s'étendent au loin, le pays se défriche; la population afflue, mais reste anglaise par la langue, les habitudes et les préjugés. Le repos du dimanche est strictement observé par tous; d'ailleurs la loi de l'État vous y contraint. Dans ce pays qui se dit si libre et qui, de fait, offre presque la réalisation de la *Commune*, on est passible d'une amende si l'on va à la chasse ou si l'on arrose son jardin le dimanche. Tout le monde ici trouve cela fort naturel. C'est l'usage, et surtout c'est anglais : cela suffit.

A Murrurundi, nom emprunté à la langue des aborigènes, on entre dans la chaîne des monts Liverpool, dont le point culminant est à une altitude de 1350 mètres. Ce passage, très pittoresque, conduit aux plaines fertiles de Liverpool, que traverse dans la direction du nord-ouest un embranchement conduisant à Narrabri (405 kilomètres de Newcastle), petite ville bâtie sur les bords de la rivière Namoi, affluent du Darling.

Nous poursuivons notre route sur la grande ligne, à travers une campagne bien cultivée. Autour des confortables habitations des fermiers, des plantations de saules et de peupliers donnent au paysage un caractère européen.

Voici Tamworth, admirablement située à la base de collines ondulées, au milieu d'une riche contrée. A quelque distance existent des mines d'or, de cuivre et de diamants.

Mes compagnons de voyage ne tarissent pas en éloges sur le pays, sa fertilité, l'excellence du climat. L'un d'eux était venu d'Angleterre, comme tant d'autres, pour passer deux ans en Australie : il y est déjà depuis trente ans et ne désire nullement retourner en Europe. Beaucoup sont dans le même cas.

Plus loin, la voie ferrée s'élève et pénètre dans d'épaisses forêts d'eucalyptus, coupées de vastes défrichements. Pour rendre le *bush* propre à la culture, on commence par faire périr les arbres, en leur enlevant un anneau d'écorce; l'année suivante on y met le feu. Ici c'est la forêt ruinée avec ses arbres morts, mais encore debout; là d'énormes troncs, incomplètement brûlés, jonchent le sol : tout cela fait peine à voir. Les bois magnifiques qui couvrent la campagne sont appelés à disparaître ainsi, sans aucun profit. On le regrettera un jour, car la plaie du pays est le manque d'eau, et il est certain que le déboisement systématique auquel on se livre partout ne fera qu'augmenter la sécheresse naturelle du climat australien.

Quoi qu'en disent mes compagnons de wagon, le climat de leur pays de prédilection laisse encore beaucoup à désirer. Il y a cinq mois à peine, à l'endroit même où nous sommes, au lieu de verdoyants pâturages, on ne voyait qu'un sol dénudé, fendillé par la chaleur, et là où paissent aujourd'hui le bétail et les moutons, gisaient des milliers de cadavres d'animaux, morts de soif.

Sur plusieurs points de la voie, notamment à Uralla, je remarque d'ingénieux échafaudages qui permettent d'embarquer dans les wagons, directement et en peu de temps, un nombre considérable de moutons.

Cependant la nuit arrive, il fait froid, et l'on monte toujours. Enfin à 8 heures, après un trajet de douze heures depuis Newcastle, le train s'arrête à Armidale (449 kilomètres), aujourd'hui point extrême de la ligne qui, sous peu de jours, sera livrée à l'exploitation jusqu'à Glen Innes, à 100 kilomètres plus loin. Il ne restera plus alors à construire qu'un tronçon de 130 kilomètres, pour opérer le raccordement, à Stanthorpe, du *Northern Railway* avec le réseau des chemins de fer queenslandais.

Ce ne sont ni les moyens de communication, ni les hôtels, qui font défaut en Australie. A la station, quatre grands omnibus attendaient les voyageurs, et, un quart d'heure après, je me réchauffais au coin d'un bon feu dans la salle à manger de *Tattersaal hotel*.

Les petites villes d'Australie se ressemblent toutes, avec leurs rues démesurément larges, se croisant invariablement à angle droit et tracées sur le plan d'une grande cité. Armidale, avec ses 2200 habitants, ne fait pas exception à la règle. Dans un seul bloc je ne comptai pas moins de cinq églises, appartenant à autant de communions. Mais aussi que de places vides attendent les futures maisons!

Le district auquel appartient Armidale a reçu le nom de Nouvelle-Angleterre, à cause de son climat plus froid, dû à une altitude de 1000 à 1200 mètres.

A mon retour à Sydney, dans la matinée du 12 août, je trouvai à la poste des lettres qui me firent prendre la résolution subite de me rendre à Melbourne, sauf à compléter plus tard mon exploration de la Nouvelle-Galles. Grâce à mon permis de circulation, j'aurais pu faire ce voyage par terre, rapidement et à peu de frais. Je préférai cependant la voie maritime. Quelques jours auparavant, ayant eu l'occasion de visiter le *Salazie*, de la Compagnie des Messageries, j'avais retrouvé à bord plusieurs officiers que j'avais connus dans mes précédents voyages sur les lignes de la Chine et des Indes, et reçu de ces messieurs l'accueil le plus cordial. Pour moi, le *Salazie*, c'était la France; aussi je ne résistai pas à la tentation de passer deux jours sur ce superbe bateau, où j'étais assuré de trouver bon lit, bonne table et des visages amis. Mais je n'avais pas de temps à perdre : il était 9 heures du matin, et le départ était affiché pour midi.

Mes dispositions furent bientôt prises. Je laissai le gros de mes bagages à l'hôtel, puis, muni d'une simple valise et d'une couverture, je me rendis à bord. A midi précis, la passerelle est retirée et le majestueux *Salazie* s'éloigne lentement du quai. L'admirable baie m'apparaît de nouveau, éclairée par un soleil radieux, et pour la quatrième fois je franchis l'entrée de Port-Jackson. Voici Coogee Bay, puis Botany Bay, puis une côte monotone que nous longeons à une faible distance.

13 août. — Au petit jour on signale le *Yarra*, frère du *Salazie*, qui porte le courrier d'Europe : il a quitté Marseille le 29 juin. A midi nous doublons le cap Howe, puis nous perdons de vue la terre, pour ne la revoir que dans la soirée, à l'entrée du détroit de Bass.

Je ne me lasse pas d'arpenter le pont du magnifique *Salazie*, long de 135 mètres, large à proportion, filant, sans le moindre effort et avec une stabilité parfaite, ses 27 kilomètres à l'heure. Nous avons peu de passagers à bord, probablement à cause du choléra de Marseille, car, en temps ordinaire, les Australiens savent apprécier le confort dont on jouit sur nos bateaux. D'un autre côté, il est certain que, depuis quelque temps, la question des récidivistes, exploitée et envenimée par leurs journaux, les a indisposés contre nous. Les choses ont été beaucoup exagérées : si parfois les colonies australiennes ont reçu la visite peu enviable de quelque ancien pensionnaire de l'île Nou, il n'y a pas dans ce fait, d'ailleurs fort rare, de quoi motiver une sérieuse agitation de la part d'États régulièrement organisés et disposant d'une police aussi bien faite qu'en Europe.

14 août. — Je me réveille dans la vaste baie de Port-Phillip ; rien d'intéressant. A 9 heures nous sommes amarrés au wharf de Sandridge, et presque aussitôt un reporter de l'*Argus*, principal journal de Melbourne, vient s'informer des nouvelles que nous apportons et prendre les noms des passagers. Je quitte le *Salazie* en sa compagnie, et à cent pas plus loin, sur la jetée même, nous montons en chemin de fer. Un quart d'heure après, nous arrivons à Melbourne, et l'obligeant reporter ne me quitte qu'après m'avoir installé à *Cathedral hotel*, en face de la station.

Rue Collin à Melbourne.

La colonie de Victoria n'existe que depuis juillet 1851. C'est l'énorme accroissement de la population, dû à la découverte de mines d'or d'une richesse extraordinaire, qui motiva la séparation d'avec la Nouvelle-Galles. Aujourd'hui Victoria, bien que la moins étendue des colonies australiennes, occupe parmi elles le premier rang par sa richesse, le chiffre de sa population et le développement de ses voies ferrées. Sa capitale, Melbourne, bâtie, comme Rome, sur sept collines, s'élevant en pente douce des bords de la rivière Yarra, n'existait pas il y a quarante-huit ans ; c'est aujourd'hui une grande cité de 300 000 âmes, ornée de promenades publiques et de monuments qui peuvent rivaliser avec ceux des vieilles capitales de l'Europe : en somme, une véritable grande ville et l'une des plus belles du monde.

J'avoue mon faible pour les jardins botaniques : à l'agrément de la promenade, au plaisir des yeux, viennent se joindre d'intéressantes observations sur la flore du pays. J'aime surtout à les visiter dans les colonies anglaises, où ils me paraissent mieux compris que partout ailleurs. Celui de Melbourne s'étend, à un mille de la ville, sur de vastes espaces naturellement ondulés. De vertes pelouses alternent avec des massifs de fleurs et des groupes d'arbres déjà énormes, que je m'étonne de rencontrer dans un jardin de création relativement récente ; des pièces d'eau, des rochers factices contribuent à son embellissement. Son entretien ne laisse rien à désirer : chaque plante, chaque arbuste, chaque arbre, porte une étiquette indiquant son origine, son nom vulgaire et son nom scientifique.

Le 1ᵉʳ octobre 1880, une exposition universelle s'est ouverte à Melbourne, dans Carlton Garden. Les imposants bâtiments construits à cette occasion existent encore ; on y a établi un musée industriel et des salles d'expositions locales.

Dans Royal Park se trouve un petit jardin zoologique. Près de là sont les magnifiques constructions de l'Université, en style gothique anglais, avec tourelles et clochetons. Le Muséum d'histoire naturelle est le plus complet d'Australie ;

la Bibliothèque et le Musée de peinture méritent d'être visités.

Collin street, *Bourke street* sont les rues les plus animées. Les somptueux bâtiments des grandes banques, avec leurs façades ornées de colonnes et de statues, les riches magasins qui bordent ces deux principales artères, soutiendraient sans peine la comparaison avec ceux de Londres. C'est aussi le quartier des théâtres, auxquels les parades religieuses de l'armée du Salut font parfois, dans la rue, une rude concurrence, à grand renfort de grosse caisse et de trombone.

A mon arrivée à Melbourne, j'avais été rendre visite à M. Pesoli, qui, en l'absence de M. Dillon, faisait les fonctions de consul de France. Par son intermédiaire, j'obtins facilement, pour les chemins de fer de Victoria, un billet de circulation semblable à celui que j'avais déjà sur ceux de la Nouvelle-Galles du Sud.

A mon départ de France on m'avait donné des lettres de recommandation pour M. Pallu de la Barrière, alors gouverneur de la Nouvelle-Calédonie. J'avais espéré les remettre à leur adresse à Nouméa : il n'en devait pas être ainsi. Leur destinataire était à Melbourne et se disposait à s'embarquer pour la France, sur le même paquebot qui m'avait amené; j'allai le voir, et, malgré les préoccupations d'un prochain départ, il s'empressa de me donner avec la plus grande obligeance tous les renseignements que je lui demandai sur le pays qu'il venait de quitter et que je me proposais de visiter.

Le lendemain, 15 août, un négociant d'origine irlandaise, M. Fallon, décoré de la Légion d'honneur pour sa conduite pendant la guerre franco-allemande, offrait un lunch d'adieu à l'ex-gouverneur de la Nouvelle-Calédonie. J'y fus invité, et, dans cette réunion cordiale, j'eus le plaisir d'être présenté aux principaux membres de la colonie française de Melbourne. Je ne parlerai que pour mémoire des comparaisons qui furent faites, à cette occasion, entre les meilleurs crus de l'Australie et les vins de France.

Le Muséum à Melbourne.

Le jour suivant, je prenais le train pour Ballarat (162 kilomètres), le centre le plus populeux de Victoria après Melbourne. Durant la première partie du trajet, le pays, plat et complètement déboisé, est insignifiant; notons toutefois que l'on commence à replanter les terrains en bordure de la voie.

Geelong (72 kilomètres) est un port d'une certaine importance. La ville, agréablement située sur la rive occidentale de la baie de Port-Phillip, renferme, avec ses faubourgs, une population de 25 000 âmes. Après Geelong, la voie suit une vallée bien cultivée, puis s'élève progressivement à travers bois, atteignant à Ballarat une altitude de 425 mètres.

Ballarat, fondée depuis trente-trois années seulement, est une grande et belle ville de plus de 40 000 âmes, ornée d'édifices, de jardins et de promenades que lui envierait plus d'une vieille cité européenne. Son prodigieux développement est dû à ses mines d'or, les plus riches peut-être du monde entier. Elles ont été découvertes en 1851 et continuent encore aujourd'hui à rapporter de beaux dividendes à leurs actionnaires; mais partout le travail individuel a été remplacé par des machines perfectionnées. Malheureusement je ne pus les visiter, car c'était un samedi, et ce jour-là les ouvriers ne travaillent que dans la matinée.

Le directeur du musée de Ballarat voulut bien me donner quelques explications, dont voici le résumé : Les mineurs exploitent maintenant les filons quartzeux à de grandes profondeurs. Le minerai, préalablement broyé sous de gros pilons en fer, est lavé, puis calciné; ses résidus sont ensuite passés dans le mercure, qui s'amalgame avec l'or, lequel est définitivement séparé par la distillation et enfin coulé en lingots.

On montre, au musée, les moulages de plusieurs lingots célèbres, trouvés à l'état natif dans les premiers temps. Le plus gros de tous pesait 190 livres anglaises (86 kilogrammes); il a été vendu 10 500 livres sterling, soit 262 500 francs.

Dans la soirée du même jour j'étais de retour à Melbourne.

CHAPITRE VIII

TASMANIE

17—22 août.

Un dimanche à Melbourne. — Le *Mangana*. — Mauvaise traversée dans le détroit de Bass. — La rivière Tamar. — Un chemin de fer en Tasmanie. — Hobart. — Le Jardin botanique et le Musée. — Histoire de la Tasmanie. — La guerre Noire. — Les derniers aborigènes. — Situation actuelle de la Tasmanie.

Le 17 août il faisait à Melbourne un temps exécrable. Depuis la veille le vent soufflait en tempête, et des rafales de pluie convertissaient en cloaques les larges rues de la grande cité. Cependant ses habitants étaient dans la jubilation, car la pluie est rare en Australie, et, lorsque la sécheresse se prolonge, moutons et bœufs succombent par milliers : alors le beurre et la viande n'ont plus de prix.

Pour moi, j'étais loin de partager la satisfaction générale, d'autant plus que ce jour-là était précisément un dimanche, et, en pays anglais, c'est tout dire. Pour cause de *sunday*, j'avais trouvé porte close à la *Maison dorée*, restaurant français de *Lonsdale street*, et j'avais regagné mélancoliquement mon logis, à travers les flaques d'eau et de boue qu'il me fallait affronter pour passer d'un trottoir à l'autre. Confiné dans une petite chambre d'hôtel, je me demandais, tout en feuilletant l'*Australian handbook*, si ce n'était pas une folie que de venir chercher ainsi, au mois d'août, le froid et le mauvais temps dans l'hémisphère austral. Je me sentais bien seul, bien loin; et cependant, le lendemain, je devais m'éloigner encore : j'avais formé le projet de visiter la Tasmanie. Après tout, je me disais qu'il n'était guère possible d'y trouver plus mauvais temps qu'en Australie.

Lundi, à 10 heures du matin, je suis à bord du steamer *Mangana*. La *Tasmanian steam Navigation Company*, à laquelle il appartient, lui donne, dans ses prospectus, une capacité de 1000 tonneaux, mais je serais fort étonné qu'il en eût seulement la moitié.

Le pont est mal tenu, surchargé de marchandises; les cabines cependant sont assez propres. On descend le Yarra-Yarra, horrible rivière aux eaux sales et noires, large au plus de 50 mètres; de la boue partout. De tous côtés on travaille à en régulariser les bords, à en creuser le fond, et sur cet étroit cours d'eau, encombré de dragues et de chalands, se croisent audacieusement des remorqueurs et des steamers lancés à toute vapeur. Nous dépassons les faubourgs de Footscray, de Greenwich, de Williamstown, d'où l'on découvre une bonne vue d'ensemble sur la ville immense, ses parcs et sa populeuse banlieue.

On entre dans la baie de Port-Phillip. Ses eaux clapoteuses et jaunâtres sont de mauvais augure; mais nous avons encore trois heures de répit, car la distance entre la pointe Nepean, qui marque la haute mer, et Sandridge, le port principal de Melbourne, n'est pas moindre de 32 milles : les passagers, très nombreux, en profitent pour luncher.

Vers 2 heures nous sortons de la baie. Le tableau change aussitôt; chacun regagne précipitamment sa cabine. La mer est épouvantable : d'énormes vagues se ruent sur le petit *Mangana*, qui roule affreusement; en même temps, les cataractes du ciel se mêlent aux lames qui balayent le pont sans relâche. En pareille circonstance, le mieux est de s'aller coucher.

Le lendemain matin, après l'une des plus mauvaises nuits que j'aie jamais passées en mer, nous sommes en vue des côtes de la Tasmanie. Le détroit de Bass, ce passage de 150 milles, si fertile en tempêtes, est franchi. À l'abri de la terre, nous retrouvons des eaux plus calmes.

La rivière Tamar, dans laquelle nous entrons bientôt, réclame toute l'attention du pilote; mais son cours est si bien balisé, qu'il n'y arrive presque jamais d'accident. Voici, sur la rive droite, la petite ville de Georgetown, fréquentée pendant l'été par les baigneurs. On y remarque de fort jolies maisons de campagne. Les environs, très boisés. paraissent charmants. On me dit que le poisson, d'une abondance extraordinaire, y est excellent, et que l'embouchure de la rivière Tamar est un paradis pour les amateurs de pêche, toujours si nombreux dans les colonies anglaises.

Le *Mangana* stoppe à peu de distance du rivage. On attend la visite de la Santé, et, par ordre, passagers et passagères s'alignent en longue file sur le pont, comme le font les matelots sur les navires de guerre un jour d'inspection. Quelques cas, d'ailleurs douteux, de petite vérole (*small pox*) ayant été signalés à Melbourne, chaque navire venant d'Australie est soumis à cette formalité. Un vieux médecin monte à bord et nous passe en revue militairement : moment plein d'anxiété! Un seul visage suspect, et nous serions en quarantaine. Heureusement les souffrances du mal de mer sont oubliées; tout le monde est joyeux de l'arrivée, et, sous cette impression, nos figures offrent un aspect rassurant au bon docteur, qui, dix minutes après, nous laisse libres de continuer notre route.

La rivière Tamar n'est pas sans analogie avec la Rance, cette sorte de fiord breton qui pénètre profondément dans les terres, de Saint-Malo à Dinan. Tantôt fort large, tantôt brusquement rétrécie, semée d'îles boisées, coupée de promontoires rocheux, elle offre un admirable panorama, qui varie à chaque instant. Parfois on croirait naviguer sur un lac sans issue. Ses bords accidentés sont couverts d'épais massifs de pins ou d'eucalyptus, aux troncs droits et serrés, couronnés d'un large panache de sombre verdure. Çà et là cependant la forêt a été défrichée; alors apparaît une belle campagne, mollement ondulée, avec de grasses prairies où paissent les bestiaux, des champs en culture, des fermes et des villages.

A Pig Island, 70 kilomètres de la mer, on commence à apercevoir la ville de Launceston, but de notre voyage. Un peu plus loin, on jouit d'une fort jolie vue sur les gorges

La rivière Tamar.

du Sud-Esk, rivière torrentielle qui vient mêler ses eaux a celles de la Tamar sous un élégant pont de fer, d'une seule arche, hardiment jeté à une grande hauteur entre deux rochers à pic. Grâce à la marée haute, le *Mangana* vient accoster les quais de la ville. Il est midi : notre traversée a duré vingt-six heures.

Launceston est la seconde ville de la Tasmanie. Sa population n'est encore que de 18 000 habitants; mais, grâce à son avantageuse situation à proximité de l'Australie, son commerce maritime est aussi important que celui de la capitale Hobart-Town. Son aspect est tout à fait séduisant. Bâtie au confluent des deux rivières du Nord et du Sud-Esk, qui par leur réunion forment la Tamar, elle se développe régulièrement sur les flancs d'une colline, au milieu d'une large vallée fermée par des montagnes élevées. Ainsi abritée des vents du large, exposée directement aux rayons bienfaisants du soleil du nord, elle jouit d'un climat remarquablement sec et très sain. Le mont Barrow, qui n'en est qu'à une douzaine de milles, atteint une hauteur de 1400 mètres.

Ses rues, larges et bien entretenues, se coupent à angle droit. Hors du centre des affaires, la plupart des habitations sont entourées de jardins que des haies d'aubépine et d'églantier séparent de la voie publique, de sorte que la ville couvre un espace considérable. Dans toutes les directions s'élèvent de nouvelles constructions, signe d'une évidente prospérité. Enfin de nombreuses cheminées d'usine, des moulins, des scieries, des fonderies de fer et de cuivre, montrent que les Tasmaniens travaillent activement à développer les ressources de leur patrie d'adoption.

Ce qui frappe le nouveau débarqué, c'est la ressemblance du pays avec l'Angleterre; on a peine à se figurer que l'on se trouve par 41° 30′ de latitude sud et 147° de longitude est de Greenwich. La campagne elle-même contribue à nourrir cette illusion. Ce ne sont que fermes avec de vastes enclos, cottages et vergers, élégantes villas au milieu de grands parcs et de vertes pelouses. Partout on ressent l'impression d'un pays civilisé, où la vie s'écoule tranquille et confortable.

Rien, dans l'aspect de Launceston, n'indique une ville de création nouvelle. On n'y voit point de ces terrains non clos, de ces recoins malpropres, de ces baraques provisoires que l'on remarque dans toutes les cités en formation. C'est que cette ville a déjà une antiquité respectable pour les colonies australasiennes. Elle a été fondée, en 1806, par des colons venus de Sydney. Ses commencements ont été difficiles; toutefois elle compte dans son histoire un événement mémorable. En 1835 une société se forma à Launceston pour coloniser Port-Phillip : il s'agissait d'aller à la recherche de nouveaux pâturages pour les moutons.

Sous la conduite de John Batman, une petite troupe aborda, le 31 mai, aux rivages de la baie de Port-Phillip. Là on se mit en relation avec les principaux chefs aborigènes, qui, en retour d'une certaine quantité de vêtements et d'autres marchandises [1], cédèrent aux nouveaux venus une étendue de terre de 600 000 acres. Au mois d'août de la même année, Fawkner envoya également de Launceston un schooner de cinquante tonneaux, l'*Entreprise*, qui vint s'amarrer à un arbre, sur la rivière Yarra, juste à la place occupée maintenant par l'*Australian wharf*.

C'est donc à la ville de Launceston que revient l'honneur d'avoir fondé la florissante colonie de Victoria et, par suite, la grande cité de Melbourne.

A Launceston on ne compte pas moins de vingt églises, consacrées à une douzaine de sectes religieuses différentes. De leur mérite architectural je dirai peu de chose, sinon qu'il y en a pour tous les goûts et de tous les styles. Les principaux édifices publics se trouvent dans *Saint-John street*. On y remarque la Poste, les offices du gouvernement, trois ou quatre banques monumentales et une belle bibliothèque contenant 10 500 volumes.

Le parc de la ville mérite une visite. Il possède un large pavillon destiné aux expositions annuelles des sociétés d'horticulture et autres. On y a commencé aussi une collection zoologique.

Les environs de Launceston abondent en charmantes promenades. On recommande particulièrement à l'étranger les gorges romantiques de Corra Linn, dans la vallée du Nord-Esk. La rivière, encaissée entre deux murailles de pierre, se fraye tumultueusement un passage au milieu d'énormes blocs de rocher; des arbres croissent dans toutes les anfractuosités, étendant leurs rameaux au-dessus du torrent; un pont rustique complète ce tableau, que la photographie a souvent reproduit.

---

1. 20 paires de couvertures, 30 haches, 100 couteaux, 50 paires de ciseaux, 30 miroirs, 100 livres de farine, 200 mouchoirs et 6 chemises.

Un autre site très vanté est la Cataracte, sur le Sud-Esk ; mais il faut prendre un bateau pour s'en approcher, et il paraît qu'on n'y voit rien de bien extraordinaire.

Un chemin de fer à voie étroite, trois pieds et demi anglais (1ᵐ,06), réunit Launceston à Hobart, traversant ainsi toute l'île, du nord au sud. Il y a trois trains par jour, dont un express, qui accomplit en six heures ce trajet de 133 milles (214 kilomètres). Les prix sont élevés : on paye 31 sh. 6 p. en première classe, 21 sh. 6 p. en seconde.

Jusqu'à la station d'Evandale, la voie est commune avec celle du *Western Railway*, qui n'est encore terminé que jusqu'à la petite ville de Deloraine, mais sera prochainement poussé jusqu'à Latrobe et Torquay, à l'embouchure de la rivière Mersey. Comme cette dernière ligne est à large voie, (1 m. 60), on a dû poser trois rails sur le tronçon commun.

En quittant Launceston, on traverse un pays absolument cultivé comme en Europe. A voir les champs et les pâturages séparés par des haies d'épine ou de genêt à fleurs jaunes, on se croirait en Bretagne ou en Irlande, et non si près des antipodes. Ces arbustes ont été importés, mais ils poussent avec tant de vigueur et se propagent si rapidement, qu'ils menacent de tout envahir. Vers l'est, l'horizon est borné par une chaîne de montagnes aux sommités couvertes de neige. Ce sont les monts Arthur et Victoria, le Ben Levis et le Ben Lomond ; ce dernier s'élève à 1527 mètres, ne le cédant que de quelques mètres au mont Cradle, le point culminant de la Tasmanie, situé dans la partie occidentale de l'île.

Evandale est un joli petit village bâti sur les rives du Sud-Esk, à 3 kilomètres de la station ; il est environné de riches fermes, bien cultivées en céréales, pois et pommes de terre.

Un peu plus loin, la voie traverse le Sud-Esk et s'engage sur un long plateau boisé d'eucalyptus clairsemés, où paissent d'innombrables moutons que le train met en déroute. Cependant nous marchons très vite, eu égard aux difficultés de la route. Le tracé est sinueux et suit, avec des courbes extravagantes, toutes les ondulations du terrain. Peu ou point de tranchées ou de remblais, encore moins de tunnels : on monte, on descend, on tourne court : c'est de quoi trembler. Il est évident que les ingénieurs tasmaniens ont visé avant tout à l'économie. En effet, dans ce pays extrêmement accidenté, on n'a dépensé en tout que 152 000 francs par kilomètre.

Campwell-Town, sur la rivière Élisabeth, à 68 kilomètres de Launceston et 146 d'Hobart, est une petite ville prospère, centre d'un district agricole et pastoral important. De la station part journellement une diligence pour George Bay, à une centaine de kilomètres de là, sur la côte orientale. La colonie, ayant eu pendant longtemps à sa disposition le travail forcé des convicts, possède plusieurs bonnes routes carrossables, surtout dans le nord, l'est et le centre de l'île. La partie occidentale, moins connue et colonisée plus récemment, est moins bien partagée sous ce rapport.

Maintenant nous passons la rivière Macquarie. Les terrains environnants sont sujets aux inondations. Ici la pierre de taille est abondante et de bonne qualité ; on l'utilise dans la construction des églises, que l'on est sûr de rencontrer partout où l'on voit cinq ou six habitations agglomérées.

Tunbridge est une station postale où descendent les touristes désireux de visiter les lacs de l'intérieur. On peut s'y procurer des guides, des chevaux et des provisions. La plupart des lacs de la Tasmanie se trouvent sur le plateau central. Ils donnent naissance à la rivière Derwent, qui coule vers le sud, et à ses principaux affluents. Le Grand Lac a 20 kilomètres de long et couvre une superficie de 11 500 hectares : il est situé dans le comté de Westmoreland, à 1033 mètres au-dessus du niveau de la mer. Le lac Saint-Clair, plus à l'ouest, dans le comté de Lincoln, offre, dit-on, de ravissants paysages. D'ailleurs tous ces lacs sont très profonds, enfermés dans des bassins rocheux, et doivent leur origine aux mêmes causes qui ont produit les beaux lacs de la Suisse et des autres contrées montagneuses de la zone tempérée.

Antill-Ponds est à moitié chemin entre Launceston et Hobart. C'est à partir de ce point que les véritables difficultés commencent; les courbes se multiplient, les pentes s'accentuent. Notre train, tout à fait primitif, composé uniquement d'une machine et de trois voitures en forme d'omnibus, où l'on est assis de côté, éprouve des secousses épouvantables, accompagnées de bruits de ferraille et de grincements inquiétants; lancé à toute vitesse, il décrit d'étonnants zigzags en suivant tous les contours des montagnes. Mes compagnons ne me semblent pas à leur aise, et deux dames sont réellement malades, comme en mer. Il paraît qu'il en est de même à tous les voyages. Le matériel doit être excellent, car on me dit que, depuis dix ans que ce chemin de fer existe, il n'est jamais arrivé d'accident, ce qui me semble miraculeux [1]. Quoi qu'il en soit, ce singulier voyage en chemin de fer me rappelait mes plus mauvais jours de Sibérie.

Au delà d'Oatland, où l'on s'arrête dix minutes, on côtoie le petit lac de Tibériade, renommé pour ses anguilles et couvert de plantes aquatiques qui lui donnent l'aspect d'une plaine marécageuse. Au sortir d'un tunnel, le seul de la route, on débouche sur les flancs boisés d'une profonde et pittoresque vallée, où l'on exploite des mines de charbon; puis, après avoir dépassé Jéricho, on arrive à Jérusalem, petit village à peine peuplé de 200 habitants, mais où l'on remarque deux jolies églises. On voit que ce ne sont pas les noms bibliques qui manquent à la Tasmanie, bien que le

1. Depuis que j'ai rédigé ces notes, les journaux tasmaniens nous ont apporté le récit du premier accident sérieux qui ait eu lieu sur la ligne de Launceston à Hobart.
Le 29 juin 1885, au retour de l'inauguration de l'embranchement de Fingal, le train spécial qui ramenait à Hobart trois ministres et une centaine d'excursionnistes a déraillé à une courbe, et tous les wagons ont été mis en pièces. Plusieurs personnes ont été tuées sur le coup et la plupart blessées. L'enquête a démontré que la voie était en bon état, ainsi que le matériel roulant, et que l'accident devait être imputé à l'imprudence du mécanicien, qui marchait à raison de 40 milles (64 kil.) à l'heure, alors que la vitesse réglementaire n'aurait pas dû dépasser 23 milles.

paysage, toujours verdoyant, ne rappelle en rien les fauves horizons de la Palestine.

Après avoir dépassé Brighton, on aperçoit une nappe d'eau brillante comme un miroir : c'est la rivière Derwent, qui forme ici un vaste bassin. Plus loin elle se rétrécit subitement, se frayant une route entre deux chaînes de montagnes, pour s'élargir ensuite de nouveau. A mesure que l'on avance, la terre et l'eau forment un charmant panorama, qui varie à chaque instant. On dirait une succession de petits lacs, coupés de promontoires et de péninsules d'un vert d'émeraude.

Le chemin de fer traverse le Derwent sur un pont parallèle à une chaussée longue d'un mille, au milieu de laquelle on a ménagé un passage pour les navires. Ce beau travail a été exécuté par les convicts, au temps où la Tasmanie était une colonie pénitentiaire. On raconte que l'idée première en a été conçue par un convict auquel on avait promis sa grâce et qui en a fait tous les plans et devis.

Maintenant nous sommes à la dernière partie du voyage. La voie est devenue meilleure et nous courons à toute vitesse, sur la rive droite de la rivière, à travers une riche campagne bien cultivée, parsemée de jolies maisons aux balcons enguirlandés de fleurs et de plantes grimpantes. Tout ici respire l'aisance et le bonheur.

Voici Newtown, faubourg d'une étendue considérable; puis, sur la colline, les maisons pressées de la capitale de la Tasmanie. Sous un ciel déjà voilé par le crépuscule, les montagnes, la ville et la baie tranquille revêtent une teinte charmante et se combinent harmonieusement pour former un des plus gracieux paysages que l'on puisse contempler. Aussi suis-je doublement satisfait de quitter les affreux wagons du chemin de fer et de fouler, sain et sauf, le sol de la belle cité du sud, Hobart-Town.

La ville proprement dite forme un carré presque parfait; elle est construite sur une succession de collines dominant la rivière Derwent, juste au point où celle-ci se change en un bras de mer, large de 3 à 4 kilomètres. Le port, d'un accès facile et bien abrité contre les vents, est l'un des plus vastes du monde. Les plus gros navires peuvent y mouiller en toute sécurité, quel que soit leur nombre. On y trouve une installation très suffisante de docks, de cales et de quais, pour le déchargement des navires et leur réparation. Chaque semaine, de grands vapeurs entretiennent des communications directes et régulières avec Melbourne, Sydney et la Nouvelle-Zélande. Les bateaux affectés à ce dernier service partent de Melbourne et font leur première escale à Hobart. Quatre jours après, ils touchent à Bluff, port d'Invercargill, à la pointe méridionale de la grande île du Sud. Continuant leur route en remontant vers le nord, ils desservent Dunedin et les principaux ports de la côte orientale, puis la capitale politique de la Nouvelle-Zélande, Wellington, dans le détroit de Cook; enfin, après avoir contourné, toujours par l'est, l'île du Nord et relâché à différents points, dont le dernier est Auckland, ils terminent leur voyage à Sydney. Le trajet de Melbourne à Sydney par cette voie intéressante demande une vingtaine de jours.

Jusqu'au 1er janvier 1881, la capitale de la Tasmanie était connue sous le nom de Hobart-Town; mais, à cette date, un acte du parlement a supprimé le mot *town*, et maintenant l'appellation officielle est simplement Hobart. La ville compte environ 5000 maisons, avec une population d'une trentaine de mille habitants. De même qu'à Launceston, les rues sont larges et se coupent presque toujours à angle droit. Dans leur tracé, on n'a guère tenu compte de la configuration du sol; tout est sacrifié à la ligne droite : les hauteurs sont attaquées de front et escaladées au moyen de pentes fort raides.

L'aspect général rappelle celui d'une ville anglaise. A la vérité, on ne voit à Hobart ni château ruiné, ni vieille cathédrale gothique; mais, en cherchant bien, on peut encore trouver des constructions d'une apparence suffisamment antique et datant de plus d'un demi-siècle; car le premier établissement des convicts sur l'emplacement actuel de la cité remonte à plus de quatre-vingts ans.

Hobart, capitale de la Tasmanie.

Peu de villes sont aussi bien situées qu'Hobart, tant au point de vue pittoresque que pour les facilités offertes au commerce. En effet, toute une flotte de navires marchands peut accoster les quais en face des magasins des négociants, tandis que, de l'autre côté de la baie, la vue se repose agréablement sur les blanches falaises de Bellerive et les hauteurs du mont Direction. A gauche, sur le gracieux promontoire qui s'étend entre la rivière et les bassins du port, s'élève, au milieu d'un parc anglais, le magnifique palais du gouvernement, avec ses tours et ses murailles crénelées ; à droite, Sandy Bay, au pied du mont Nelson ; puis, au sommet d'un monticule arrondi, Battery Point et ses vertes pelouses, excellent observatoire pour se rendre compte de la situation de la ville. Graduellement elle s'élève au-dessus de la mer, d'abord en pente douce ; puis elle franchit des talus tellement escarpés, que les maisons semblent juchées au sommet des arbres. Derrière la ville se dresse une muraille verticale d'une hauteur de 250 mètres, formée de rochers rouges, d'origine volcanique. Au-dessus de cette gigantesque barrière naturelle, l'horizon est borné par le mont Wellington, sur les flancs duquel grimpent de sombres forêts et dont le sommet, couvert de neige à cette époque de l'année, s'élève à une hauteur de 1266 mètres.

On sait que le mois d'août, dans l'hémisphère austral, correspond à notre mois de février. Hobart, situé par 42° 53′, se trouve donc, dans le sud, à peu près à la même latitude que Marseille, dans le nord. Mais le climat de la Tasmanie, comme celui de toutes les îles en général, est plus égal que celui du midi de la France. A Hobart, la température moyenne de l'année est de 12°,4 ; pour l'été, elle est de 16°,5, et de 8°,3 pour l'hiver. Le thermomètre y descend rarement au-dessous du point de congélation ; aussi, dans le Jardin botanique, peut-on voir en pleine terre des plantes de toutes les parties du monde, depuis les tropiques jusqu'au cercle polaire. Ce jardin, ouvert au public gratuitement et tous les jours, depuis le lever jusqu'au coucher du soleil, est très bien entretenu. Plantes et arbres sont soigneusement étiquêtés. Il faut rendre cette justice aux Anglais : en quelque point du globe qu'ils s'établissent, on est assuré de trouver chez eux de belles promenades, des parcs et des jardins publics. Après avoir vu le jardin botanique de Melbourne, on peut encore admirer celui d'Hobart. Il semble même que les arbres y soient plus vigoureux, les fleurs plus brillantes. Enfin sa belle situation sur les bords du Derwent en augmente encore la beauté.

La flore de la Tasmanie a un caractère essentiellement australien ; elle se rapproche spécialement de celle des régions montagneuses de la colonie de Victoria. Dans le jardin d'Hobart j'ai eu l'occasion de voir un grand nombre d'espèces particulières au cap de Bonne-Espérance et à la Nouvelle-Zélande. Elles y réussissent parfaitement.

Le Musée, situé dans *Macquarie street*, est bien digne d'une visite. Il renferme un peu de tout, mais ce sont les galeries d'histoire naturelle qui occupent le plus grand emplacement. Parmi les animaux particuliers à la Tasmanie, il faut citer en première ligne le chien-tigre (*Thilacinus cynocephalus*), de la taille d'un grand loup, au poil jaunâtre rayé de bandes noires, et le « diable natif » (*Sarcophilus ursinus*), vilaine bête tenant à la fois de l'ours et du chat. Tous deux sont carnassiers et extrêmement féroces ; aussi les fermiers de l'intérieur leur font-ils une guerre acharnée. Très communs autrefois, ils sont devenus rares aujourd'hui, et probablement leur race ne tardera pas à s'éteindre. Il est à remarquer que ces animaux ont déjà disparu en Australie, où ils ont vécu autrefois, car on a retrouvé leurs ossements fossiles dans les terrains de formation récente. Citons aussi, dans ces mêmes galeries, de jolis petits kangurous pas plus gros que des rats, des opossums et quelques serpents, presque tous venimeux.

Le Musée renferme aussi une série de monnaies anciennes et nouvelles, une bibliothèque contenant plusieurs milliers de volumes, et des collections géologiques et minéralogiques.

La salle la plus intéressante est celle qui est consacrée à l'ethnologie. Là on a rassemblé tous les souvenirs se rapportant à cette infortunée race tasmanienne, dont le dernier représentant est mort en 1876. On y voit des armes, des ornements, des vêtements primitifs, des crânes et des squelettes, ainsi que des statues, bustes, tableaux et photographies, représentant des aborigènes des deux sexes, spécialement les derniers survivants.

Dans le vestibule on a placé deux squelettes de *moa*, hauts de plus de 3 mètres. Cet oiseau gigantesque, dont on retrouve les ossements en Nouvelle-Zélande, n'existe plus aujourd'hui.

Non loin du musée, la statue de bronze de sir John Franklin s'élève dans un joli square, planté de beaux arbres. Dans les environs immédiats se trouvent la Poste, l'Hôtel de Ville et plusieurs autres constructions monumentales. Ce quartier occupe le centre de la ville.

Sur la rive opposée, Kanguroo-Point, avec sa belle plage de sable blanc, mêlée de brillants coquillages, est le Trouville de la Tasmanie. On peut s'y baigner sans crainte des requins, qui ne remontent jamais jusque-là.

Une route, récemment construite, facilite la première partie de l'ascension du mont Wellington, qu'un bon marcheur peut faire aisément à pied. Plus près de la ville on n'a pour les excursions que l'embarras du choix : cascades, rochers pittoresques, promenades au milieu de splendides fougères arborescentes et d'eucalyptus géants, ces derniers atteignant parfois une hauteur de 100 mètres. La Tasmanie a aussi ses *big trees*. Le plus renommé a reçu le nom d'arbre de Lady Franklin ; sa circonférence à hauteur d'homme mesure 102 pieds anglais, soit 31 mètres.

La Tasmanie a été découverte en 1642, par le navigateur hollandais Abel Tasman, qui, la prenant pour un prolongement de la Nouvelle-Hollande, l'appela Terre de Van Diemen, lui donnant le nom du gouverneur de Batavia qui l'avait commissionné pour explorer la « grande terre du Sud ». Ce n'est qu'en 1856 que cette appellation a été remplacée par celle qu'elle porte aujourd'hui et qui est plus rationnelle.

Cent quarante années se passèrent sans que la Tasmanie reçût aucune nouvelle visite. Le Français Marion la retrouve en 1782, et la quitte après un court séjour, pour aller se faire massacrer en Nouvelle-Zélande, avec une partie de son équipage. C'est lui qui, le premier, entre en relation avec les naturels; Tasman n'en avait aperçu aucun. Furneaux, Cook, Bligh, d'Entrecasteaux et d'autres encore y abordèrent pendant les années suivantes. Tous ces navigateurs partagèrent l'erreur de Tasman.

Enfin, en 1798, Bass, simple chirurgien de la marine anglaise, découvrit le détroit qui porte son nom et put annoncer à ses compatriotes que cette terre, regardée jusqu'alors comme faisant partie du continent australien, n'était en réalité qu'une île.

En 1803 le lieutenant John Bowen, parti de Sydney, débarqua sur les rivages du Derwent. Son but était de prendre possession de l'île et d'y établir une colonie pénitentiaire. L'année précédente, une expédition française, sous les ordres de l'amiral Baudin, avait exploré ces parages, et les Anglais craignaient de se laisser devancer par nous.

Bientôt après, un premier convoi de 307 convicts s'installa sur le futur emplacement de la capitale actuelle, et ainsi fut fondé Hobart-Town, en 1804. Dès le mois de mai de cette même année, une sanglante collision eut lieu avec les naturels. Cinquante de ces derniers furent massacrés par des soldats ivres, et cependant les malheureux Tasmaniens n'avaient manifesté aucune intention hostile; ils paraissaient au contraire pleins de bonnes dispositions envers les envahisseurs étrangers. Ce fut le commencement de la guerre Noire (*Black war*), qui se poursuivit presque sans interruption jusqu'en 1832, époque à laquelle le nombre des aborigènes se trouva réduit à un chiffre insignifiant.

L'historien de cette guerre d'extermination, James Bonwick, a fait connaître les atrocités commises par les Anglais. On aurait peine à le croire, si son récit ne s'appuyait sur des documents authentiques. Les colons semblaient avoir juré la destruction de la race infortunée; on ne faisait alors pas plus de cas de la vie d'un indigène que de celle d'un animal. On tuait froidement, quelquefois même par plaisanterie, comme le relate le fait suivant, que je cite au milieu de cent autres.

Un jeune natif causait amicalement avec un groupe d'hommes blancs. L'un de ces derniers, par manière d'amusement, tournant le canon d'un pistolet non chargé contre son oreille, en fait partir la capsule. Le pauvre noir, que le bruit amuse, veut dans sa simplicité en faire autant. On lui passe un autre pistolet, il l'approche de son oreille, on lui montre comment il faut faire; mais celui-là est chargé, et le malheureux, tout en riant, se fait sauter la cervelle, à la grande jubilation de l'assemblée. Voilà, on l'avouera, une singulière manière de civiliser des sauvages !

Cependant les natifs, exaspérés, se livraient à de sanglantes représailles, pillant les habitations isolées, en massacrant les habitants et disparaissant ensuite dans la forêt, sans qu'il fût possible de les atteindre. C'est alors que, dans le courant de l'année 1830, le gouvernement conçut l'idée d'une immense battue. Les précautions les plus minutieuses furent prises : trois mille chasseurs d'hommes, formant une ligne continue, fouillèrent méthodiquement les bois et la plaine, manœuvrant de façon à acculer les indigènes dans la presqu'île de Forestier. Cette singulière opération militaire, dont l'histoire ne présente aucun autre exemple, échoua misérablement. Après trois semaines de fatigues inouïes, les traqueurs, pleins d'espérance, touchaient au but, mais ils ne mirent la main sur aucun noir : tous avaient trouvé le moyen de s'échapper. La ruse du sauvage avait, une fois de plus, déjoué les calculs de l'homme civilisé !

Toutefois les Tasmaniens avaient vu l'immense déploiement de forces dirigé contre eux; ils comprirent que leur soumission n'était plus qu'une question de temps. Sur ces entrefaites, il se trouva un homme, nommé Robinson, qui entreprit d'arriver par la persuasion à accomplir ce qui n'avait pu être fait par une levée en masse d'hommes armés, appuyés par toutes les ressources du gouvernement. Presque seul et sans armes, il allait chercher les tribus insoumises au fond de leurs retraites, et, chose extraordinaire, il parvenait à leur persuader de se mettre en route pour Hobart-Town afin de se rendre à leurs ennemis. Aidé dans sa dangereuse mission par deux femmes indigènes, il réussit complètement, et, le 22 janvier 1835, il rentrait définitivement dans la capitale, amenant avec lui les huit derniers aborigènes indépendants.

Il n'existait plus alors qu'une centaine de représentants de la race tasmanienne, vivant tous dans l'île Flinders, au milieu du détroit de Bass, où on les avait transportés. Douze années plus tard, en 1847, leur nombre se trouvait réduit à 44. Cependant on avait cherché à leur rendre la vie matérielle facile; on leur donnait des vêtements, et certes ils étaient mieux logés et mieux nourris que lorsqu'ils parcouraient les bois de la grande terre.

La colonie comptait alors une population de 80 000 Européens; il n'y avait évidemment plus aucun danger à ramener ces pauvres gens sur le sol natal. On les cantonna près d'Hobart-Town, à la baie aux Huîtres, où une vaste réserve leur fut allouée. Mais cette générosité tardive ne les sauva point. Leur nombre continua à décroître lentement, mais sûrement. En 1859 ils n'étaient plus que quinze, et tous les enfants étaient morts. Au mois d'octobre 1864 on vit figurer, dans un bal donné par le gouverneur, les quatre derniers natifs : un homme et trois femmes. L'homme mourut en 1869, et la dernière femme survivante, Truganina, appelée aussi Lalla-Rouk, l'auxiliaire dévouée de Robinson, succomba à son tour, en mai 1876, à l'âge de soixante-treize ans.

Comme le dit M. de Quatrefages[1], ce n'est pas seulement

---

1. Études d'anthropologie. *Hommes fossiles et hommes sauvages.*

aux massacres des indigènes et aux persécutions dont ils ont été victimes, qu'il faut attribuer leur rapide disparition. Partout où l'Européen se trouve en contact avec les races inférieures non civilisées, on constate parmi ces dernières un accroissement énorme de mortalité et une diminution également considérable de la natalité : c'est ce qu'on pourrait appeler le *mal d'Europe*. Sans doute la guerre et les violences des envahisseurs ont accéléré la marche des choses ; mais la destruction totale des insulaires doit, avant tout, être imputée à une cause plus puissante, plus générale, à ce mal que l'Européen transporte involontairement, inconsciemment, au milieu des races inférieures, et qui nulle part n'a manifesté sa terrible puissance avec autant d'énergie que dans le monde océanien ».

La Tasmanie a la forme d'un triangle ou plutôt d'un cœur. Elle est comprise entre 40° 40′ et 43° 38′ de latitude sud ; sa partie centrale est traversée par le 144° méridien à l'est de Paris. En y comprenant les lacs et les 55 îles qui en dépendent, son étendue est de 67 870 kilomètres carrés, ce qui représente environ la huitième partie de la France. On suppose qu'autrefois elle faisait partie du continent australien, ainsi que semblent l'indiquer un certain nombre d'îles groupées par le travers du détroit de Bass, dans la direction de l'Australie.

C'est une terre bien arrosée, avec de hautes montagnes donnant naissance à de belles vallées. Les côtes, rocheuses et escarpées, abondent en havres excellents, en ports très sûrs. Le paysage est éminemment pittoresque : collines boisées, pâturages et plaines propres à la culture, forment un ensemble qui réjouit les yeux. Les colons tasmaniens ont l'habitude de dire que leur pays réunit la fertilité de l'Angleterre à la beauté et au climat de l'Italie ; et, de fait, leur île, avec sa surface accidentée, ressemble plus à l'Angleterre que les autres colonies australasiennes.

La Tasmanie ayant un territoire relativement restreint, ses habitants n'ont pas l'esprit d'entreprise et de spéculation aussi développé que leurs voisins d'Australie, mais ils sont opiniâtres, très travailleurs, et s'enrichissent par l'agriculture et l'élevage du bétail; aussi le pays prospère et progresse. On construit dans plusieurs directions de nouveaux chemins de fer, qui ne peuvent manquer d'activer le mouvement commercial.

L'industrie des mines n'a pas rendu tout ce qu'on en attendait. Longtemps négligée, elle a reçu une vive impulsion, à la fin de 1872, par suite de la découverte de puissants gisements d'étain près du mont Bischoff, au nord-ouest de l'île. Le minerai est excessivement riche : son rendement en métal pur atteint 74 p. 0/0. D'autres gisements ont été découverts au nord-est. On trouve l'étain tantôt en blocs engagés dans une matière semblable à du ciment, tantôt à l'état libre en petits grains, comme du sable, atteignant parfois la grosseur d'un haricot. Maintenant c'est l'un des produits les plus importants de la colonie : on en a exporté en 1883 pour 9 500 000 francs.

On extrait aussi annuellement pour 5 ou 6 millions d'or, que l'on trouve dans les filons de quartz, ou bien en pépites, dans les terrains d'alluvion. En février 1883 on a recueilli le plus gros lingot qui ait jamais été trouvé dans la colonie : il pesait 15 kilogrammes. Les mines les plus riches sont près de la rivière Tamar. Toutefois elles sont en ce moment en souffrance : sur 160 compagnies il n'y en a que deux qui donnent des dividendes rémunérateurs.

Un filon de bismuth a été découvert au mont Ramsay; on le dit le plus riche du monde. On a trouvé aussi du plomb argentifère, de l'antimoine et du cuivre; mais ce dernier métal est en trop petite quantité pour être exploité avec profit. Il existe sur plusieurs points de vastes dépôts de charbon de terre, qui commencent à être largement exploités.

Les forêts fournissent des bois magnifiques, en première ligne l'eucalyptus ou gommier, excellent pour la construction des navires, les traverses des chemins de fer et généralement tout ce qui demande force et durée. Les pins et plusieurs autres essences conviennent parfaitement aux travaux de menuiserie.

La Tasmanie jouissant d'un climat tempéré, tous les grains, tous les fruits de l'Europe y réussissent admirablement. La fabrication des confitures et des boîtes de fruits conservés a pris, dans ces dernières années, une grande extension ; en 1883 on en a exporté près de 2 millions de kilogrammes, d'une valeur de 2 300 000 francs.

On y cultive aussi le houblon, et la majeure partie de la bière consommée en Tasmanie est fabriquée dans le pays.

Les côtes sont très poissonneuses. Des Chinois installés dans le nord se livrent à la pêche des homards, qu'ils envoient par quantités considérables sur le marché de Melbourne. Le saumon et la truite ont été introduits dans les rivières et s'y sont multipliés à l'infini.

Au 1ᵉʳ janvier 1884, la population de la colonie était estimée à 126 220 personnes, dont 66 972 hommes et 59 248 femmes. Il est à remarquer que la disproportion entre les sexes est moindre que dans les autres colonies d'Australasie et notamment en Nouvelle-Zélande, où elle dépasse le dixième du nombre total, tandis qu'en Tasmanie elle n'atteint même pas le seizième. C'est que le courant de l'émigration, composé en majeure partie d'individus appartenant au sexe mâle, se dirige peu sur la Tasmanie. En effet, les statistiques nous montrent que plus de 80 000 personnes, soit environ les cinq septièmes de la population, sont nées en Tasmanie. Elles nous apprennent aussi qu'en 1883 le nombre des naissances a été juste le double de celui des décès, et qu'enfin il existait 6 centenaires dans la colonie.

Très peu de Français sont fixés en Tasmanie. D'autre part, on y compte un millier d'Allemands et autant de Chinois. Ces derniers travaillent dans les mines, ou bien sont pêcheurs et jardiniers.

L'instruction est obligatoire. Il existe dans la colonie 183 écoles publiques entretenues par le gouvernement, et 4 grands collèges. Il était question, en 1884, de fonder une université à Hobart. Aucun culte n'est salarié par l'État. L'Église d'Angleterre est la plus nombreuse ;

puis viennent les catholiques romains, au nombre de 22 000 et possédant 32 églises. En somme, il n'y a guère de pays où les besoins intellectuels, moraux et religieux reçoivent une aussi large satisfaction.

La Tasmanie est reliée à la colonie de Victoria par un câble sous-marin, et depuis 1872 on peut envoyer directement une dépêche d'Hobart à Londres, par la ligne qui traverse l'Australie. De même que toutes les autres colonies australasiennes, la Tasmanie ne fait pas partie de l'Union postale. Le port d'une lettre pour l'Europe est de six pence (0 fr. 60). Chose assez singulière, les journaux circulent en franchise, non seulement dans l'île, mais encore dans les colonies voisines et même jusqu'en Angleterre.

La dette publique est de 60 millions de francs, avec un revenu de 14 millions. Le commerce extérieur s'est élevé en 1883 à 90 millions. Environ 20 000 balles de laine sont exportées annuellement; le nombre des moutons de la colonie dépasse 1 800 000.

Dans l'origine, comme nous l'avons dit, la Tasmanie était une colonie pénitentiaire, simple dépendance du gouvernement de Sydney. Ses commencements furent difficiles, et plusieurs fois la disette obligea les nouveaux habitants à faire la chasse aux kangurous pour se nourrir de leur chair. Cependant, en 1821, la population s'élevait à 7400 âmes, et, dans cette même année, la première balle de laine fut exportée. Trois ans après, les colons signaient une pétition pour demander leur séparation d'avec la Nouvelle-Galles du Sud, et en décembre 1825 la Terre de Van Diemen fut érigée en colonie indépendante.

Sir John Franklin, qui plus tard devait périr si malheureusement dans les régions arctiques, exerça les fonctions de gouverneur de 1837 à 1843. Sous son administration éclairée, la Tasmanie fit de rapides progrès.

La colonie comptait près de 70 000 habitants lorsqu'eut lieu, en 1851, la découverte de l'or en Australie. Cet événement exerça une fâcheuse influence sur la Tasmanie, en déterminant un exode de la population, lequel se continua plus ou moins jusque dans ces dernières années. En 1853 eut lieu la cessation définitive de la transportation, mesure que les colons réclamaient depuis longtemps avec énergie.

Un autre événement important fut l'établissement du gouvernement représentatif, en 1856. A partir de cette époque commencèrent les grands travaux publics : construction de ports, phares, chemins de fer et télégraphes, qui devaient assurer l'avenir du pays.

Aujourd'hui la Tasmanie est régie par une constitution analogue, à peu de chose près, à celle des autres colonies australasiennes, à l'exception, bien entendu, de l'Australie de l'Ouest et des îles Fidji, qui sont encore administrées directement par la couronne. La dernière modification de la constitution date de 1871. Le parlement tasmanien est actuellement formé par la réunion d'un conseil législatif de 16 membres, nommés à l'élection, et d'une chambre de 32 députés, également élus par le suffrage restreint. Seul le gouverneur est nommé par la reine ; il est assisté dans l'exercice du pouvoir exécutif par un cabinet de ministres responsables, qui doivent être choisis parmi les membres du parlement.

Le gouverneur, qui est aujourd'hui le major général Strahan, commande les forces militaires de la colonie, composées de 600 hommes, fusiliers volontaires et artilleurs. Le parlement vient de voter des fonds pour augmenter les défenses des rivières Derwent et Tamar, et aussi pour acheter un torpilleur.

Depuis longtemps déjà l'Angleterre a pris le sage parti de laisser ses colonies australasiennes libres de s'administrer comme elles l'entendent. A l'exception du chef suprême, elle ne leur impose pas un fonctionnaire et ne leur envoie pas un soldat. Mais cette indépendance relative ne suffit pas encore à ce peuple remuant, plein de confiance dans sa vigueur et sa jeunesse.

En décembre 1883, le ministre des terres et des travaux publics de Tasmanie se rendait, comme délégué de son pays, à Sydney, pour y prendre part à une convention nationale chargée de jeter les bases d'une confédération australasienne. Il a été décidé qu'un conseil fédéral, ayant la mission de délibérer sur toutes les questions d'intérêt commun, tiendrait une session tous les deux ans, et que sa première réunion aurait lieu à Hobart.

On le voit, le jour est proche où un *Dominion* austral, à l'exemple de celui du Canada, réunira en un faisceau puissant, mais sans s'immiscer dans leurs affaires intérieures, cette population de 3 millions d'individus de race européenne, qui se sont créé une nouvelle patrie aux antipodes de la vieille Europe, dans ces lointaines contrées encore inconnues au siècle dernier.

CHAPITRE IX

DE MELBOURNE A SYDNEY

23 août — 10 septembre.

Chez M. Hubert de Castella. — Un vignoble en Australie. — Eucalyptus géants et fougères arborescentes. — Une station d'aborigènes. — Voyage au Gippsland. — Le pays des lacs. — Bairnsdale. — De Melbourne à Sydney en train express. — Le *Western Railway* et les Montagnes Bleues. — Les plaines de l'Ouest. — Une ville naissante. — Botany-Bay. — Une séance à la Société de géographie de Sydney.

J'ai raconté dans un précédent chapitre comment j'avais eu l'occasion de faire connaissance avec un certain nombre de Français notables fixés dans la colonie de Victoria. L'un d'eux, M. Hubert de Castella, m'avait invité à aller passer quelques jours dans sa propriété de Saint-Hubert, à 50 kilomètres de Melbourne ; il désirait me montrer ses vignobles, les plus importants d'Australie, et aussi les fameux eucalyptus géants qui croissent dans les forêts voisines. A mon retour de Tasmanie, je trouvai une lettre de M. de Castella, qui me réitérait son invitation dans les termes les plus aimables.

Je partis le lendemain, 23 août, en chemin de fer jusqu'au joli village de Lilydale. De là une petite voiture, faisant le service de la poste, me dépose, après un trajet d'une heure, devant la grille de Saint-Hubert. Le maître de la maison n'attendait ; il m'installe aussitôt dans un pavillon, où je serai à merveille pour me reposer des fatigues de ma trop rapide excursion en Tasmanie. Son habitation, construite au milieu d'un beau jardin, est charmante ; de la véranda on embrasse d'un regard son vaste domaine, qui s'étend jusque sur les bords de la rivière Yarra. Par delà, la vue est bornée par de hautes montagnes boisées, que l'éloignement revêt de teintes bleuâtres.

M. de Castella, d'origine suisse et naturalisé Français, habite l'Australie depuis plus de trente ans[1]. C'est lui qui a créé les magnifiques vignobles qu'il me fait visiter avec un légitime orgueil. Leur étendue est de 100 hectares d'un seul tenant ; on ne peut imaginer de culture plus soignée. Les ceps sont plus espacés que chez nous et groupés par espèces de plants, car M. de Castella récolte à la fois des vins de Bordeaux, de Bourgogne, des vins blancs de Chablis, des vins du Rhin, etc. J'ai pu m'en assurer en visitant ses caves modèles, où sont alignées des séries de foudres, dont chacun contient 50 hectolitres, et je dois déclarer que tous ses vins étaient excellents. Le rendement annuel est en moyenne de 5000 hectolitres.

Malheureusement pour l'Australie, tous les vignerons ne prennent pas les mêmes soins que M. de Castella ; la plupart du temps, ils livrent au commerce des vins très alcoolisés et qui ne feront jamais une bonne boisson de table. D'autre part, les Australiens n'ont pas encore pris l'habitude de consommer leurs vins ; le thé et l'affreux alcool que l'on débite sous le nom de whisky sont leurs boissons de prédilection. Le vin, ici, est généralement regardé comme un extra ; les habitués des bars lui demandent un bouquet violent et y ajoutent volontiers un verre d'eau-de-vie pour en rehausser encore l'élément capiteux. Aussi le placement des excellents vins de M. de Castella rencontre-t-il d'autant

---

1. M. de Castella est l'auteur d'un intéressant volume, *les Squatters australiens*, publié en 1861 par la maison Hachette. Il a aussi collaboré au journal de voyages *le Tour du monde*, 1er semestre 1881.

Habitation de M. de Castella à Saint-Hubert.

plus de difficultés qu'ils se rapprochent davantage des nôtres.

M. de Castella est marié à une Australienne de Sydney, qui l'a rendu père de neuf enfants et fait les honneurs de sa maison avec une grâce charmante. L'aîné de la famille voyage en Europe, pour étudier sur place la fabrication des vins de Champagne. Un précepteur anglais est chargé de l'éducation des huit autres, et s'applique surtout, je crois, à développer leurs forces physiques. Frères et sœurs, rivalisant ensemble de hardiesse, se livrent aux mêmes jeux, aux mêmes exercices, et c'est un plaisir de voir le maître et ses jeunes élèves, montés sur d'ardents petits chevaux, galoper à travers champs, franchissant fossés et barrières.

Un assez nombreux personnel d'ouvriers de race européenne est attaché à la culture de la vigne et à la manipulation des vins; mais, parmi ces libres citoyens de Victoria, on n'en trouve guère qui consentent à servir comme domestiques. M. de Castella, à l'exemple de plusieurs grands propriétaires des environs, a dû engager pour son service personnel des Indiens catholiques, natifs de Goa, qui, comme je l'ai déjà dit à propos de ma traversée sur le *Roma*, font d'excellents serviteurs.

Le lendemain, nous partons de bonne heure pour aller visiter la merveille de l'Australie, Fernshaw et ses grands arbres. La route est bonne, la campagne très jolie. Les arbres et arbustes d'Australie ne perdent pas leurs feuilles en hiver. Sous les troncs blancs ou gris des gommiers s'étale un tapis présentant toute la gamme des verts, tandis qu'à l'horizon les montagnes vers lesquelles nous nous dirigeons semblent une draperie de velours bleu. Nous traversons des villages naissants; les maisons sont disséminées le long de petits cours d'eau, dont les sinuosités sont indiquées par les touffes dorées des mimosas, alors en pleine floraison. Plus loin, les arbres commencent à atteindre d'énormes proportions; ils poussent droits, serrés et sans branches jusqu'à la moitié de leur hauteur. Les premières fougères arborescentes apparaissent d'abord isolées, puis par petits groupes; enfin elles se multiplient, formant comme une seconde forêt sous la première. A chaque instant, l'œil est charmé par de ravissantes échappées sous bois; je ne me lasse pas d'admirer ces plantes gracieuses qui, tantôt au niveau du sol, tantôt à dix ou quinze mètres de hauteur, s'épanouissent en frondes élégantes.

Nous nous arrêtons à Fernshaw, joli village bâti dans un site pittoresque et fréquenté par les nombreux touristes qui, de Melbourne, y viennent en partie de plaisir. L'aubergiste nous sert à déjeuner des truites pêchées dans le ruisseau voisin; ce poisson, qui n'existait pas en Australie, a été introduit, depuis la colonisation, dans les cours d'eau qui descendent des montagnes, et y est devenu fort abondant.

D'énormes arbres couchés en travers de la petite rivière forment des ponts naturels, qui pourraient facilement livrer passage à un cavalier. Près de là, d'autres colosses, au tronc lisse et blanc, restent encore debout, quoique frappés de mort depuis bien des années.

C'est à quelques kilomètres au delà de Fernshaw, à Black Spur, que se trouvent les plus grands arbres. On entre dans la montagne; le chemin, bordé de fourrés impénétrables, côtoie un profond ravin, d'où s'élancent les troncs serrés des eucalyptus, avides d'air et de lumière. Sous ces colosses végétaux, hauts de 100 mètres et même davantage, croissent des myrtes de 33 mètres, abritant à leur tour la légion des fougères arborescentes. Les rayons du soleil, se jouant à travers ces trois étages de verdure, donnent à la forêt un aspect vraiment féerique. C'est là que vit le superbe oiseau-lyre, devenu fort rare, mais dont j'eus la chance d'entrevoir un instant le gracieux plumage.

Souvent les arbres sont pressés les uns contre les autres, comme des tiges de blé dans un champ; il en résulte que leur grosseur n'est nullement en rapport avec leur élévation. On en voit beaucoup qui dépassent la hauteur de 65 mètres et ont à peine 65 centimètres de diamètre à la base.

Les principaux géants de la forêt ont été exactement mesurés. L'*Oncle Samuel* a 12^m,50 de circonférence à

La forêt à Fernshaw.

hauteur d'homme, et 122 mètres de hauteur. Le plus grand de tous, le *Big-Ben*, découvert et photographié par M. Caire, de Melbourne, a 56 pieds anglais de tour (17ᵐ,08) à hauteur d'homme ; son élévation n'est pas moindre de 420 pieds (128 mètres). C'est probablement le plus grand arbre connu. Toutefois les séquoias de la vallée de Yesomiti, en Californie, d'une élévation un peu moindre, l'emportent par la grosseur du tronc sur les eucalyptus des Alpes australiennes.

Au retour, nous quittons la grande route à Healesville. Un détour de quelques milles nous permettra de visiter la station aborigène de Coranderak. C'est là que le gouvernement a réuni les derniers descendants de la race autochtone dans Victoria, et leur a alloué une réserve de 4400 acres (1782 hectares), où ils sont entretenus à ses frais, sous la direction d'un surintendant. Sur une centaine d'individus, vingt-cinq à peine sont de race pure, et l'on peut prévoir l'époque où il ne restera plus que des métis.

Le village renferme une école, une église et une vingtaine de maisons. Nous entrons dans l'une d'elles, où loge une nombreuse famille. Tous ces gens sont convenablement vêtus, quoique fort sales de leur personne. La maîtresse d'école parle français ; elle me présente ses meilleures élèves, deux petites métisses assez gentilles, et me montre leurs cahiers d'écriture. Les enfants aborigènes font preuve, en général, d'une grande facilité, mais ils oublient aussi vite qu'ils ont appris. Jamais on ne pourra leur inculquer d'une manière durable l'amour du travail : dès qu'ils sont adultes, les instincts sauvages reprennent le dessus.

La vallée de la Yarra abonde en gibier d'eau, canards sauvages et cygnes noirs. On y rencontre aussi des ornithorynques, qui vivent dans des terriers creusés sur les bords de la rivière. Pendant notre promenade, le précepteur avait tué un de ces curieux mammifères, aux pattes palmées, au bec corné semblable à celui des canards ; il me fit présent de la peau, qui constitue une fourrure assez estimée.

Le lendemain, 25 août, je quittais le beau domaine de

Saint-Hubert, où j'avais reçu une si cordiale hospitalité, et reprenais le chemin de Melbourne. Mon intention était de visiter le Gippsland, que tout le monde me vantait comme la plus belle partie de Victoria.

Cette province occupe l'angle sud-est de la colonie. Elle possède de hautes montagnes couvertes de magnifiques forêts, des plaines fertiles, de l'eau en abondance, des rivières poissonneuses, des lacs romantiques. La plupart des arbres fruitiers, la vigne, l'oranger, réussissent à merveille sous son climat tempéré. Enfin ses ressources minérales paraissent inépuisables : on y rencontre presque tous les métaux, du charbon de terre et des marbres précieux.

Le 26 août, à 7 heures du matin, je quittais de nouveau Melbourne, cette fois par l'*Eastern System* (chemin de fer de l'Est). Les faubourgs de la grande cité s'étendent fort loin de ce côté. Peu de négociants ont leur maison d'habitation en ville; ils préfèrent avec raison de jolies villas entourées de verdure, sur les bords sinueux de la Yarra, ou bien le long de la baie. D'ailleurs, la banlieue est parfaitement desservie par un réseau de voies ferrées qui, à toute heure du jour et en quelques minutes, peuvent transporter ses habitants au cœur de la ville.

Sur cette route, la contrée, plus verdoyante, rappelle la nature tasmanienne. Entre Drouin et Warragul, le paysage s'accentue; on franchit une petite chaîne, où croissent des arbres presque aussi beaux que ceux de Fernshaw, avec des fougères arborescentes à leur pied. Cependant, de tous côtés, on brûle, on saccage impitoyablement la noble forêt : c'est qu'il s'agit d'obtenir des terres pour la culture et des pâturages pour le gros bétail, car ici le sol, trop humide, ne convient pas aux moutons. La civilisation marche à pas de géant; dans les trouées faites par le feu au milieu de la forêt vierge, si l'on voit cinq ou six cabanes en écorce d'eucalyptus, on est à peu près certain de lire sur l'une d'elles : *Queen's hotel*.

A 1 heure 1/2 le train s'arrête à Sale, ville principale du Gippsland, à 206 kilomètres de Melbourne. Sale est

Le Big-Ben.

une bourgade de 4000 âmes, bien bâtie, éclairée au gaz, possédant déjà deux grands journaux, trois banques, un musée, une bibliothèque et un hôpital; sa situation au centre d'une riche province lui assure un brillant avenir. Mes compagnons de wagon m'avaient parlé comme d'une merveille d'un certain puits artésien, dont l'eau excellente donnait une saveur particulière à la bière fabriquée dans le pays. Je n'eus pas le temps de rendre visite à la fameuse source : un omnibus attendait à la gare les voyageurs pour les lacs, et je tenais, avant tout, à ne pas manquer la correspondance. Selon le système en usage à New-York, il n'y a pas, dans cet omnibus, de conducteur pour recevoir l'argent : chacun dépose le prix de sa place dans une petite boîte fixée au fond de la voiture.

A Latrobe-Bridge, point où la rivière commence à être navigable, nous trouvons un petit vapeur qui part aussitôt. Pas une minute n'est perdue; tout se passe dans un ordre parfait et avec une ponctualité remarquable.

La rivière, large à peine d'une vingtaine de mètres, est bordée de gommiers et de mimosas fleuris, d'un charmant effet. De chaque côté s'étendent de gras pâturages, où paissent en liberté des milliers de bêtes à cornes. Après une heure d'une navigation vraiment ravissante, on débouche brusquement dans le grand lac Wellington. Un vent d'ouest assez violent soulève ses flots jaunâtres. Cette nappe d'eau, de forme ovale, longue de 20 kilomètres et large de 12, n'offre d'autre intérêt que la vue des montagnes qui limitent l'horizon du côté du nord.

Le paysage redevient fort beau dans le détroit de Mac-Lellan. Pendant une dizaine de kilomètres, le bateau suit un chenal tortueux, au milieu d'une forêt d'arbrisseaux dont les tiges, droites et serrées, baignées constamment par les eaux, se couronnent à une hauteur uniforme d'une touffe de sombre feuillage [1]. Parfois le rideau d'arbres se

---

1. Ces fourrés forment ce que l'on appelle en Australie le *shrub*.

déchire, et dans les lagunes voisines, semées d'îlots de verdure, on voit s'ébattre d'innombrables oiseaux d'eau, des bandes de pélicans, de canards et de beaux cygnes noirs. Le poisson, dit-on, n'est pas moins abondant. Ce pays est véritablement une terre promise pour les chasseurs et les pêcheurs.

Après le passage des détroits, on entre dans le lac Victoria, beaucoup plus long, mais moins large, que le précédent; puis se présente un second défilé et enfin le lac King, le plus petit mais le plus joli des trois. Ses bords sont accidentés, et on y jouit d'un beau panorama sur les Alpes australiennes, dont la silhouette imposante, frangée de neige, se détache nettement sur l'azur du ciel.

Après le lac King vient la rivière Mitchell, encadrée d'une double haie de saules pleureurs et d'acacias, dont les élégants rameaux chargés de fleurs retombent jusqu'à la surface de l'eau. Les houblonnières, les champs de tabac se succèdent sur les rives. Il est nuit close lorsque nous arrivons enfin à Bairnsdale, terme de cette charmante navigation de six heures.

Si je consulte l'*Australian Guide*, il m'apprendra que Bairnsdale est le centre d'un « mining, agricultural and pastoral district ». Ces mêmes termes, qu'il reproduit neuf fois sur dix dès qu'il s'agit d'une petite ville, ne constituent donc pas une particularité à noter. Je dirai seulement que la rue principale de Bairnsdale est la plus large que j'aie jamais vue; que j'y ai logé dans un bon hôtel, chose rare en Australie, où la qualité de ces établissements paraît être en raison inverse de leur nombre; et qu'enfin le pays environnant est fort joli. J'ajouterai aussi que la situation privilégiée de Bairnsdale y attire chaque année de nombreux amateurs de pêche et de chasse, ainsi que de simples touristes désireux de faire des excursions dans la montagne.

Le système lacustre que nous venons de passer en revue se prolonge encore assez loin vers l'est; il se termine par la rivière Reeves, qui n'est séparée que par un étroit banc de

Aborigènes à Coranderak.

sable de l'océan, auquel elle finit par se réunir, mais sans grande utilité pour la navigation maritime, car la barre est bien rarement praticable.

Le poisson des lacs est excellent et fort estimé à Melbourne, où il s'expédie par grandes quantités. Au retour, des pêcheurs attendent le steamer au passage et lancent leurs paniers par-dessus le bord. Point de conversations inutiles ; nous ralentissons notre marche un instant, puis on repart aussitôt.

Cependant le vent fraîchit de plus en plus; le lac Wellington est encore plus houleux qu'hier; notre petit bateau roule et tangue comme en pleine mer. Nous sommes évidemment en retard, et je crains fort de manquer le chemin de fer. En effet, à l'arrivée à Latrobe-Bridge il est 4 h. 40 ; cinq kilomètres restent à faire en voiture, pour gagner la station, que le train de Melbourne doit quitter réglementairement à 4 h. 48. Le capitaine me rassure : il va téléphoner, et l'on m'attendra cinq minutes. Deux Chinois et moi sommes les seuls passagers. Je saute dans l'omnibus ; il part à l'instant, au triple galop, sans attendre les *Celestials*, qui, embarrassés de leurs bagages, font des gestes désespérés, et, douze minutes après, j'ai la satisfaction de monter dans le train qui m'attendait et s'ébranle immédiatement. Quant aux Chinois, ils feront comme les paniers de poissons : ils partiront demain.

A 11 heures du soir j'étais de retour à Melbourne, enchanté de ma rapide excursion à travers le Gippsland.

J'aurais voulu profiter plus largement de ma *free pass*, visiter Bendigo (aujourd'hui Sandhurst) et ses mines d'or, rivales de celles de Ballarat; j'aurais aimé à faire une pointe sur la côte occidentale, jusqu'à Portland, près de la frontière de l'Australie du Sud, à 462 kilomètres de Melbourne. Mais, ayant négligé de me faire réexpédier mes lettres de Sydney, j'étais sans nouvelles depuis bien longtemps. D'un autre côté, la Nouvelle-Zélande faisait partie de mon itinéraire autour du monde ; je comptais ensuite me rendre à Nouméa, puis gagner Tahiti par le transport de l'État, dont le départ m'était annoncé pour les premiers jours d'octobre. Or je voyais le temps s'écouler avec rapidité, et chaque jour de retard rendait plus difficile l'exécution du plan que je m'étais proposé. Ces diverses considérations m'engagèrent à précipiter mon retour à Sydney.

Entre Melbourne et Sydney circulent maintenant des trains express. On franchit en dix-neuf heures, dans de luxueux wagons-lits éclairés au gaz, la distance de 928 kilomètres qui sépare les deux grandes cités rivales, dont la population réunie dépasse un demi-million d'âmes.

Je quitte Melbourne à 5 heures du soir. A minuit nous arrivons à Albury, de l'autre côté de la rivière Murray, qui sert de frontière entre la Nouvelle-Galles du Sud et Victoria. Ce terme de frontière n'est pas un vain mot, comme on serait tenté de le croire. Nous nous imaginons volontiers, en Europe, que les cinq grandes divisions du continent austral correspondent à autant de provinces d'un seul et même État : il n'en est rien. Chaque colonie a sa constitution spéciale et applique chez elle les théories politiques qui lui sont propres. Victoria, protectionniste, démocratique et progressiste, est le plus ardent champion de la fédération australienne, tandis que la Nouvelle-Galles, libre-échangiste et conservatrice, professe des principes opposés. Entre les *colonies sœurs*, ce n'est donc pas seulement une rivalité, mais une lutte réelle pour des intérêts différents. En vertu de ce principe, il nous faut changer de train à Albury, car la largeur de la voie, qui est de 1 m. 52 en Victoria, n'est que de 1 m. 43 en Nouvelle-Galles.

Au point du jour je suis réveillé par le froid. La campagne est blanche de givre, et, le long de la voie, des flaques d'eau, gelées, scintillent sous les rayons du soleil levant. Nous traversons un haut plateau bien boisé, semé de rares éclaircies et non encore envahi par les cultures. A 7 h. 30, arrêt au buffet de Goulburn, où je suis agréablement surpris de trouver une certaine variété de plats et une cuisine mangeable : mon étonnement cesse lorsque j'apprends que le maître d'hôtel est Français.

A Goulburn (214 kil. de Sydney), ville bien bâtie et peuplée de 7000 habitants, on quitte la région montagneuse pour entrer dans de belles plaines. Le trajet s'accomplit rapidement et ponctuellement; la route est fort plaisante. Une demi-heure avant d'arriver à Sydney, les cottages plus nombreux, les villages plus peuplés, annoncent l'approche de la grande cité. Enfin, à midi et demi, heure réglementaire, nous entrons en gare; mon léger bagage est déposé sur le quai, je saute dans un cab, et dix minutes après j'avais la satisfaction de trouver à la poste restante une vingtaine de lettres, les premières que je recevais en Australie.

J'avais combiné, dans ces derniers jours, un itinéraire attrayant qui me permettait de visiter, en Nouvelle-Zélande, l'île du Nord, la plus intéressante des deux, puis de gagner la Nouvelle-Calédonie par les îles Fidji. Mais à mon arrivée à Sydney j'appris une grosse nouvelle qui me força à renoncer à ce beau plan, facile à exécuter en temps ordinaire. Quelques cas de petite vérole, assez douteux d'ailleurs, ayant été signalés en ville, tous les bâtiments de provenance australienne venaient d'être soumis à une quarantaine de quinze jours à Nouméa et aux Fidji; pareille mesure, disait-on, allait être prise en Nouvelle-Zélande. En présence de cet état de choses, la correspondance devenait d'autant plus incertaine qu'on parlait de supprimer le service des Fidji. D'autre part, une lettre du gouverneur de la Nouvelle-Calédonie me fixait le 1ᵉʳ octobre comme date probable du départ du transport la *Vire* pour Tahiti. Dans ces circonstances, je dus me résigner, non sans un véritable serrement de cœur, à laisser de côté la Nouvelle-Zélande, dont je n'étais séparé pourtant que par cinq jours de navigation.

Déjà j'avais traversé du nord au sud le territoire de la Nouvelle-Galles. Je résolus de profiter de mon séjour forcé à Sydney, pour franchir les Montagnes Bleues et pénétrer aussi loin que possible dans les déserts de l'Ouest. Justement on venait d'inaugurer dans cette direction la section de Nyngam à Byerock, qui reportait le terminus du *Western Railway* à 733 kilomètres de Sydney.

Le 3 septembre, à 9 heures du matin, je prenais le train à destination d'Orange (309 kil. de Sydney). Je me proposais d'y passer la nuit et d'en repartir le lendemain matin pour Byerock; de la sorte, je coupais en deux ce long trajet et je ne voyageais que de jour.

Au delà de Parramatta on rencontre une plaine fertile, égayée par des vergers et des plantations d'orangers. A l'importante station de Penrith on traverse la rivière Nepean sur un beau pont de fer. De là on aperçoit les premiers contreforts des Montagnes Bleues, à travers lesquelles le chemin de fer ne tarde pas à s'engager au moyen de hardis zigzags. A mesure que l'on s'élève, le froid devient plus vif. Partout l'éternel eucalyptus, dont le feuillage gris ardoise est nuancé, en cette saison printanière, de nouvelles pousses d'un ton franchement roux, communique à la nature un caractère mélancolique, analogue à celui de nos paysages d'automne. Dans ces singulières montagnes, point de pics aigus, mais une succession de terrasses qui se terminent brusquement par une pente abrupte. Au sommet, nous suivons une crête horizontale, dominant un profond cirque de forêts, au delà desquelles on aperçoit la vaste plaine, bleue comme la mer. Les Montagnes Bleues sont bien nommées : nulle part je n'ai observé de nuances plus pures et plus variées, depuis le gris pâle jusqu'au bleu foncé.

Près de la station de Katoomba, à une altitude de 1000 mètres, on vient de construire un superbe hôtel, d'où l'on jouit d'une vue magnifique. Mount-Victoria est à la fois un sanatorium et un centre d'excursions pour les touristes. Le point culminant de la ligne est Clarence-Siding, à 1115 mètres au-dessus du niveau de la mer. Immédiatement après commence la descente. Elle a donné lieu à des travaux très importants et fort bien exécutés. Pour franchir chaque échelon de la montagne, le train marche tantôt en avant, tantôt en arrière, et, au moyen de ces zigzags plusieurs fois répétés, atteint le fond d'une sinueuse et étroite vallée, non loin de la petite ville industrielle de Lithgow, où d'abondantes mines de houille, de fer et de cuivre, des forges et des hauts fourneaux, font vivre une population de 3000 âmes.

Chemin de fer en zigzag dans les Montagnes Bleues.

Plus loin, la vallée s'élargit : on entre dans un pays ouvert, où serpente une petite rivière dont le cours est jalonné par les touffes jaunes des mimosas et la tendre verdure des saules. Une terre noire et fertile a remplacé le sol sablonneux et jaunâtre de la région montagneuse que nous venons de traverser. A 5 h. 30 nous arrivons à la Cité des Plaines, Bathurst, à 233 kilomètres de Sydney.

Bathurst occupe le troisième rang parmi les cités de la Nouvelle-Galles du Sud. C'est la ville la plus considérable de l'immense contrée qui s'étend au delà des Montagnes Bleues, et son importance s'accroît de jour en jour. Plusieurs mines d'or sont exploitées dans les environs.

A 8 heures du soir j'arrivais à Orange. Je ne ferai pas de réclame à l'hôtel Royal, où, pour me réconforter après onze heures de chemin de fer, je ne pus me procurer autre chose que le thé réglementaire.

Le lendemain, à 6 heures je poursuivais mon voyage. Au commencement, le pays est accidenté, mais les arbres ne sont pas d'une belle venue, et le sol pierreux paraît peu fertile. Toutefois, à Wellington, où l'on rejoint la rivière Macquarie, la scène change. De vertes prairies, de belles cultures, des arbres majestueux charment les regards.

A Dubbo (447 kil. de Sydney) commence le pays des plaines. La forêt se rabougrit, le gazon cède peu à peu la place à un sol rougeâtre et dénudé. Les stations sont très espacées et le train court à toute vitesse sur une voie parfaitement rectiligne. Nyngan (507 kil.), où l'on arrive à 1 heure, est une bourgade insignifiante qui possède cependant un journal grand format, le *Nyngan Time*, que l'on vient nous vendre à la station. C'était, il y a trois jours, le terminus de la ligne, prolongée maintenant de 126 kilomètres et qui, dans un avenir prochain, atteindra la ville de Bourke, sur la rivière Darling.

Après Nyngan, la stérilité du pays s'accentue de plus en plus. Rien à signaler que la station de Girilambone, où l'on exploite des mines de cuivre. Pas une ondulation de terrain ne vient apporter quelque diversion au paysage, qui reste d'une monotonie navrante. Dans leur course rapide, que ne ralentit aucune courbe, aucune différence de niveau, les wagons soulèvent des nuages d'une poussière aveuglante. La chaleur est forte ; mon thermomètre marque maintenant 27°, et ce matin, quand j'ai quitté Orange, la température était glaciale. Enfin, à 3 heures, nous arrivons au terme de ce long voyage.

Mon premier soin est de me mettre à la recherche d'un gîte. Ce n'est pas chose facile à trouver, car, dans les trois baraques de planches décorées du nom d'hôtel, il ne reste plus une chambre libre. Faute de mieux, je devrai me contenter de la jouissance d'un canapé dans la salle à manger de l'un de ces établissements. Mais passons sur ces petites misères inhérentes à la vie du voyageur, et, puisque j'ai voulu assister à la naissance d'une ville australienne, observons ce qui se passe autour de moi.

Dans la plaine aride, immense, absolument déserte il y a deux mois, s'élèvent de tous côtés des constructions de briques, de bois, de tôle ou simplement d'écorce d'eucalyptus. On compte déjà 10 boutiques bien approvisionnées, 6 entrepôts de laine, 2 banques, 3 salles de billard, 2 jeux de boules, plusieurs boulangeries, boucheries, etc. Deux grandes rues s'alignent le long du chemin de fer; d'autres rues transversales sont amorcées. La population dépasse déjà 250 habitants, et l'on va construire une école pour 30 enfants; provisoirement, on leur fait la classe sous une grande tente, sur laquelle se lisent ces mots : *Public school*.

Partout on cloue des planches, on déballe des marchandises, on dresse des tentes; des caisses, des ballots de toute sorte jonchent le sol. Des Chinois — on les trouve toujours là où il y a quelque argent à gagner — campent à l'écart sous des huttes de branchages; de nouveaux arrivés n'ont encore d'autre domicile que la charrette qui les a amenés. Cependant de confortables voitures de maître, de lourdes diligences, d'énormes camions attelés de huit ou dix chevaux, arrivent ou repartent au milieu d'un nuage de poussière rouge. Dans ces plaines infinies de l'Ouest, les arbres sont clairsemés, et les squatters peuvent voyager dans leur léger *buggy*, pendant des centaines de lieues, droit devant eux, sur des routes à peine tracées, de simples *tracks* dans le *bush*. Ce qu'il y a de plus surprenant, c'est que toute cette activité a pour théâtre un sol couleur chocolat, qui serait peut-être très fertile s'il était irrigué, mais qui, pour le moment, est absolument dépourvu d'eau, à tel point que c'est le chemin de fer qui doit subvenir à la consommation des habitants.

La persistance de la sécheresse dans les plaines de l'Ouest est le principal obstacle qui s'oppose aux progrès de la colonisation. On me raconte que, dans la région où nous sommes, les deux tiers des moutons ont péri l'année dernière. Tel propriétaire qui en possédait 90 000 n'en a plus aujourd'hui que 30 000. Il est vrai que la saison a été extraordinairement sèche; aussi la pluie est-elle attendue avec anxiété. Vraiment, il faut une certaine dose de courage, jointe à une âpre soif de gain, pour s'astreindre à habiter ce désert sans eau.

Une promenade que j'ai faite dans le *bush* le jour suivant n'a pas dissipé l'impression pénible que me cause ce pays déshérité. Au bout d'une heure, j'ai dû battre en retraite, poursuivi par une nuée de mouches qui ne me laissaient pas un instant de repos. Cependant j'ai remarqué quelques jolis arbustes aux feuilles grises, aux fleurs violettes; çà et là, des boutons d'or et d'humbles fleurettes blanches avaient réussi à s'épanouir sur un sol fendillé par la chaleur. Peut-être, après tout, suffirait-il de quelques journées de pluie pour transformer la nature; mais, telle que je la vois aujourd'hui, son aspect est d'une tristesse indicible.

Au retour, je suis abordé par un Français qui a reconnu en moi un compatriote. Il m'explique qu'il a essayé un peu de tous les métiers et que maintenant il est engagé ici depuis un mois, en qualité de cuisinier. C'est un ancien soldat, un Breton; il a fait la campagne du Mexique, où il m'assure avoir reçu plusieurs blessures. Par quelles séries de circonstances est-il venu échouer à Byerock, voilà ce qui serait peut-être curieux de savoir. Par malheur, mon homme ne paraît pas en avoir gardé un souvenir bien précis; l'Amérique et l'Australie s'embrouillent dans son esprit; peut-être aussi a-t-il simplement voyagé en Nouvelle-Calédonie aux frais du gouvernement. En tout cas, le pauvre diable n'a certainement pas fait fortune.

A mon retour à Sydney, je profitai des derniers jours qui me restaient à passer en Australie pour faire deux excursions intéressantes : la première, à Richmond, petite ville située dans un charmant pays, à 68 kilomètres au nord-ouest de Sydney; la seconde, à Botany-Bay.

Un tramway à vapeur conduit en une heure à Botany-Bay; cependant, à la vue de la vaste baie abandonnée et de ses rivages déserts, on se croirait à cent lieues de la capitale. C'est ici que, le 28 avril 1770, le capitaine Cook, monté sur l'*Endeavour*, prit possession du continent australien au nom de la couronne d'Angleterre. C'est également de Botany-Bay que, dix-huit ans plus tard, La Pérouse expédia les dernières nouvelles qu'on ait reçues de lui; enfin c'est de là qu'il fit voile pour aller se perdre sur les récifs de Vanikoro. Les deux intrépides navigateurs ont chacun leur monument sur la plage sablonneuse, encadrée d'un bois touffu, où les fougères et les plantes grimpantes se mêlent aux pins et aux gommiers. La flore australienne est extrêmement riche dans ces parages; toutefois on fera bien de ne s'aventurer qu'avec précaution dans les sentiers sous bois, car les serpents venimeux y foisonnent, et la morsure de la terrible vipère australienne est toujours mortelle.

Il me reste à dire quelques mots d'une séance à laquelle j'avais été convié par la Société de géographie d'Australasie, deux jours avant mon départ.

Notre compatriote M. Marin La Meslée [1], fixé depuis plusieurs années à Sydney, a bien voulu me présenter à l'honorable assemblée et notamment au baron Maclay, bien connu par ses explorations en Nouvelle-Guinée; puis il a donné lecture d'une note assez volumineuse sur mon récent voyage à Bornéo et dans le détroit de la Sonde, note que je lui avais remise quelque temps auparavant et qu'il avait traduite en anglais pour la circonstance. J'avais terminé mon récit par ces mots : « Avant de quitter les colonies

---

1. M. Marin La Meslée est l'auteur d'un livre fort bien fait, l'*Australie nouvelle,* publié chez Plon et Cie, en 1883.

australasiennes, j'ai tenu à faire part de mes observations sur la Malaisie aux membres de la première Société de géographie qui ait été fondée en Australie. C'était un devoir pour moi, en présence de l'accueil si bienveillant que j'ai reçu de tous, et je suis heureux de cette circonstance, qui me permet d'exprimer ici mes remerciements à toutes les personnes qui m'ont si gracieusement facilité l'accomplissement de ma mission. »

Inutile d'ajouter que ma péroraison a été accueillie par de chaleureux applaudissements. Le lendemain, le *Sydney morning herald* reproduisait *in extenso* le procès-verbal de la séance et la notice lue par M. Marin La Meslée.

CHAPITRE X

NOUVELLE-CALÉDONIE

11 septembre — 5 octobre.

Traversée de Sydney en Nouvelle-Calédonie. — Le *Rockton*. — Une quarantaine à l'îlot Freycinet. — Nouméa. — Voyage sur la côte orientale. — L'*Ocean Queen*. — Thio. — Canala. — Houaïlou. — Mouéo. — Hyenghène. — Oubatche. — Pouébo. — Retour à Nouméa.

Tous les vingt-huit jours, un grand paquebot des Messageries Maritimes quitte Marseille à destination de Nouméa. La traversée réglementaire s'accomplit en cinquante-deux jours, y compris les temps d'arrêt aux neuf escales de la route : Port-Saïd, Suez, Aden, Mahé des Seychelles, la Réunion, Maurice, Adélaïde, Melbourne et Sydney. Le prix du passage, en première classe, est de 1875 francs. De plus, un stationnaire de la même compagnie relie mensuellement Sydney à Nouméa. Enfin, deux fois par mois, un steamer appartenant à une compagnie australienne fait le voyage des Fidji, en touchant à Nouméa. La Nouvelle-Calédonie reçoit donc, par mois, quatre courriers d'Europe, sans compter les transports à voiles de l'État qui, deux ou trois fois par an, amènent les troupes, les immigrants et les condamnés. Ces bâtiments doublent le cap de Bonne-Espérance et effectuent leur retour en France par le cap Horn, faisant ainsi le tour du monde à chaque voyage. La durée moyenne du voyage d'aller est de quatre mois.

On voit que la Nouvelle-Calédonie, malgré son éloignement, n'est pas mal partagée, en temps ordinaire, sous le rapport des communications d'outre-mer. Mais, en septembre 1884, il n'en était pas ainsi : la quarantaine imposée à Nouméa avait déterminé la Compagnie des Messageries à supprimer le départ du grand paquebot, et le service semi-mensuel des Fidji avait été réduit à un seul départ par mois. Ce départ, plusieurs fois remis, avait été fixé définitivement au 11 septembre, à midi.

Un peu avant l'heure dite, je me rends à bord. Le *Rockton* est un grand steamer de 2000 tonneaux, mal tenu, encombré de marchandises. Le chargement est loin d'être terminé. Pendant deux longues heures on continue à hisser d'énormes balles de fourrage, puis vient le tour de deux voitures. J'espère qu'enfin nous allons lever l'ancre : point du tout. Un troupeau de moutons apparaît; en voici cent, deux cents, trois cents, bien davantage; quand il n'y en a plus, il en arrive encore. Nous sommes envahis, pris d'assaut; les pauvres bêtes se pressent, s'entassent, grimpent les unes sur les autres, jusqu'à ce qu'il ne reste plus un coin disponible.

A 3 heures, un docteur se présente, passe en revue les passagers et l'équipage, signe les papiers du bord et retourne à terre. A partir de ce moment, toute communication est interdite avec le quai : la quarantaine commence. Pour Nouméa, elle ne sera levée que le 26 septembre à la même heure; aux Fidji, où elle est de vingt et un jours, elle ne le sera que le 2 octobre. Pour franchir la distance de 1058 milles (1960 kilomètres) qui sépare Sydney de Nouméa, il ne faudrait pas plus de trois jours à un paquebot des Messageries; mais, avec la perspective de la quarantaine, à quoi bon se presser? Aussi sommes-nous certains que le capitaine du *Rockton* fera des économies de charbon.

Une dernière fois je salue Port-Jackson. Jamais l'admirable baie ne m'a paru plus belle qu'aujourd'hui. Au moment de la quitter, selon toute probabilité pour toujours, je me sens pris de mélancolie; mais cette impression s'efface bientôt : au large nous trouvons vent frais et mer grosse. En avant, en route pour les archipels de l'Océanie!

15 septembre. — Depuis quatre longues journées nous faisons route au nord-est, contrariés par un violent vent de bout qui imprime au *Rockton* une allure extravagante. Les malheureux moutons, ahuris, lamentables, trempés par l'eau de mer, font peine à voir. Aucune distraction à bord. Les passagers sont peu nombreux; sauf une dame française et un créole de la Réunion, tous sont Anglais ou Australiens; la plupart se rendent aux Fidji. La cuisine est australienne, c'est-à-dire détestable.

Pendant trois jours, de superbes albatros nous ont suivis, décrivant d'immenses circuits autour du navire, tantôt s'élevant dans les airs, tantôt effleurant la crête des vagues de leurs ailes blanches et noires; ce matin, ils nous ont quittés. Nous venons de franchir le tropique. Le thermomètre, qui au départ de Sydney marquait 17°, s'est élevé progressivement à 21°. Le capitaine nous promet la vue de la terre pour demain, à la première heure.

16 septembre. — A 4 heures du matin on stoppe. La nuit est étoilée; un phare est en vue. Au jour, le pilote vient à notre rencontre; mais, comme nous sommes suspects, il ne monte pas à bord. Nous le prenons à la remorque, et, debout dans son canot, il indique la route. Son équipage se compose d'un timonier blanc et de six rameurs canaques, proprement vêtus, à la peau noire, aux cheveux crépus.

On sait que la Nouvelle-Calédonie est entourée, à une distance plus ou moins rapprochée de la côte, d'une ceinture de corail, interrompue en certains endroits par des coupures, formant les seules passes accessibles aux navires. Les récifs ne s'élèvent guère qu'à fleur d'eau et passeraient inaperçus, si le bruit sourd des vagues du large qui déferlent sans relâche, et le long ruban d'écume blanche auquel elles donnent naissance, ne signalaient le péril aux navigateurs.

Tandis que l'Océan fait rage au dehors, on est à peu près certain de trouver une mer calme de l'autre côté de la barrière.

La passe franchie, nous naviguons sur une nappe d'eau bleue, d'une tranquillité parfaite. Le feu du phare Amédée est visible à 20 milles. La tour est en fer, peinte en blanc et élevée de 50 mètres; elle repose sur un îlot bas et couvert de palétuviers, situé à deux milles en dedans du grand récif.

Devant nous, un chaos de hautes montagnes, aux lignes enchevêtrées, se profile au loin, nuancé de couleurs dont l'intensité varie avec la distance. Le premier aspect de la Nouvelle-Calédonie révèle une nature tourmentée, volcanique et bien différente de celle de l'Australie, qui ne présente guère que des contours arrondis.

On range, à une certaine distance, des îles escarpées, des promontoires dénudés, rayés de longues taches blanches qui doivent être des casernes ou des prisons. Voici l'entrée de la rade, mais nous n'y pénétrons pas. Par delà les mâts de quelques grands navires, on devine Nouméa plutôt qu'on ne l'aperçoit. Enfin, après avoir dépassé l'île Nou, si capricieusement découpée, le *Rockton* jette l'ancre à deux encablures de l'îlot Freycinet, où l'on a construit le lazaret de la colonie.

Comme nous avions patente nette, quelques-uns d'entre nous espéraient encore qu'on en serait quitte pour un ou deux jours d'observation. Leur illusion a été de courte durée : un médecin de la marine vient charitablement nous prévenir que nous aurons le plaisir de passer onze jours en sa compagnie; il va faire préparer nos logements, et nous pourrons en prendre possession dans l'après-midi. En attendant, un vieux bonhomme, gardien du lazaret, monte à bord et commence à asperger consciencieusement la dunette, le salon et les cabines avec un mélange d'eau et d'acide phénique.

25 septembre. — Demain soir j'aurai le droit de fouler le sol de Nouméa, qui est devenu pour nous une terre promise. Il est temps de résumer mes impressions de ces dix jours de quarantaine. Je commence par déclarer que pour moi le temps s'est passé assez facilement, beaucoup mieux assurément que je ne l'aurais cru.

L'îlot Freycinet, prolongement de la presqu'île Ducos, dont il n'est séparé que par un chenal large de 500 mètres, est situé à 8 kilomètres au nord-ouest de Nouméa et à 2 kilomètres de la pointe septentrionale de l'île Nou. C'est une petite montagne de forme conique, à base circulaire et dont le sommet s'élève à une soixantaine de mètres au-dessus du niveau de la mer. Le long de la plage, un petit chemin, formé de coraux et de coquillages, contourne aux trois quarts le pied de la montagne. A marée basse on peut faire le tour entier de l'île en sautant de rocher en rocher : c'est une promenade d'une demi-heure.

Une mince couche de terre végétale recouvre la charpente rocheuse de l'îlot, permettant à certains arbres et à une foule de lianes, d'arbustes et d'arbrisseaux de se développer assez vigoureusement. Plusieurs sentiers facilitent l'accès de la *brousse* (le *bush* australien) ; à mi-côte, une tonnelle bien abritée forme un charmant lieu de repos, d'où l'on peut gagner le sommet en quelques minutes.

Le personnel fixe de l'îlot Freycinet se compose du docteur, d'un employé télégraphiste, du gardien du lazaret, du fournisseur des vivres et de son cuisinier ; ce dernier est un libéré. Voilà pour les blancs. Il y a aussi, comme domestiques ou manœuvres, six Canaques néo-hébridais ou calédoniens ; ce sont des hommes grands, bien faits et vigoureux, à l'œil brillant, aux dents blanches, à la chevelure frisée.

Nous sommes logés dans deux pavillons de bois, à un seul étage, divisés chacun en six chambres dont les portes s'ouvrent sur la large véranda qui en fait le tour. Un de ces pavillons est destiné aux passagers de la première classe, l'autre à ceux de la seconde, mais les deux sont exactement pareils. Cette installation nous coûte 8 francs par jour, nourriture, vin et café compris. Il est vrai que la cuisine est par trop provençale; mais, après cinq mois de cuisine javanaise et australienne, on n'est pas difficile.

J'occupe seul une chambre d'angle, à deux lits, dans la plus belle situation qu'on puisse rêver. Le bruissement des flots qui viennent mourir à dix pas de mon balcon, sur une plage de coraux blancs comme la neige, me berce doucement, le jour et la nuit. De ma fenêtre j'embrasse un merveilleux panorama : à droite, l'île Nou, la vaste rade et Nouméa dans l'éloignement; en face de moi, la presqu'île Ducos; à gauche, l'île aux Chèvres et la baie de la Dombéa. Les hautes montagnes de l'intérieur, avec leurs pics hardiment découpés, forment le fond du tableau; au premier plan, la mer bleue, d'une transparence extraordinaire.

La température est délicieuse, de 18 à 22 degrés. Le matin, ciel sans nuages et calme absolu; à 10 heures, la brise s'élève, fraîchit dans l'après-midi et tombe vers 5 heures. Alors le temps se couvre, et parfois il pleut dans la soirée; mais pendant la nuit l'horizon se dégage et les étoiles brillent au ciel.

Nous avons quelques distractions, d'abord le bain matinal; mais il faut bien se garder de s'aventurer en eau profonde : dans ces parages, les requins sont aussi nombreux que redoutables. L'autre jour, on en a capturé un à bord du *Rockton*; il mesurait onze pieds de long. Hissé sur le pont, il a blessé assez grièvement un matelot, d'un coup de sa formidable queue.

L'eau, comme je l'ai dit, est d'une merveilleuse limpidité. Presque partout le fond de la mer est revêtu de coraux, d'une variété infinie de formes et de couleurs. Leurs branches ténues se subdivisent en rameaux couverts de dessins charmants et réguliers. Cette sorte de végétation sous-marine, d'un aspect vraiment féerique, offre pourtant un sérieux inconvénient : pour entrer dans l'eau, il faut conserver ses chaussures, car le corail brisé coupe comme du verre. Autour de ces bancs madréporiques, la vie est exubérante. Sous chaque pierre on trouve de jolis coquillages et souvent aussi d'affreuses bêtes noires, à peu près inertes, semblables à des tronçons de serpents gros et courts : ce sont des holothuries. La classe des échinodermes est largement représentée par des étoiles de mer aux brillantes couleurs, de délicates ophiures et d'innombrables oursins aux pointes acérées. Enfin les rochers que la marée basse laisse à découvert sont littéralement tapissés d'huîtres, mais si petites et si difficiles à arracher, qu'on se lasse bien vite d'en manger.

Deux fois par jour une chaloupe à vapeur apporte les provisions de bouche, les lettres et les commissions de Nouméa. Dès qu'elle est signalée, la plupart des passagers se rendent au débarcadère ; le docteur ouvre la marche, reçoit les objets qu'on lui présente, et veille à ce qu'il n'y ait aucun contact entre nos visiteurs et nous. Après une causette de dix minutes, la chaloupe s'éloigne de nouveau. En Australie, les journaux publiaient, le jour même, des nouvelles de toutes les parties du monde ; mais, la Calédonie ne possédant encore aucun câble sous-marin, nous en sommes réduits, pour tromper notre curiosité, aux simples cancans de Nouméa. L'arrivée de la chaloupe n'en constitue pas moins la grande distraction de la quarantaine.

D'autre part, après la vie active que je menais depuis plusieurs mois, ces dix jours de repos forcé m'ont été d'une réelle utilité ; j'en ai profité pour mettre ma correspondance au courant et condenser mes notes de voyage en un certain nombre de lettres adressées au ministre de l'Instruction publique, au journal *le Temps* et à diverses sociétés de géographie. J'ai l'heureuse chance de ne pas être sujet au mal de mer, même par le gros temps ; je reconnais cependant qu'il est fort difficile, à bord, de travailler d'une manière suivie. A l'îlot Freycinet j'aurais été inexcusable de ne pas le faire.

Le *Rockton* est parti hier pour les Fidji. Le stationnaire des Messageries, le *Dupleix*, l'a remplacé ce matin au mouillage, mais ses 27 passagers ne connaîtront les charmes de l'îlot Freycinet que lorsque nous en serons partis, c'est-à-dire demain soir.

27 septembre. — Lorsqu'on vient de quitter ces grandes et belles cités d'Australie, avec leurs édifices somptueux, leurs vastes artères où circule une foule affairée, leurs promenades et leurs parcs plantés de beaux arbres, leur ceinture de villas et de jardins, leurs populeux faubourgs qui se prolongent au loin dans une campagne bien cultivée, on ne peut se défendre d'une pénible impression en voyant Nouméa. Pour la première fois depuis six mois que j'avais quitté la France, je foulais un sol français. Mais que dire de cette triste bourgade, avec ses maisons basses, ses bicoques en planches et en tôle, ses rues négligées et presque désertes, ses grandes places sans ombre, ses bazars et ses bars où l'on parle autant l'anglais que le français? Aux environs, une côte nue, un sol aride, sans eau, parsemé çà et là de buissons rabougris. Vraiment je me faisais une tout autre idée de la capitale de la Nouvelle-Calédonie.

Il est vrai que l'emplacement de Nouméa a été choisi uniquement à cause de son port et de sa magnifique rade, naturellement défendue par une ceinture d'îles et de grands récifs. A tout autre égard, c'est l'un des points les plus déshérités de l'île. On a dû exécuter des travaux considérables, raser des collines, combler des marais, amener l'eau à grands frais. Aujourd'hui encore il reste beaucoup à faire; le sol, composé en majeure partie de terres rapportées, n'est pas tassé d'une façon définitive, et ce n'est pas de sitôt que Nouméa prendra l'aspect d'une belle ville. Actuellement elle compte 4000 habitants.

On m'assure que dans l'intérieur de l'île, et notamment vers le nord, je trouverai de fort jolis sites, de belles rivières et de superbes forêts. Justement un petit steamer, l'*Ocean queen*, doit partir demain pour la côte orientale, la plus intéressante des deux. Son voyage durera une huitaine de jours. Mon parti est bien vite pris : je m'embarquerai à son bord.

La Nouvelle-Calédonie, orientée du sud-est au nord-ouest, mesure environ 400 kilomètres de longueur, sur une largeur moyenne de 50. Sa superficie est de 21 022 kilomètres

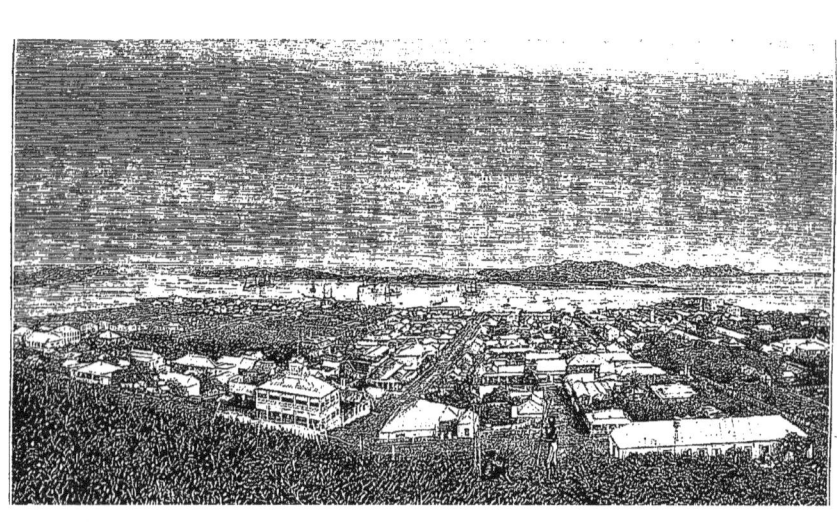

carrés, ce qui équivaut à deux fois et demie celle de la Corse. Elle est comprise entre les 20° et 23° de latitude sud, et les 161° et 164° de longitude est. C'est la colonie la plus éloignée de la métropole, la plus rapprochée de nos antipodes. Quand il est midi à Paris, les horloges de Nouméa sont bien près de marquer onze heures du soir.

En chiffres ronds, la population blanche, tant civile que militaire, s'élève à 7200 âmes. A ce nombre il convient d'ajouter 7500 transportés (forçats) et 3800 libérés. La population canaque, beaucoup plus considérable autrefois, est réduite aujourd'hui à 25 000 individus, dont plus de 2000 sont des immigrés néo-hébridais. Ces chiffres donnent un résultat total de 43 500, soit deux habitants par 100 hectares.

La Nouvelle-Calédonie est un pays essentiellement montagneux ; toutefois les plus hauts sommets ne dépassent pas 1700 mètres. Le climat est un des plus agréables et des plus sains que l'on connaisse. L'île ne contient aucun animal dangereux ; les serpents y font absolument défaut.

Dans les bons terrains, tous les légumes et les fruits de l'Europe et des tropiques peuvent être cultivés. Le maïs, la canne à sucre, le caféier, le tabac, la vanille, le manioc, le coton, l'ananas, donneraient d'excellents résultats, si la rareté de la main-d'œuvre ne s'opposait aux progrès de l'agriculture. Les terres à pâturages occupent le tiers de la surface totale ; aussi l'élevage du gros bétail, nécessitant moins de soins que la culture, a-t-il pris de grandes proportions. Toutefois on a dû renoncer à élever des moutons, par suite de la présence dans les pâturages d'une sorte de graminée dont les piquants transpercent la laine de l'animal et lui occasionnent de graves maladies.

Peu de pays sont aussi riches en mines ; mais la difficulté des transports, l'insuffisance et la cherté de la main-d'œuvre, les frais énormes que nécessite une installation mécanique, sont et seront longtemps encore de sérieux obstacles à toute exploitation importante.

Le 28 septembre, à 7 heures du matin, l'*Ocean queen*

sort du port de Nouméa. Après avoir franchi la passe, entre l'île Nou et l'île aux Lapins, on navigue au large de la baie de Boulari, au fond de laquelle on aperçoit, sur un monticule, l'église de la mission de Saint-Louis. Signalons, un peu plus loin, un singulier îlot ; il a reçu le nom de Porc-Épic, à cause de sa forme arrondie et des pins qui le hérissent de toutes parts, comme autant de gigantesques piquants.

Deux heures après, on entre dans le canal de Woodin, large de 1 à 2 kilomètres, et séparant la grande terre de l'île Ouen. Cette dernière, à l'exception d'une étroite lisière plantée de cocotiers, présente un sol ferrugineux, complètement stérile et très tourmenté. On y rencontre des dépôts très purs de sable de fer chromé ; des mines de cobalt sont en exploitation.

Une mission catholique est établie sur le bord de la mer, au milieu des cocotiers. Les indigènes, au nombre d'une centaine, s'occupent principalement de la pêche de l'holothurie ou biche-de-mer, qui, coupée en morceaux et séchée, fait l'objet d'un commerce important avec la Chine, où elle est regardée comme un aliment très recherché. Il existe plusieurs espèces d'holothuries. La première qualité vaut jusqu'à 2500 francs la tonne, mais il faut aller la pêcher fort loin, sur le grand récif.

Dans le canal de Woodin nous rencontrons la *Vire*, qui arrive de Tahiti. C'est sur ce navire que je dois prendre passage pour gagner la reine du Pacifique ; mais je suis sans inquiétude : je serai certainement de retour à Nouméa avant son départ.

A la sortie du canal on double le joli petit îlot Montravel, couvert de pins colonnaires. Nous sommes à l'entrée de la vaste baie de Prony, pittoresque comme un grand lac, environnée de hautes montagnes, mais dont l'eau est malheureusement trop profonde pour offrir un mouillage sûr aux bâtiments de fort tonnage. Sur ses rivages accidentés, où se déversent de nombreux cours d'eau, la nature a planté de superbes forêts, remplies d'essences variées et pré-

Vue de l'île Ouen.

cieuses. C'est là que l'on rencontre les majestueux kaoris (*Dammara lanceolata*), dont les troncs blancs et droits, semblables à de gigantesques colonnes, atteignent 30 à 35 mètres sous branches et 5 mètres de circonférence. On y trouve aussi des araucarias de cent pieds de haut, le *Diospiros*, arbre qui produit l'ébène, le goudronnier, l'acajou, le hêtre noir, le bois de fer, le bois de rose et bien d'autres espèces susceptibles d'être utilisées comme bois de construction ou d'ébénisterie. Ces forêts sont exploitées par l'administration pénitentiaire.

Quand on a dépassé la baie de Prony et doublé le cap Ndoua, qui forme la pointe méridionale de la Nouvelle-Calédonie, on aperçoit distinctement, à une distance de 37 milles, le sommet triangulaire de l'île des Pins.

L'*Ocean queen* longe de fort près une côte abrupte, entièrement dénudée, formée de roches ferrugineuses, noires, rouges ou jaunâtres, puis s'engage dans le canal de la Havannah. Ce passage est regardé comme fort dangereux, à cause des courants contraires qui s'y rencontrent et donnent lieu à des remous ou mascarets d'une violence extrême.

Au sortir de la Havannah, nous mettons le cap au nord, et, protégés par le grand récif qui court parallèlement au rivage, à une douzaine de milles au large, nous retrouvons une mer calme. Toutefois cette navigation côtière exige une prudence constante; aussi, après avoir dépassé les missions abandonnées de Yaté et d'Unia, l'*Ocean queen* va mouiller tout au fond de la baie de la Rencontre, pour y passer la nuit.

C'est à Yaté qu'eut lieu, il y a une vingtaine d'années, un essai de phalanstère. Vingt immigrants obtinrent une concession de 300 hectares, plus des avances en vivres, semences, outils et bestiaux. La société était dirigée par un président assisté d'un conseil élu. Tout devait être mis en commun, mais il arriva que chacun voulut travailler pour son compte; et, deux ans après, la liquidation dut se faire, dans des conditions déplorables.

La baie de la Rencontre ne manque pas de pittoresque. Le sommet des montagnes est pelé, mais leurs pentes inférieures sont bien boisées, et, le long du rivage, des plantations serrées de cocotiers abritent les cases des Canaques. Plus loin se trouve un passage assez difficile, la baie Inaccessible, semée de brisants qu'il s'agit d'éviter. Au delà de l'île Toupeti, la côte devient fort jolie. A midi nous arrivons à Thio, l'un des centres miniers les plus importants de la colonie.

Le nickel se rencontre en si grande abondance en Nouvelle-Calédonie, que la seule production de l'île a eu pour résultat d'en faire baisser le prix dans d'énormes proportions. Ainsi ce métal, qui valait il y a douze ans, de 30 à 40 francs le kilogramme, n'en vaut plus que 6 aujourd'hui.

C'est à Thio que se trouve la principale exploitation de la Société *le Nickel*, qui, fondée en France et associée avec un grand établissement métallurgique de Glasgow, a également pour objet l'exploitation d'autres métaux, tels que le chrome, le cobalt et l'antimoine [1]. Le minerai, mis en sacs, est amené à l'usine que la société possède à Nouméa, pour y être traité au haut fourneau. De là il est expédié, sous forme de fonte, en Angleterre, où il est livré au commerce, après affinage. On extrait du gisement de Thio 1000 tonnes par mois, contenant de 7 à 10 pour 100 de métal pur. Malgré la dépréciation du nickel, l'exploitation réaliserait encore des bénéfices considérables, sans la cherté de la main-d'œuvre et la difficulté des transports.

La société emploie, à Thio, 220 blancs et 40 Canaques. Les premiers sont tous des forçats libérés, astreints à la résidence dans la colonie. Inutile de dire que ce sont de mauvais ouvriers, difficiles à mener et ne songeant qu'à

---

[1]. En 1885 les opérations minières de la Société *le Nickel* ont été arrêtées : la production dépassait de beaucoup la consommation. Mais ce n'est là qu'un incident. Il est inadmissible que les riches filons calédoniens restent à jamais improductifs, et nous croyons que l'industrie du nickel a encore devant elle un brillant avenir.

tromper la surveillance; on les paye de 6 à 9 francs par jour, pour huit heures de travail. Les Canaques sont des indigènes recrutés aux Nouvelles-Hébrides et astreints par contrat à un engagement de trois à cinq ans. Ils sont nourris, logés, habillés et reçoivent un salaire de 12 francs par mois. Assurément c'est une main-d'œuvre économique, mais il ne faut pas oublier que les hommes de cette race sont incapables de rendre aucun service dans les galeries d'extraction; ils ne peuvent être employés qu'au triage et aux transports. De plus, malgré les soins dont ils sont entourés, et bien que leur travail ne soit pas pénible, il y en a toujours un quart au moins à l'hôpital, où ils meurent presque tous de phtisie. Les vêtements qu'on leur donne, loin de leur être utiles, sont, pour ces gens accoutumés à vivre nus, une cause de maladie de plus.

Quant aux Canaques néo-calédoniens, on ne peut compter sur eux. Parfois ils acceptent un salaire de 3 francs, mais au bout de quelques jours ils refusent de travailler.

Après deux heures passées à Thio, d'une manière aussi agréable qu'intéressante, nous poursuivons notre route le long de la côte. On dépasse la baie de Nakety, au fond de laquelle s'étend une belle plaine, renommée par ses plantations de café et d'ananas. Le café de la colonie est d'excellente qualité; sa culture réussit mieux sous bois qu'en plein soleil. Un hectare peut recevoir 2500 caféiers, qui produisent de 500 à 1000 kilogrammes de café. Sur la même surface, on récolte annuellement 15 000 ananas, lesquels, par la distillation, fournissent 750 litres d'alcool à 50°.

Une route carrossable relie Nakety à Canala, chef-lieu du deuxième arrondissement [1].

Après avoir doublé le cap Dumoulin, l'*Ocean queen*, tournant droit au sud, va mouiller au fond du charmant golfe de Canala, où nous passerons cette seconde nuit.

---

[1]. La Nouvelle-Calédonie est divisée, du sud au nord, en cinq arrondissements. Le premier arrondissement comprend tout le sud de l'île et a pour chef-lieu Nouméa.

Je me rends aussitôt à terre. Une chaussée, longue d'un kilomètre, mène à l'hôtel du chef d'arrondissement. Canala, autrefois Napoléonville, est en train de devenir une petite ville. Poste militaire, brigade de gendarmerie, commission municipale, bureau de poste, station télégraphique, école, église, rien ne lui manque. C'est un des points les plus pittoresques de l'île. Une bonne route muletière, de 62 kilomètres, très fréquentée, conduit à la côte ouest par La Foa, centre agricole important. J'ai passé à l'Hôtel du gouvernement une soirée fort agréable, et il était bien près de minuit quand j'ai rejoint l'*Ocean queen*, qui devait lever l'ancre à la première heure.

A 9 heures du matin nous arrivons au mouillage de Houaïlou. Je descends à terre, avec la baleinière. Un petit chemin, sous les cocotiers, conduit en une demi-heure au fort, occupé par 40 soldats. Houaïlou est le chef-lieu du troisième arrondissement. Quelques forçats y sont détachés pour travailler aux routes. Ils ne paraissent pas bien malheureux; l'un d'eux pêche tranquillement à la ligne.

C'est à Houaïlou que j'ai vu pour la première fois les Canaques dans leur costume national, qui, à vrai dire, consiste à ne pas en avoir du tout, car le *manou* est plutôt un ornement qu'un vêtement; en tout cas, il ne remplace que d'une manière fort imparfaite la classique feuille de vigne. Ces gens, qui font si peu de cas du vêtement, ont cependant une certaine coquetterie. La toque multicolore qui leur sert de coiffure est ornée de plumes. Ils se parent volontiers de colliers, de bracelets de coquillages qu'ils portent au-dessus du coude, et de jarretières en poil de roussette. On les rencontre ainsi dans la brousse, la zagaie en main, le casse-tête ou la hache sur l'épaule. Quant aux femmes, aux *popinées*, comme on les appelle ici, un simple peigne en bambou décore leur chevelure courte et crépue; autour des reins elles portent une ceinture frangée, de 15 à 20 centimètres de long, faisant trois ou quatre fois le tour du corps. Ce vêtement élémentaire se nomme *tapa*; on le confectionne avec une herbe du pays et, de préférence, avec la fibre du bananier. Parfois elles y ajoutent par derrière un petit sac, où elles renferment leur pipe et leur tabac,

Femme néo-calédonienne.

car elles fument comme les hommes. Flétries avant l'âge par les pénibles travaux qui leur incombent, toujours traitées en bêtes de somme, elles sont, physiquement, loin de valoir les hommes.

Quelques colons, groupés autour de Houaïlou, se livrent à la culture du maïs, du café, du manioc et du tabac. Le maïs vient admirablement en Nouvelle-Calédonie. On peut en faire dans le même champ deux et même trois récoltes par an. Dans les terrains d'alluvion, le rendement, au début, est de 4 tonnes à l'hectare. Le manioc pousse très facilement; sa culture est des plus simples et peut donner jusqu'à 100 tonnes de racines à l'hectare. Il ne contient ici aucun principe malsain, comme cela arrive en d'autres pays. Simplement cuit à l'eau, il peut au besoin remplacer le pain; râpé, on en tire une fécule, le tapioca. Quant au tabac, on peut, dans une année favorable, en faire deux et jusqu'à trois récoltes sur le même pied.

De nombreuses mines de nickel ont été déclarées aux environs de Houaïlou; quelques-unes sont exploitées.

Deux heures après avoir quitté Houaïlou, nous arrivons à Moućo, poste militaire, dans une fort jolie situation sur le bord de la rivière Oua. Le capitaine, qui a 600 sacs de cobalt à charger, nous prévient que nous y resterons jusqu'au lendemain. Comme je ne suis nullement pressé d'arriver au terme du voyage, j'accueille avec joie la nouvelle de cet arrêt inattendu. Il existe dans les environs plusieurs villages canaques, dépendant de la grande tribu de Pounérihouen : j'aurai le temps de les visiter à loisir.

Je me joins à quelques passagers, dont l'un connaît parfaitement le pays, et nous faisons, d'abord avec la baleinière, puis à pied, une charmante promenade.

Un village canaque renferme presque toujours une case plus grande que les autres et à laquelle on accède par une avenue plantée de cocotiers. Cette case sert pour les fêtes; elle est aussi la demeure du chef, qui en possède une semblable dans toutes les agglomérations reconnaissant son autorité. Autour d'elle se groupent sans ordre, éparses sous de beaux ombrages, d'autres cases plus petites. Toutes sont circulaires, en forme de ruches d'abeilles et à base si peu développée, que la partie inférieure du toit semble vouloir toucher la terre. Une seule ouverture donne accès à l'intérieur; elle est si basse, qu'on ne peut entrer qu'à genoux. Près du gros poteau central, au sommet duquel

Jeunes Néo-Calédoniens.

viennent se relier une vingtaine d'autres poteaux plus petits, constituant la charpente qui soutient l'édifice, les indigènes entretiennent constamment un foyer, dont la fumée est destinée à chasser les moustiques. Des nattes étendues sur le sol, voilà tout le mobilier. La toiture est formée de branches flexibles et de morceaux d'écorce de *niaouli* [1], recouverts de paille ; le tout est solidement maintenu par des lianes entre-croisées, et surmonté d'un *tabou*, ornement de bois qui dépasse d'environ un mètre et demi le sommet des petites cases. La case principale, beaucoup plus élevée que les autres, se termine ordinairement par un buste hideux, peint en rouge, en blanc ou en noir, et dont la pointe, très allongée, est ornée de gros coquillages.

Il est rare que la femme habite la même case que son mari. Habituellement les hommes se réunissent, par groupes de huit ou dix, pour dormir sous le même toit ; ces dames en font autant de leur côté.

Les villages canaques sont presque toujours construits sur les bords d'une rivière, sans clôtures ni défenses, mais environnés de bosquets de cocotiers et de bananiers, d'arbres à pain, de cannes à sucre et aussi de magnifiques banians.

Sauf la roussette, espèce de grande chauve-souris, il n'existe en Nouvelle-Calédonie d'autres mammifères que ceux que les Européens y ont importés. Les poissons sont très abondants, mais souvent vénéneux. Aussi la nourriture du Canaque est-elle presque entièrement végétale. L'igname (*Dioscorea bulbifera*) constitue, avec le taro (*Arum esculentum*), la base de son alimentation.

1. *Melaleuca leucadendron*. — Le *niaouli* est l'arbre caractéristique de la Nouvelle-Calédonie, comme l'eucalyptus, avec lequel il a d'ailleurs quelque ressemblance, est celui de l'Australie. Il y est très abondant. Ses feuilles dégagent une forte odeur aromatique, à laquelle on attribue en partie l'extrême salubrité de l'île. Son bois, d'un brun rougeâtre, est très durable et a beaucoup d'élasticité ; ses courbures naturelles le font rechercher surtout pour le charronnage et la construction des navires.

J'ai visité les cultures indigènes : elles sont très soignées, mais réduites aux proportions d'un simple jardinet. Le souci du lendemain n'existe pas pour le Canaque ; il ne fait pas de provisions et ne cherchera jamais à récolter au delà de ses besoins personnels. Le taro, pour se développer, exige un sol très marécageux. C'est la plante favorite des Canaques, qui excellent dans l'art de disposer en gradins, sur le flanc des montagnes, des séries de petits bassins alimentés par une conduite d'eau amenée des hauteurs. La banane, dont ils possèdent une dizaine de variétés, leur fournit également une nourriture très substantielle. Ils ont aussi plusieurs espèces de cannes à sucre, le mayoré ou arbre à pain, le papayer, le nani, arbrisseau dont les feuilles cuites ont le goût du chou potager, l'*Hibiscus tiliaceus*, arbre dont on mange l'écorce, et bien d'autres végétaux à racines comestibles. A cette énumération j'ajouterai l'arbre le plus précieux de la zone tropicale, celui que j'aurais dû citer en première ligne, le cocotier, qui, en toute saison, fournit aux Canaques une fraîche boisson, une amande nourrissante et des fibres pour tisser leurs filets.

Dans la soirée, mes compagnons organisent, sur la rivière, une partie de pêche à la dynamite. En peu de temps nous récoltons ainsi, sans compter le fretin, une douzaine de poissons de taille respectable. Depuis quelque temps, les Canaques ont recours à ce genre de pêche, qui favorise leur paresse naturelle. C'est un malheur pour eux : peu familiers avec le dangereux engin, ils se blessent et souvent restent estropiés pour la vie.

Le lendemain, nous arrivons de bonne heure à l'embouchure de la rivière de Pounérihouen. Le poste militaire se trouve à 4 kilomètres dans l'intérieur, à un endroit où la vallée forme un vaste cirque, de l'effet le plus pittoresque. De nombreux colons sont établis le long de la rivière, l'une des plus belles de l'île.

Nous passons ensuite, mais sans nous y arrêter, devant l'ancienne mission de Wagap. Elle est occupée depuis 1877 par des trappistes, qui, au nombre de neuf, lyon fondé un établissement agricole, où ils cultivent le riz, le maïs, les haricots et le café; ils y font aussi l'élevage du bétail. C'est la seule maison de cet ordre qui existe en Océanie.

Un des religieux, le P. Ambroise, est passager à bord. Il se plaint beaucoup de l'envahissement des cultures de la mission par le lantanier et une espèce de morelle, le *Solanum aculeatum*. Ces végétaux, introduits on ne sait comment en Nouvelle-Calédonie, s'y sont tellement multipliés dans ces dernières années, qu'ils constituent aujourd'hui un véritable fléau pour l'agriculture. Les efforts réunis des trappistes et des indigènes de Wagap ne suffisent plus à les extirper; aussi le P. Ambroise a-t-il l'intention de demander au gouverneur une escouade de forçats pour en venir à bout.

On s'arrête à Touho, chef-lieu du quatrième arrondissement. C'est une localité sans importance au point de vue de la colonisation, mais les indigènes y sont assez nombreux.

Après Touho, la côte change d'aspect; les montagnes, plus élevées, sont boisées jusqu'au sommet. Un peu avant d'arriver à Hienghène, en arrière d'une belle plage de sable, on remarque des rochers gigantesques, découpés en une multitude d'aiguilles. Au delà de ces falaises bizarres, à l'entrée même du port, se dresse verticalement, du milieu des eaux, une masse imposante, haute de 80 mètres, offrant l'aspect d'une église avec ses deux tours carrées. Elle est célèbre, en Nouvelle-Calédonie, sous le nom de Tours-Notre-Dame. A une certaine distance, on croit reconnaître aussi, dans l'une des tours, la silhouette d'un évêque grec, et, dans l'autre, la tête de Louis XVI. L'ensemble de ces rochers de marbre, dont la surface est noircie par le temps, forme un décor fantastique.

Le mouillage de Hienghène est bon et rapproché de la terre. Deux rivières viennent se jeter dans la baie; l'une d'elles forme à son embouchure une presqu'île terminée par un promontoire, sur lequel on a élevé, dans une situation très pittoresque, un fortin qui commande la rivière et la rade.

Comme nous devons passer ici le reste de la journée, j'organise, avec quelques passagers, une promenade du côté des rochers qui font corps avec la terre ferme. Le chemin, très beau, circule sous des allées de cocotiers. Au moment où nous passions devant une grande case, un Canaque vêtu à l'européenne nous aborde courtoisement et nous adresse la parole en bon français. C'est un grand chef du pays, Philippe, fils du fameux Bouarate, qu'on appelait le roi du Nord et dont la réputation de férocité est devenue légendaire. Ce Philippe commande à plusieurs tribus populeuses, qui ont été nos auxiliaires pendant l'insurrection de 1878 et ont marché avec nous contre les indigènes de la côte occidentale. Son fils, le petit Bouarate, qui, selon l'usage de la tribu, porte le nom de son grand-père, est aujourd'hui pensionnaire chez les frères de Yahoué, près de Nouméa. Le grand-père anthropophage et le petit-fils au collège, c'est l'Océanie d'il y a 30 ans et celle d'aujourd'hui !

Après avoir visité une belle grotte, dont nous avions entrevu du large l'immense ouverture, mal dissimulée derrière un rideau de cocotiers, nous reprenons le chemin de Hienghène. Comme nous approchions de la baie, un vieux bonhomme qui nous a aperçus de loin se met en devoir, sans se presser, de casser quelques pierres sur la route. Il porte la blouse grise des transportés, et, sur le seuil de la hutte dont il vient de sortir, une popinée fait la cuisine. Vraiment, il n'est pas trop à plaindre, le forçat-cantonnier ! Nous rentrons à bord par un magnifique clair de lune, qui donne aux rochers des aspects de ruines ; du pont du petit steamer, leur sombre profil grandit d'une manière démesurée. L'imagination, surexcitée par l'étrangeté du paysage, transforme les aspérités de la roche en gargouilles immenses, en statues colossales, et c'est bien l'antique cathédrale de Paris qui vous apparaît, comme transfigurée dans un rêve.

Au delà de Hienghène, le grand récif se rapproche de la terre, et la contrée devient de plus en plus pittoresque. Une

Maison d'un chef indigène, en Nouvelle-Calédonie.

ligne non interrompue de cocotiers court le long de la côte; de belles forêts montent à l'assaut des pics les plus élevés. Dans chaque ravin gronde un torrent, dont la blanche écume scintille sous une verdure que le voisinage de l'eau rend encore plus éclatante. Çà et là de petites cascades, aux filets d'argent, égayent le paysage. La plus jolie de toutes est celle de Tao, gracieusement encadrée dans le feuillage et dont le volume d'eau, assez considérable, se précipite dans la mer par trois chutes successives.

Au sud du cap Colnett, sur le flanc de la montagne, deux grandes taches rouges signalent la mine d'or de Galarino. Plusieurs concessions ont été accordées, des travaux ont été entrepris, mais aujourd'hui l'exploitation est abandonnée.

Tout ce pays est charmant jusqu'à Oubatche, où je quitte l'*Ocean queen*, en compagnie d'un colon de Pouébo, M. Coste, qui m'a invité à visiter sa propriété.

L'embarcation qui nous emmène se dirige, en longeant la côte, vers l'embouchure de la rivière de Pouébo. Plusieurs fois nous talonnons sur les récifs; alors nos matelots canaques entrent dans l'eau et nous dégagent. La rivière, étroite et ensablée, manque d'eau; à chaque instant on échoue; mais, grâce aux hommes qui poussent la barque, nous finissons par arriver. M. Coste demeure dans un ancien poste militaire abandonné. Ses plantations, comme celles de Wagap, sont envahies par les buissons épineux du lantanier. Le vulgaire chiendent, inconnu avant nous en Nouvelle-Calédonie, s'y multiplie également dans des proportions désastreuses pour l'agriculture.

Après le déjeuner, mon hôte me conduit chez ses voisins, les pères maristes. Je suis reçu par le vénérable P. Rougeyron, qui habite la Nouvelle-Calédonie depuis plus de quarante ans. L'île n'avait encore été visitée que par des bateaux de pêche ou des coupeurs de bois de sandal, lorsque, le 21 décembre 1843, c'est-à-dire dix années avant la prise de possession, Mgr Douarre, évêque d'Amata, débarqua à Balade, accompagné des PP. Viard et Rougeyron. Les commencements de la mission furent des plus difficiles ; bien des fois menacés de mort, assiégés dans leur demeure après avoir vu leur église brûlée et un frère coadjuteur massacré sous leurs yeux, les missionnaires durent se réfugier momentanément en Australie. Mais ils ne tardèrent pas à revenir et fondèrent, à 10 kilomètres au sud de Balade, l'importante mission de Pouébo, qui possède aujourd'hui la plus belle église de la Nouvelle-Calédonie. Sa blanche façade s'aperçoit de fort loin et sert de point de repère aux navigateurs. Le digne P. Rougeyron voulut m'en faire lui-même les honneurs. Dans l'intérieur on remarque le tombeau de marbre de Mgr d'Amata et celui d'un autre missionnaire.

De là il me fit voir l'école, où, sous l'intelligente direction d'une sœur, une soixantaine de fillettes indigènes apprennent à manier l'aiguille, en même temps qu'elles reçoivent une instruction élémentaire. On m'a montré leurs cahiers d'écriture, destinés à l'exposition d'Anvers ; ils figureraient avec honneur dans une école de village, en France. Ce n'est pas l'intelligence qui manque à la race aborigène, mais bien l'esprit de suite. Quoi qu'on fasse, les Canaques resteront toujours de grands enfants, imprévoyants et se laissant guider au jour le jour par leurs caprices.

Ce sont les missionnaires maristes qui ont préparé et facilité à la France la conquête de la Nouvelle-Calédonie. Toujours ils ont lutté, à notre profit, contre l'influence anglaise et protestante : en Océanie, ces deux mots sont synonymes.

En quittant la mission de Pouébo, nous nous mettons en route, M. Coste et moi, pour Oubatche, où nous sommes attendus pour dîner. Nous avons une douzaine de kilomètres à faire dans la brousse ; pas de route, un simple sentier canaque au milieu des hautes herbes.

Nous cheminons d'abord à travers des plantations de cocotiers. Cet arbre ne demande aucune culture ; il faut seulement le mettre à l'abri de la dent du bétail pendant ses premières années. Au bout de sept à huit ans il commence à donner des fruits ; à dix ans il est en plein rapport et alors produit annuellement, pendant près d'un siècle, de 50 à 80 noix, dont les amandes séchées au soleil se vendent sous le nom de *coprah* [1], de 300 à 350 francs la tonne. Un hectare peut recevoir de 150 à 200 cocotiers, et il faut environ 6000 cocos pour faire une tonne de coprah. De plus, les fibres dont les noix sont recouvertes forment un élément textile très apprécié dans la marine pour la fabrication des cordages. Le cocotier se plaît surtout dans les terrains d'alluvion des grandes vallées de l'intérieur et sur les sables du bord de la mer. La plantation de cet arbre ne saurait être trop encouragée ; elle donne, presque sans frais, de beaux bénéfices aux colons, pourvu que ceux-ci puissent attendre pendant une dizaine d'années la rémunération de leur capital.

Plus loin, le terrain se relève. On entre dans des pâturages ombragés d'énormes niaoulis au tronc noueux, aux branches bizarrement contournées. Une heure après, nous arrivons dans un village canaque. Deux solides gaillards se détachent d'un groupe d'indigènes étendus à plat ventre sur le sol à l'ombre d'un banian, et nous suivent en silence. Ils savent qu'à deux cents pas de là nous aurons une rivière à traverser, et ils viennent nous offrir leurs services. M. Coste me donne l'exemple ; je grimpe sur les épaules nues de mon Canaque, je me cramponne à sa tête laineuse, et nous atteignons sans encombre la rive opposée. Mon porteur, en recevant la petite pièce d'argent que je lui donne, me montre, en signe de remerciement, une double rangée de dents blanches et s'éloigne comme il est venu, sans mot dire.

Les Canaques connaissent fort bien la valeur de notre

---

1. La préparation de ce produit est très simple : il suffit d'ouvrir la noix, d'en extraire l'amande et de l'exposer au soleil sur de petites plates-formes de branchages, peu élevées au-dessus du sol. Après leur dessiccation, les amandes sont transportées en Europe, où elles servent à la fabrication du savon et de certaines huiles.

monnaie ; mais ils ne veulent pas de cuivre et n'acceptent aucune division inférieure à 50 centimes, un *dix sous*, comme ils disent. Entre eux ils se servent, en guise de monnaie, de dents de poisson ou de fragments de petits coquillages, usés par le frottement, percés d'un trou microscopique, puis enfilés, comme des perles, sur un brin extrêmement ténu de bourre de cocotier. Ils forment ainsi des colliers, très petits d'ordinaire, mais qui ont à leurs yeux une très grande valeur. On dit que, pour terminer la fabrication de ces sortes de perles, les Canaques les mettent dans leur bouche avec quelques petits fragments de pierre dure, et parviennent, en les mâchonnant longuement, à leur donner le poli nécessaire.

Oubatche, où nous arrivons après trois heures de marche, est une localité peu importante, mais dont les environs sont assez pittoresques. Le poste militaire est agréablement situé au bord d'une petite rivière ; c'est la résidence du commandant supérieur des quatrième et cinquième arrondissements. Je trouvai la plus cordiale hospitalité dans la confortable habitation de M. Henry, l'un des plus anciens colons de l'île, né lui-même aux Nouvelles-Hébrides.

Le lendemain, 3 octobre, l'*Ocean queen* était de retour de Pam, port de la vallée du Diahot, point extrême de son parcours. Je m'embarquai de nouveau à son bord, et, trois jours après, j'étais de retour à Nouméa, fort satisfait de ma rapide excursion sur la côte orientale.

Ce petit voyage de huit jours avait eu pour résultat de modifier mon impression première, qui, comme je l'ai dit, avait été peu favorable. Évidemment le touriste qui se bornerait à visiter Nouméa et ses environs ne saurait avoir une idée exacte de la Nouvelle-Calédonie.

CHAPITRE XI

NOUVELLES-HÉBRIDES

6 — 27 octobre.

Une visite à l'île Nou. — Départ pour les Nouvelles-Hébrides. — Le *Duchaffaut*. — Les îles Loyalty. — Une relâche à Lifou. — Arrivée aux Nouvelles-Hébrides. — L'île Sandwich. — Port-Vila. — Un village indigène. — Port-Havannah. — Débarquement à Api. — Une excursion dans l'intérieur de l'île. — La Société des Nouvelles-Hébrides. — Retour à Nouméa. — Païta. — La mission de Saint-Louis.

La Nouvelle-Calédonie n'est pas une colonie ordinaire. Son nom seul évoque immédiatement des idées de bagne et d'expiation.

C'est en mai 1864 que le premier convoi de condamnés est arrivé à Nouméa, et nous avons vu que, vingt ans après, la *Nouvelle* comptait une population d'environ 7500 forçats en cours de peine et de 3800 libérés, astreints à résider dans la colonie, soit temporairement, soit définitivement [1]; tandis que la population blanche libre, y compris la garnison et les étrangers, ne dépasse guère 7000 âmes.

---

1. Aux termes de la loi promulguée le 20 février 1864, tout individu condamné aux travaux forcés doit résider dans la colonie, après sa libération, pendant un temps égal à la durée de sa peine. Si la condamnation excède huit années, la résidence est obligatoire pour le reste de la vie.

Une administration spéciale, portant le nom d' « administration pénitentiaire » et disposant d'un personnel complètement distinct, s'occupe des transportés et de la colonisation pénale. Elle possède, sur divers points de la colonie, des réserves en terre, où elle peut délivrer des concessions à ceux des condamnés qui répondent aux conditions requises de travail et de bonne conduite. Sous la garde de ses surveillants militaires, elle emploie les forçats à la construction des routes et aux autres travaux publics; enfin elle peut mettre les mieux notés à la disposition des colons ou des fonctionnaires, soit comme ouvriers agricoles, soit comme domestiques, et moyennant une rétribution qui vient s'ajouter à leur pécule.

M. Pallu de la Barrière est le premier gouverneur qui ait cherché à utiliser en grand la main-d'œuvre pénale. Sous son administration éclairée il a été créé des routes muletières qui traversent l'île sur plusieurs points et permettent de se rendre à cheval de Nouméa à Pam, c'est-à-dire sur une longueur de plus de 400 kilomètres. M. Pallu de la Barrière voulait également doter la colonie d'un réseau de routes carrossables; malheureusement, par suite de son rappel, l'exécution de ses vastes projets est restée inachevée.

Au premier abord on pourrait croire que la présence d'un aussi grand nombre de criminels, sur un territoire restreint, enlève toute sécurité aux habitants paisibles. Il n'en est rien : les vols sont relativement rares, les attaques à main armée le sont encore davantage, et dans toute l'île on peut circuler seul, de nuit comme de jour, sans plus de danger qu'en tout autre pays.

D'ailleurs, si les évasions sont faciles, les évadés n'échappent que bien difficilement à la police indigène, composée de jeunes Canaques qui connaissent parfaitement la topographie du pays. Après quelques jours passés misérablement dans la brousse, le fugitif, si la faim ne l'a pas déjà obligé à se rendre, est infailliblement découvert par les indigènes, qui, dans cette chasse à l'homme, font preuve d'une merveilleuse adresse. Une fois rentré au bercail, le forçat, depuis l'abolition des châtiments corporels, en est quitte pour voir sa peine s'augmenter de dix ou vingt ans, ce qui ne le touche guère, car beaucoup d'entre eux ont déjà, par des jugements successifs, de cent à deux cents ans de travaux forcés à accomplir.

L'île Nou, située en face de Nouméa et au sud de la presqu'île Ducos, est exclusivement occupée par la transportation. Elle mesure de 5 à 6 kilomètres de longueur, sur une largeur moyenne d'un kilomètre. C'est là que sont internés, à leur arrivée, les condamnés aux travaux forcés. Ils sont répartis en cinq classes. Ceux de la dernière subissent leur peine dans toute sa rigueur; mais cette classification, loin d'être irrévocable, est fréquemment modifiée en raison de la conduite et des aptitudes de chacun. Les condamnés de la première classe, seuls, peuvent, sur leur demande, être mis en concession ou engagés chez les habitants.

J'ai obtenu de l'administration pénitentiaire l'autorisation de visiter l'île Nou. Le 8 octobre, dans la matinée, je m'embarquais dans une baleinière conduite par huit forçats. A mon arrivée je suis reçu par un lieutenant de vaisseau en retraite qui commandait alors le pénitencier. Dans son bureau, un employé de bonne mine travaillait aux écritures; pendant qu'il va chercher le surveillant qui doit m'accompagner, le lieutenant m'apprend que son commis est le fameux Cliquet, cet ancien notaire de Périgueux qui a eu des malheurs, et dont l'histoire est bien connue dans un petit théâtre parisien.

Ma première visite est pour la forge, vaste usine possédant une machine à vapeur de la force de 40 chevaux. Dans ce bel établissement, complété par une fonderie, une scierie, des ateliers de charpenterie, charronnage, tonnellerie et menuiserie, on exécute d'importants travaux, aussi bien pour la transportation que pour la marine et l'industrie privée, encore dépourvue de moyens de grande fabrication. Cent cinquante condamnés y travaillent en silence, sous la direction de contremaîtres qui sont eux-mêmes des transportés.

De là nous passons au *Camp*, ensemble de vastes constructions entourées d'un mur de ronde, aux angles duquel existent des tourelles de surveillance. C'est là que logent dans de grandes salles communes, ayant chacune leur préau distinct, les condamnés de la même catégorie. J'ai visité successivement chaque classe, en commençant par la première et en terminant par les incorrigibles; ces derniers étaient au nombre d'une cinquantaine.

A côté du Camp se trouve la prison, où sont enfermés les condamnés punis. Presque toutes les cellules sont occupées par des évadés de retour ou des libérés en prison préventive. Quelques-uns sont aux fers : la veille, ils avaient voulu tuer un de leurs codétenus.

Le quartier des condamnés à mort se compose d'un long couloir, fermé d'une grille et bordé d'une double rangée de cellules. A l'heure de ma visite, les portes étaient ouvertes et il y avait là vingt-trois assassins, libres de communiquer entre eux. J'avoue que ce n'est pas sans une certaine appréhension que je pénétrai dans l'antre de ces misérables, à la suite de deux surveillants. Plusieurs étaient condamnés à mort pour la seconde ou la troisième fois; mais, comme le courrier de Paris leur apportait régulièrement leur grâce, ils n'en paraissaient guère affectés.

Depuis trois ans il n'y a pas eu d'exécution capitale au bagne, ce dont se plaint amèrement le condamné qui fait les fonctions de bourreau. Celui-là est un type bien curieux. J'allai le voir avant de quitter la prison. De petits yeux ronds et fixes, une face osseuse et blafarde, un nez long et busqué, lui donnent une physionomie d'oiseau de proie. Il est fier de son métier, amoureux de sa guillotine, dont il fait jouer devant moi le mécanisme avec complaisance, accentuant sa démonstration de la voix et du geste. Les affaires, me dit-il, ne vont pas en ce moment; mais il espère que cela ira mieux sous peu [1]. Si on le laissait faire, il se

---

[1]. Effectivement, une double exécution eut lieu peu après mon passage.

chargerait d'expédier, en moins d'une demi-heure, les vingt-trois camarades qui sont à côté, et, à 10 francs par tête, cela lui rapporterait une jolie somme! Je lui demande pourquoi il est là : il me répond que c'est pour avoir tué sa *truie* (sa femme).

En sortant de ces lieux sinistres, on est écœuré ; aussi suis-je heureux de respirer au dehors la brise de mer et d'avoir à traverser l'île dans sa plus grande largeur, pour me rendre à l'hôpital, qui est situé sur la côte ouest. Chemin faisant, le surveillant qui m'accompagne me raconte, sur le joli monde au milieu duquel il vit, une série d'anecdotes qui feraient le bonheur d'un romancier.

L'hôpital de l'île Nou est parfaitement installé, à deux pas de la mer, au milieu d'un jardin anglais orné de superbes banians. Il renferme 320 lits, répartis en sept corps de bâtiments, à simple rez-de-chaussée. Des religieuses de Saint-Joseph de Cluny et des infirmiers, choisis parmi les transportés de bonne conduite, y soignent les malades, sous la direction d'un médecin de la marine.

Non loin de l'hôpital se trouve l'asile des aliénés, que j'ai également visité et qui contenait alors 52 condamnés, inoffensifs pour la plupart.

Après avoir vu la ferme Nord, lieu de refuge pour un certain nombre de libérés sans travail, nous nous rendons, par la côte ouest et la Vacherie, au camp Est, qui occupe l'extrémité de l'île la plus rapprochée de Nouméa.

Le camp Est peut recevoir 900 hommes, et sert à loger les condamnés composant les corvées affectées aux travaux publics du chef-lieu. Chaque matin, au point du jour, cinq ou six cents d'entre eux s'entassent dans deux chalands remorqués par une chaloupe à vapeur, et traversent le port; au coucher du soleil, ils rentrent au bercail. J'ai assisté à l'arrivée du silencieux convoi, et la chaloupe qui l'amenait m'a reconduit à Nouméa.

Cette journée passée à l'île Nou m'a laissé des souvenirs ineffaçables. Je vois encore un certain Maublanc, portant sur le front cette inscription en gros caractères :

la vengeance ou la mort! et autour du cou, ces mots : *le couteau glisse!* Un autre, dont le nom m'échappe, avait la poitrine tatouée d'un tableau très compliqué, représentant une exécution capitale : les gendarmes, le bourreau, le prêtre avec le crucifix, rien n'y manquait. Parlerai-je aussi de célébrités d'un autre genre, du fameux Fenayrou, qui venait de quitter, un peu malgré lui, sa pharmacie de Bourail, et que j'ai vu à la prison de l'île Nou, remplissant les fonctions de commis aux écritures; de l'ex-abbé Baujard, installé à part dans une petite chambrette, et de bien d'autres dont les noms ont acquis une triste notoriété dans les annales du crime? La liste en serait trop longue.

La métropole n'expédie pas seulement des forçats en Nouvelle-Calédonie, elle y envoie aussi des femmes condamnées à des peines plus ou moins fortes et destinées à se marier avec des transportés concessionnaires. A leur arrivée, ces femmes sont dirigées sur le pénitencier agricole de Bourail, à quelque 200 kilomètres au nord-ouest de Nouméa. Là elles sont internées dans un couvent tenu par les sœurs de Cluny et y attendent une demande en mariage, qui généralement ne traîne pas en longueur. On a raconté bien des choses sur les fournées conjugales du couvent de Bourail. Toutefois il faut reconnaître que, si l'expérience n'a pas complètement réussi, elle méritait au moins d'être tentée. Quoi de plus beau, en théorie, que la réhabilitation du condamné par le travail et la famille!

Je me proposais de compléter mes impressions sur les bagnes calédoniens par une visite à Bourail, lorsque j'appris une nouvelle qui déconcerta tous mes projets : l'éclaireur d'escadre, *le Duchaffaut*, allait partir pour les Nouvelles-Hébrides; son voyage ne durerait qu'une dizaine de jours, et, chose essentielle pour moi, la *Vire* ne quitterait pas Nouméa avant son retour. Ce m'était une occasion inespérée de faire, dans d'excellentes conditions, une intéressante tournée dans un archipel encore peu connu; aussi ne la laissai-je pas échapper. M. le gouverneur Le Boucher m'accorda sans difficulté l'autorisation que je lui demandai, et, tranquille de ce côté, j'allai rendre visite aux officiers du *Duchaffaut*. Dans un bâtiment de guerre, aucun emplacement n'étant réservé aux personnes étrangères à l'équipage, il faut, pour vivre au carré des officiers, que ceux-ci consentent à vous recevoir. Ces messieurs m'ayant assuré que je serais le bienvenu parmi eux, je m'occupai aussitôt de mes préparatifs de départ.

Le 13 octobre, à 10 heures du matin, le *Duchaffaut* lève l'ancre. J'ai la bonne fortune de voyager en compagnie de M. Higginson, l'homme le plus connu de la Nouvelle-Calédonie. Anglais d'origine, il a reçu en 1876 ses lettres de grande naturalisation. Mêlé à toutes les entreprises industrielles et commerciales de la colonie, d'une rare intelligence en affaires et surtout d'une activité incroyable, on le voit sans cesse en voyage, achetant des terrains, explorant de nouvelles mines, cherchant par tous les moyens à développer les ressources naturelles de sa patrie d'adoption, à exploiter les trésors cachés dans son sein, et la proclamant avec conviction la contrée la plus riche du globe. M. Higginson d'ailleurs est bien connu à Paris, où il a fait de fréquents voyages. Je lui avais été présenté peu de temps avant mon départ de France, et il m'avait donné rendez-vous en Nouvelle-Calédonie, me promettant de me faire visiter les Nouvelles-Hébrides. Sa prévision se réalisait.

Dans la journée, je revois avec plaisir les paysages du sud de l'île. Au sortir du canal de la Havannah, le *Duchaffaut* met le cap au nord, et bientôt la terre disparaît.

Le lendemain, Lifou est en vue. Cette île, avec Maré, Ouvéa et quelques îlots sans importance, forme le groupe des Loyalty, orienté parallèlement à la grande terre, à une centaine de milles au large de la côte est. Lifou est la plus grande des trois; elle mesure 60 kilomètres de long, sur 30 de large.

Les Loyalty, qui avaient échappé aux recherches du capitaine Cook, ont été aperçues pour la première fois, en 1793, par d'Entrecasteaux, qui fut loin de soupçonner leur étendue. En 1827 elles furent retrouvées et explorées par

Dumont d'Urville. Malgré leur proximité de la Nouvelle-Calédonie, elles ont une constitution géologique toute différente; leur formation, beaucoup plus récente, paraît due à un soulèvement madréporique:

Les abords de Lifou sont escarpés. Le roc corallique s'étage en trois ou quatre terrasses, se terminant par un plateau d'une altitude de 60 à 70 mètres. Le *Duchaffaut*, pénétrant dans la vaste baie du Sandal, rase le morne pittoresque de Yacho, surmonté par une petite église. Partout les falaises verticales sont trouées à la base; l'action incessante des flots y a creusé d'innombrables cavernes, des grottes sinueuses et profondes. Au mouillage de Chépénéhé, l'eau est d'une limpidité telle, qu'à une profondeur de 20 mètres on distingue encore parfaitement des masses rocheuses de coraux vivants, affectant les formes et les couleurs les plus variées.

Le débarquement est difficile. Il n'y a pas de plages à Lifou; mais, si le pourtour de l'île est nu et stérile, il n'en est pas de même de l'intérieur. Après avoir rendu visite au résident français qui représente à Chépénéhé l'administration coloniale, nous nous dirigeons par un chemin ombreux vers la mission catholique, distante d'environ 2 kilomètres. C'est une charmante promenade. Le sol est rocailleux, et la couche d'humus qui le recouvre, si légère, que le corail affleure à chaque pas; cependant la végétation est belle, et le cocotier réussit parfaitement, ce qui est fort heureux pour les habitants, qui n'ont guère pour se désaltérer que le suc de la noix de coco. Malgré ces conditions défavorables, les Loyalty sont relativement plus peuplées que la grande terre. On y compte environ 17 000 indigènes, appartenant à la même race que les Canaques calédoniens, mais plus actifs, plus intelligents et faisant d'excellents marins. Tous sont convertis au christianisme; mais, les missionnaires anglais étant arrivés les premiers, les protestants sont en grande majorité.

En l'absence du Père, un Canaque de la mission nous fait visiter une grotte fort curieuse, creusée en forme d'en-

Grotte à Lifou.

tonnoir, au milieu de la forêt. On y pénètre par un sentier taillé en spirale dans le roc. Des lianes échevelées, des racines de banians, retombent jusque dans les profondeurs du gouffre, tandis que d'autres arbres, végétant sur les parois escarpées, s'élancent à la conquête de l'air et de la lumière.

Après avoir quitté Lifou, le *Duchaffaut*, continuant sa route au nord, se dirige vers l'île Sandwich ou Vaté, qui occupe la partie centrale des Nouvelles-Hébrides, à 200 milles environ des Loyalty.

L'archipel des Nouvelles-Hébrides, en y comprenant le petit groupe des îles Banks, qui en dépend géographiquement, forme une chaîne étroite, orientée du nord-ouest au sud-est, et longue d'environ 800 kilomètres. Compris, d'une part, entre le 14° et le 20° de latitude méridionale, de l'autre, entre le 164° et le 168° de longitude à l'est de Paris, il se compose de treize grandes îles et d'une infinité d'îlots plus ou moins importants. Sa superficie totale est un peu inférieure à celle de la Nouvelle-Calédonie; quant à sa population, on l'estime aujourd'hui à 60 000 âmes, mais c'est là un chiffre purement approximatif, dont rien ne justifie l'exactitude.

A l'exception de quelques petites îles, formées de tables madréporiques superposées, les Nouvelles-Hébrides sont toutes d'origine volcanique; elles présentent l'aspect de terres montagneuses dominant une côte basse, entourée ou bordée de récifs de corail. On y connaît cinq volcans en activité.

Les indigènes appartiennent à la race noire mélanésienne; cependant leur type varie considérablement d'une île à l'autre. Il en est de même de leur langage : on parle au moins vingt langues différentes dans l'archipel, souvent même plusieurs dans la même île.

Les Néo-Hébridais sont notoirement anthropophages; de récents événements ne l'ont que trop prouvé. Souvent ils ont fait paraître un caractère perfide dans leurs rapports avec les blancs; il est vrai que, souvent aussi, ces derniers les ont traités avec injustice et cruauté, principalement en ce qui concerne le recrutement des travailleurs (*labour trade*), qui n'est autre que le commerce de la traite, à peine déguisé, entre l'archipel et les établissements anglais du Queensland et des Fidji : de là des représailles sanglantes. Toutefois le caractère des naturels, sur les points où l'influence des missionnaires s'est fait sentir, est devenu, me dit-on, moins hostile et plus confiant.

Presque partout le sol est d'une extrême fertilité. Ses productions naturelles sont celles de la Nouvelle-Calédonie, mais avec plus d'abondance et de vitalité. Il convient d'ajouter d'ailleurs que, par suite de la force de la végétation et de l'humidité du sol, le climat est moins favorable aux Européens que celui de la Nouvelle-Calédonie. Les Nouvelles-Hébrides étant plus rapprochées de l'équateur, il est tout naturel que la chaleur y soit plus forte; elle est cependant fréquemment adoucie par la brise de mer. Les côtes exposées aux vents régnants du sud-est sont généralement saines; la saison des pluies, qui dure trois mois, de décembre à février, est l'époque la plus malsaine de l'année. Du reste, avec des précautions et de l'hygiène, on vit très bien aux Nouvelles-Hébrides, témoin certains missionnaires qui y habitent depuis une trentaine d'années.

Le 15 octobre, à midi, nous sommes au mouillage de Port-Vila, en face d'un grand magasin appartenant à la Compagnie néo-hébridaise, récemment fondée par M. Higginson. L'île Sandwich, dont la superficie est évaluée à 80 kilomètres carrés, passe pour la plus belle du groupe. Elle est peu élevée, couverte de forêts luxuriantes, et présente un aspect enchanteur. Quelques plantations y ont été faites dans ces dernières années.

Chacun de nous a hâte de se rendre à terre. En si peu de jours, quelle différence de température! Ici l'air saturé d'humidité rend la chaleur accablante. Cependant nous faisons une longue promenade à travers une plantation de maïs, percée de larges avenues plantées de cocotiers et de bananiers; des ananas croissent en bordure le long des chemins, remplaçant ainsi avec avantage les haies de la vieille Europe. Le sol est noir, très meuble et d'une fertilité sans pareille; des essais de canne à sucre ont donné des résultats extraordinaires. Ce domaine est régi par un créole de la Réunion, M. Bernier.

Plus loin, une petite route bien entretenue conduit à une superbe plantation de café en plein rapport, créée par un Français qui s'est construit, sur un tertre dominant la baie, une habitation confortable; il a donné à sa propriété le nom de Franceville. Le café des Nouvelles-Hébrides est de qualité excellente, et sa culture sur une grande échelle donnerait lieu à de sérieux bénéfices; mais, ici comme en Calédonie, elle n'est pas actuellement susceptible d'un grand développement, vu la rareté de la main-d'œuvre. Sur leur terre natale, on ne peut obtenir des naturels aucun effort soutenu; on est obligé de dépayser les travailleurs, c'est-à-dire d'aller les recruter dans les îles voisines.

Le jour suivant, de bonne heure, un canot nous conduit à l'îlot Vila, habité par la tribu de ce nom, comprenant environ deux cents individus. En ce moment ils sont en guerre avec les gens de Mélé, cantonnés, comme eux, sur une île, dans une autre partie de la même baie. Il est à remarquer que les villages des indigènes sont généralement situés dans de petites îles, tandis que les plantations d'ignames et de patates, qui constituent la base de leur nourriture, se trouvent sur la grande terre; dans la journée, ils vont les soigner et se retirent la nuit sur leur îlot, comme dans une forteresse.

Du rivage on n'aperçoit aucune habitation. Un sentier sous bois mène en quelques minutes à un village d'un aspect assez misérable, dont les abords sont gardés par une troupe de chiens efflanqués, timides et muets. Les cases, abritées sous de grands banians et des arbres fruitiers, ne ressemblent en rien à celles des Néo-Calédoniens. Elles sont de forme rectangulaire. La toiture, très inclinée, s'appuie d'un côté sur le sol, et, de l'autre, ne laisse libre qu'un étroit espace par où l'on pénètre en rampant. La demeure de chaque famille est entourée d'une palissade de pieux ou de bambous entrelacés; la cour intérieure est proprement tenue, sablée de coraux et de coquillages. De grosses ignames sèchent au grand air, suspendues à des cordes tendues d'un arbre à l'autre ; quelques arbustes, aux feuilles multicolores, plantés symétriquement, simulent un jardinet, ou bien indiquent l'emplacement d'une tombe.

Les habitants ne paraissent nullement inquiets de notre présence; ils nous font signe d'entrer dans leur enclos et nous accompagnent avec empressement chez leurs voisins. Bientôt nous sommes entourés par une cinquantaine d'hommes, de femmes, de jeunes filles et d'enfants; tous sont dans un état de nudité presque complet. L'attitude de ces gens est amicale; ils ne nous offrent pourtant que des instruments de carnage, casse-tête, arcs, zagaies et aussi des nattes. Un vieillard nous apporte des flèches, dont la pointe est enduite d'une matière noire et suspecte; au moyen de gestes expressifs il nous fait comprendre qu'elles sont empoisonnées. Des marchés s'engagent; à l'aide de quelques mots d'anglais, on finit par s'entendre. Nous donnons en payement des pièces de dix sous ou mieux encore du tabac américain de qualité inférieure, pressé et réduit en bâtonnets. Ce dernier article, dont nous avions fait une ample provision à Nouméa, est très recherché : c'est la monnaie courante aux Nouvelles-Hébrides.

Les indigènes que nous avons sous les yeux appartiennent évidemment à la race noire papoue, qui a peuplé la Nouvelle-Calédonie et que l'on croit originaire de l'Asie méridionale; cependant j'en ai remarqué plusieurs ayant la peau relativement claire, et dont le type différent indiquait un mélange de sang polynésien, probablement dû à une ancienne immigration venue de Samoa. En effet, dans leur langage, qui, comme je l'ai dit, varie de tribu à tribu, on retrouve beaucoup de mots identiques à ceux en usage dans les archipels de l'est.

Près du village, au milieu d'un espace libre, une douzaine de grands troncs d'arbres, d'inégale dimension, sont plantés irrégulièrement dans le sol. Couverts de cannelures et de dessins coloriés [1], sculptés au sommet en forme de têtes grimaçantes, ils forment un assemblage à la fois hideux et grotesque. Le bois, très dur, a été évidé par places et creusé à l'intérieur, pour en augmenter la sonorité, car ce que nous avons sous les yeux est tout simplement un orchestre monumental. Prévenant notre désir, deux ou trois indigènes, se démenant comme des diables, frappent en cadence sur ces gigantesques mirlitons et nous régalent d'un concert infernal. C'est autour de ce singulier instrument de musique que se tiennent les réunions de la tribu et qu'ont lieu les danses connues sous le nom de *pilou-pilou*.

Après une visite qui n'avait pas duré moins de deux heures, nous prenons congé de nos amis les sauvages et nous rentrons à bord, chargés d'armes de toute sorte.

En quittant le mouillage de Port-Vila, le *Duchaffaut* se rend à Port-Havannah, à 27 milles au nord-est, dans la même île. On jette l'ancre non loin du *Chevert*, ancien bâtiment de guerre français, acheté à vil prix par la Compagnie des Nouvelles-Hébrides. Aujourd'hui il sert de magasin flottant, et sous peu on doit le conduire à Port-Sandwich, au sud-est de la grande île de Mallicolo, qui fait partie du groupe nord de l'archipel et où il est question de fonder un nouvel établissement.

Port-Havannah est un excellent mouillage ; on y trouve de l'eau douce et du bois en abondance. A 3 kilomètres du poste de la compagnie existe une mission protestante que j'ai visitée. Les villages environnants, soumis à l'influence du missionnaire anglais, sont loin d'offrir le même intérêt que celui de Vila, encore à peu près vierge du contact euro-

---

1. J'ai remarqué que, dans cette grossière décoration, notre drapeau tricolore était plusieurs fois représenté, tandis que celui de l'Angleterre brillait par son absence.

péen. Les plantations des indigènes paraissent fort négligées, bien que la végétation qui les entoure soit de toute beauté.

Deux jours après, le *Duchaffaut* se remet en route. La baie de la Havannah est fermée au nord-ouest par les îlots Protection et Déception, qui ne laissent entre eux qu'une passe étroite. Nous la franchissons heureusement et mettons le cap au nord sur Api, distante de 60 milles.

Entre Sandwich et Api on rencontre plusieurs îles secondaires, dont la position n'a pas encore été exactement déterminée. Leurs formes sont accidentées et bizarres. Cook leur a donné le nom d'îles Berger, en mémoire d'un astronome de ses amis.

Quand on a dépassé l'île des Trois-Collines, on se trouve en vue d'Api, terre beaucoup plus élevée que Sandwich et dominée par trois pics, hauts de 800 à 900 mètres. La côte qui défile sous nos regards offre un panorama ravissant. Une végétation puissante couvre les plus hauts sommets et descend jusqu'au bord de la mer. Si l'on en juge par le développement des cultures et des plantations de cocotiers qui s'étagent sur le versant des collines, cette île doit être très peuplée.

L'opération du mouillage terminée, je m'empressai de me rendre à terre en compagnie de quelques officiers du bord. Jusqu'à présent, Api n'a été que rarement visitée par les Européens. Malgré leur mauvaise réputation, il est peu probable que les naturels osent s'attaquer à nous, car ils ont appris à leurs dépens à respecter les navires de guerre, qu'ils savent fort bien distinguer des simples goélettes. Cependant mes compagnons jugent à propos de prendre quelques précautions; en outre, des revolvers ont été distribués à l'équipage du canot.

L'atterrissage est difficile. Le corail frange le rivage, et sous l'eau transparente on en distingue de charmants spécimens, colorés des teintes les plus vives, roses, pourpres ou violettes. Cependant sept ou huit indigènes, assemblés sur la plage, nous montrent un endroit favorable au débarquement. Nous profitons de leurs indications, et bientôt nous sommes au milieu d'hommes complètement nus, armés de longs casse-tête. Leur attitude est réservée, mais ne paraît pas hostile ; à aucun prix ils ne consentent à se dessaisir de leurs armes. Nous les invitons à nous conduire à leur village : d'abord ils refusent, puis cherchent à nous dissuader, nous faisant comprendre, par signes, qu'il est fort éloigné dans la montagne. Enfin, après de longues délibérations, un jeune garçon se décide à nous servir de guide et nous précède dans un étroit sentier qui s'engage, par une pente fort raide au début, sous un magnifique dôme de verdure. Chemin faisant, nous sommes rejoints par d'autres naturels, que, par mesure de prudence, nous faisons aussi passer devant nous. Parfois toute la troupe fait halte sous les grands arbres et pousse des cris aigus, probablement pour avertir les gens de leur village de notre arrivée. La course est longue, mais la forêt est splendide, et le feuillage si épais que les rayons du soleil ne peuvent le pénétrer. Au milieu de beaucoup d'essences qui me sont inconnues, je remarque de superbes crotons, aux feuilles luisantes tachetées de rouge, de brun et de jaune, de la plus grande beauté.

Au bout d'une heure et demie de marche, nous arrivons dans un village que probablement aucun Européen n'a encore visité. La présence des femmes et des enfants nous assure des dispositions pacifiques des habitants ; car, si ces derniers préméditaient une attaque, leur premier soin eût été de les faire cacher dans la brousse. Les cases sont encore plus misérables que celles de Vila, et les pauvres gens n'ont guère d'objets à échanger. Le tabac, les pipes de terre et les sous neufs sont ce qui les tente le plus ; ils n'ont aucune idée de la valeur de l'or. Le commissaire du *Duchaffaut* espérait faire une abondante récolte d'armes et de curiosités, destinées à figurer à l'exposition d'Anvers, mais nous ne trouvons presque rien qui vaille la peine d'être emporté.

En somme, ces indigènes, qui passent pour de féroces

cannibales, nous ont reçus de leur mieux, grimpant aux arbres pour nous offrir des fruits et ne demandant rien en échange de leur peine. Au commencement, ils ont eu un moment d'hésitation et de froideur bien naturelles, mais ensuite ils se sont montrés gais, obligeants et nous ont reconduits amicalement à la plage, où nous attendaient deux embarcations armées.

Api devait être le point extrême de notre excursion aux Nouvelles-Hébrides. Je n'ai fait qu'entrevoir dans l'éloignement la grande île de Mallicolo, qui par son étendue occupe le second rang dans l'archipel[1]. Quelques jours après, le 23 octobre, j'étais de retour à Nouméa, fort satisfait de ce rapide voyage, qui m'avait permis de visiter plusieurs points intéressants d'un archipel encore peu connu, dont on parle beaucoup en ce moment, et qui forme le complément naturel de la Nouvelle-Calédonie.

L'archipel des Nouvelles-Hébrides fut découvert en 1606, par le navigateur portugais Fernandez de Queiros, qui n'aperçut que l'île du nord, la plus considérable du groupe, et la nomma Terre du Saint-Esprit. En 1768 Bougainville reconnut plusieurs autres îles voisines, auxquelles il donna le nom de Grandes-Cyclades. Six ans plus tard, Cook découvrit la plus grande partie du groupe du sud, reconnut l'archipel entier, en fixa la position et lui imposa le nom qu'il porte aujourd'hui.

Les Nouvelles-Hébrides étaient retombées dans l'oubli, lorsque, vers 1840, le manque de bois de santal en Chine y amena quelques navires de commerce, qui en firent une récolte prodigieuse.

Lors de la prise de possession de la Nouvelle-Calédonie, un Anglais, le capitaine Paddon, était installé depuis une dizaine d'années sur l'île Nou, où il avait créé un centre commercial d'une certaine importance. De là il envoyait ses

---

1. Mallicolo possède, sur la côte est, un port excellent qui est en passe de devenir un centre important de colonisation. Le drapeau français y a été planté en juin 1886, ainsi qu'à l'île Sandwich.

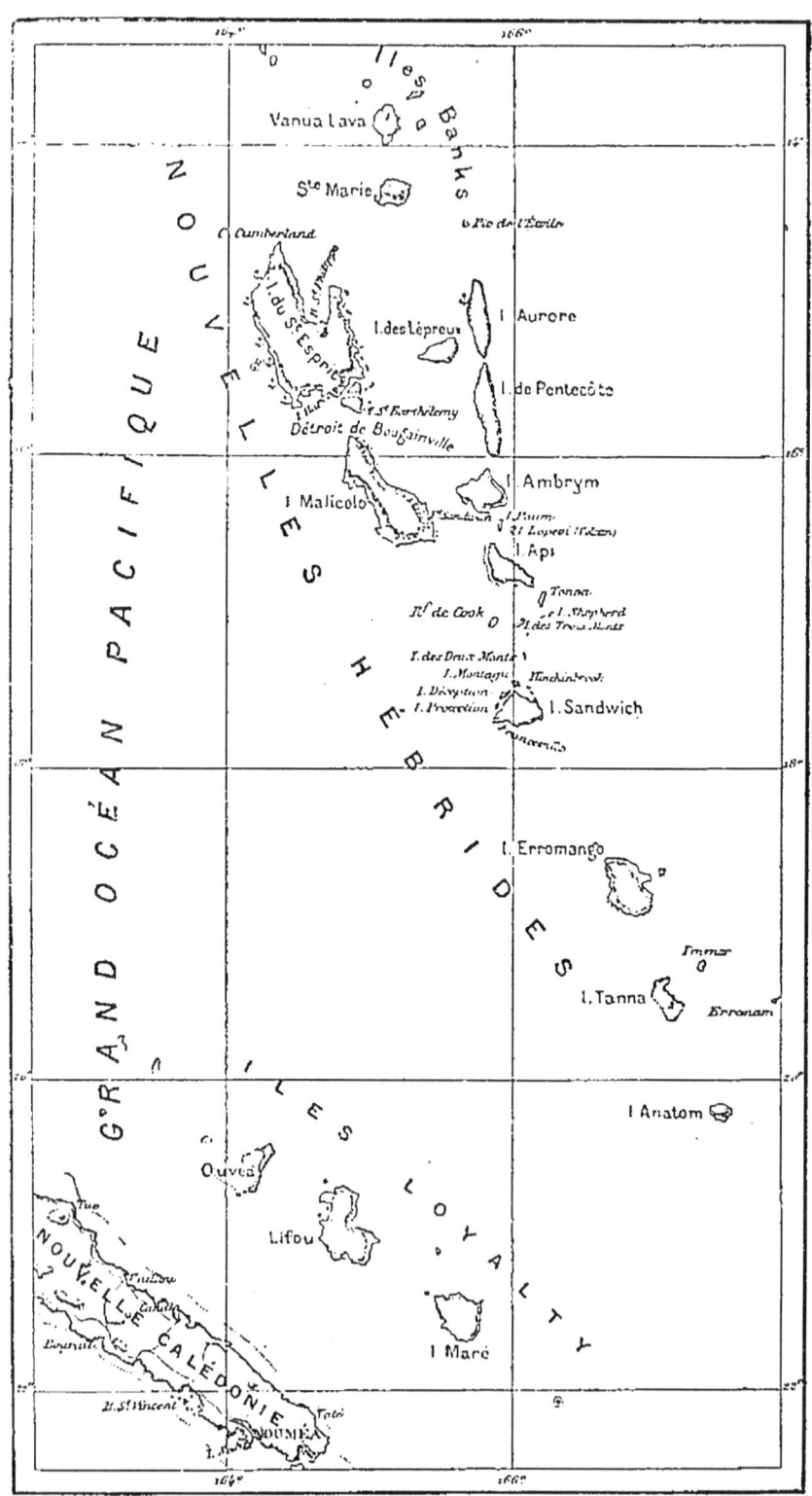

Carte des Nouvelles-Hébrides.

goélettes trafiquer sur les côtes de la grande terre et surtout aux Nouvelles-Hébrides. La cession de l'île Nou au gouvernement français n'a pas interrompu ces relations; de nombreux voiliers n'ont cessé de faire la navette entre la Calédonie et l'archipel. Nouméa, qui n'est séparé des Hébrides que par une distance moyenne de 600 kilomètres, c'est-à-dire par un jour et demi de navigation à vapeur, est donc, aujourd'hui et depuis longtemps, l'entrepôt naturel du commerce de ces îles.

La Société française des Nouvelles-Hébrides, dont j'ai parlé plus haut, a maintenant entre ses mains la presque totalité du mouvement commercial dans l'archipel. Non seulement elle a racheté à peu près toutes les propriétés appartenant aux anciens colons, mais elle a fait d'immenses acquisitions de terrains, dûment régularisées, auprès des divers chefs de tribus; si bien qu'elle possède aujourd'hui près de la moitié de la superficie totale de l'archipel. Il n'y a, jusqu'à présent, que 400 hectares en exploitation, mais des plantations de cocotiers, qui seront dans quelques années d'un rapport assuré, ont été faites en grand; des stations pour l'achat et la préparation du coprah, l'exploitation des bois, la culture et l'élevage, ont été établies dans les îles les plus importantes. Enfin la compagnie se propose de rattacher directement les Hébrides à la Calédonie au moyen d'un bateau à vapeur qui fera régulièrement le service de la poste et desservira toutes les îles du groupe.

En Nouvelle-Calédonie, où la marée montante des transportés menace de tout envahir, il ne restera bientôt plus de concessions disponibles. L'administration pénitentiaire possède déjà la meilleure partie du territoire et voit ses réserves s'épuiser rapidement. Les libérés, dont le contingent s'augmente chaque année de cinq cents hommes au moins — en attendant que les récidivistes viennent les rejoindre, — ne trouvent pas toujours du travail. Ils retombent alors à la charge de l'administration, qui les réintègre dans les dépôts, où on les nourrit sans pouvoir les occuper, tandis que nous avons à notre portée, aux Nouvelles-Hébrides, un pays neuf, d'immenses forêts, les terres les plus fertiles du globe, tout cela vacant et sans maître. Aussi tout le monde, en Nouvelle-Calédonie, souhaite avec ardeur une annexion qui, dès à présent, s'impose par la force des choses.

Je ne ferai pas une plus longue incursion sur le domaine de la politique. J'ai tenu seulement à signaler l'importance des Nouvelles-Hébrides et l'intérêt majeur qui s'attache à leur possession : c'est une question vitale pour notre colonie.

27 octobre. — Depuis mon retour à Nouméa, je ne suis pas resté inactif. D'abord je me suis occupé de simplifier mes bagages en expédiant par les Messageries, en douane à Paris, trois caisses renfermant des armes, des curiosités, des objets d'histoire naturelle, en un mot tout ce qui me paraissait inutile pour la suite de mon voyage.

N'ayant plus le temps de visiter Bourail, j'ai voulu voir l'établissement pénitentiaire de Païta, à 29 kilomètres de Nouméa. Une petite voiture publique fait journellement ce trajet, en quatre heures. La route est excellente. On est heureux, au sortir des collines arides de la presqu'île de Nouméa, de trouver, au Pont des Français, de la verdure et des eaux claires. Le passage du col de Tonghoué est très pittoresque; la végétation tropicale s'y développe dans toute sa splendeur. Plus loin on traverse la belle plaine de la Dombéa, où, par suite de la proximité du chef-lieu, la culture maraîchère a pris une certaine extension. C'est là qu'a été montée la première usine à sucre introduite dans la colonie. Après avoir visité, à Païta, le camp de la transportation, occupé par 80 condamnés, je trouvai un gîte dans une petite auberge, et le lendemain, à l'heure du déjeuner, j'étais de retour à Nouméa.

Hier j'ai fait une excursion à la mission catholique de Saint-Louis, sur la baie de Boulari, à 17 kilomètres du chef-lieu. Au Pont des Français on laisse à gauche la route de Païta, puis on traverse la rivière Yahoué, dont l'eau est amenée à Nouméa au moyen d'une conduite longue de 11 500 mètres. Dans les environs se trouve une ferme

Le Pont des Français, aux environs de Nouméa.

modèle, avec de grands jardins d'orangers. Plus loin, entre la route et la mer, d'épais ombrages, des plantations de bananiers et de cocotiers, signalent la mission de la Conception, où l'on a construit un pensionnat pour les filles européennes.

La mission de Saint-Louis appartient aux Maristes. Elle comprend un beau domaine de plus de 3000 hectares. Le P. Vigouroux, qui habite la Nouvelle-Calédonie depuis une époque antérieure à l'occupation, m'en a fait gracieusement les honneurs. Une scierie mécanique, une fabrique de sucre et une distillerie fonctionnent à côté des écoles, où l'on apprend le français aux jeunes Canaques des deux sexes. L'église et les bâtiments de la mission s'élèvent au milieu d'un riant paysage, animé par la rivière de Saint-Louis et les cases des indigènes catholiques, proprement tenues, entourées de jardinets bien soignés. D'un côté la mer bleue, de l'autre le puissant massif des monts d'Or, aux sommets arides et dénudés, mais à la base verdoyante, complètent le tableau.

Les quatre jours qui viennent de s'écouler sont les derniers que j'aurai passés en Nouvelle-Calédonie. Demain je pars avec la *Vire* pour Tahiti.

CHAPITRE XII

TAHITI

28 octobre — 26 novembre.

De Nouméa a Tahiti. — A bord de la *Vire*. — La semaine des deux lundis. — Arrivée à Papeete. — Le tour de l'île. — La pointe Vénus. — Tiarei. — L'isthme de Taravao. — La presqu'île de Taiarapu. — Pueu. — Les *himéné*. — Tautira. — Passage du grand récif. — Teahupo. — Papeuriri. — Paea. — Retour à Papeete.

28 octobre. — Dès 6 heures du matin nous sommes en route. Je dis un adieu définitif à Nouméa, et pour la cinquième fois je revois les paysages bien connus du sud de l'île, l'île Ouen, la baie de Prony, le canal de la Havannah. Dans l'après-midi, la grande terre s'efface dans l'éloignement ; quelques heures après, l'île des Pins disparaît à son tour : au coucher du soleil, plus rien en vue.

Si l'on jette les yeux sur la carte de l'Océanie, on voit que l'océan Pacifique, entre la Nouvelle-Calédonie et Tahiti, est semé d'îles nombreuses. La route directe passerait à travers les Fidji, les Tonga, l'archipel de Cook, etc. En établissant mon itinéraire, j'avais espéré voir au passage quelqu'une de ces terres lointaines ; il ne devait pas en être ainsi. Un marin doit tenir compte des vents régnants, et, pour lui, la ligne droite n'est pas toujours le plus court chemin d'un point à un autre. Nous ferons route au sud-est, où nous avons plus de chance de rencontrer des vents favorables. Au lieu de 825 lieues marines, distance réelle de Nouméa à Papeete, nous en ferons 900, 1000 s'il le faut; en tout cas, il est certain que nous n'apercevrons aucune terre avant une quinzaine de jours au moins.

30 octobre. — Hier on a repassé le tropique. La mer est assez forte; la température fraîchit.

La *Vire* est un transport de station, à hélice, armé de six canons de 14 et d'un canon revolver. Sa machine est de la force de 150 chevaux, mais elle est vieille et il serait imprudent de la surmener; aussi nous ne filons guère que cinq ou six nœuds. Je suis logé à l'arrière du faux pont. J'occupe seul une petite cabine, à côté d'un magasin de vivres. Je m'y tiens le moins possible, car on n'y voit goutte, même en plein jour, et le hublot, toujours fermé, m'interdit de renouveler un air vicié par l'odeur des huiles grasses et les écœurantes senteurs que dégage la machine. Cependant j'y ai assez bien dormi jusqu'à présent, malgré les innombrables et monstrueux cancrelas qui courent partout chez moi, attirés par le voisinage de la soute au lard.

Lundi bis, — *3 bis novembre.* — Cette nuit, nous avons franchi le 180° degré. Hier nous étions de douze heures en avance sur Paris, aujourd'hui nous sommes de douze heures en retard. Pour arriver à ce résultat et nous trouver en concordance avec le calendrier du pays où nous allons, il a naturellement fallu redoubler un jour. Nous aurons donc deux lundis dans cette semaine de huit jours, et maintenant notre longitude se comptera à l'ouest.

Rien de nouveau d'ailleurs. Le thermomètre marque 23°; la mer est houleuse, la *Vire* roule beaucoup.

9 novembre. — Les jours se suivent et se ressemblent. Nous étions hier par 27° 34′ de latitude sud, aujourd'hui nous remontons légèrement vers le nord. Contre toute prévision, les vents réguliers s'obstinent à nous faire défaut. Parfois un grain nous amène une brise légère; on en profite aussitôt pour hisser les voiles, ce qui augmente d'un ou deux nœuds la marche du navire. Mais cela ne dure pas ; bientôt la brise mollit, les voiles retombent flasques, et il faut se contenter du simple tourne-broche, comme disent les matelots en parlant de la machine.

Le temps se passe tant bien que mal. Le meilleur moment de la journée est le matin. Quand vient le jour, je suis heureux de quitter mon infecte cabine, pour aller, sur le pont, respirer à pleins poumons l'air vivifiant de la mer. Le commandant de Lesguern et son second, le lieutenant Frappier, sont fort aimables pour moi. Le temps probable, la marche du navire font le sujet ordinaire de nos conversations. Dans la journée, tandis que les officiers qui ont été de quart pendant la nuit font la sieste et que le docteur du bord joue de la flûte dans sa cabine, on organise un whist au carré.

Nous avons, comme passagers : deux lieutenants de vaisseau ; trois officiers d'artillerie de marine, dont un occupe ses loisirs à faire de la tapisserie ; un pharmacien et un lieutenant d'infanterie de marine, ce dernier accompagné de sa femme ; enfin un Bourguignon de Dijon, M. Gardey, sous-chef de bureau à la direction de l'intérieur, à Papeete. Marié à une aimable Tahitienne, M. Gardey a profité d'un congé pour faire voir la France à sa femme et à ses deux enfants ; maintenant il ramène sa famille à Tahiti.

Comme nous sommes assez nombreux, on fait deux tables au carré ; chacune d'elles est présidée, à tour de rôle, par un officier du bord. Aujourd'hui, en l'honneur du cinquante et unième anniversaire de ma naissance, on a fait sauter au dessert quelques bouchons de champagne.

10 novembre. — Cette partie du Pacifique est absolument déserte. Toujours la mer sans bornes, le même cercle bleu sombre autour de nous. Depuis quatorze jours, rien, que le ciel et l'eau : pas une voile, pas un îlot. Cette nuit le commandant a eu l'idée d'aller reconnaître je ne sais quel rocher, signalé par certaines cartes dans ces parages peu fréquentés, et dont la position est mal connue. On ne s'avançait qu'avec précaution, et plusieurs fois on a stoppé ;

mais, comme la sonde n'indiquait que de grandes profondeurs, on n'a pas tardé à reprendre la route au nord-est.

12 novembre. — Ce matin, pour la première fois, trois oiseaux blancs, vulgairement appelés *paille-en-queue*, voltigent autour de la *Vire*. Ces gracieux messagers nous annoncent le voisinage d'une terre, que d'ailleurs le commandant nous promet pour demain. Dans la soirée nous franchissons de nouveau le tropique.

13 novembre. — En vue de la petite île de Rimatara, qui dépend de l'archipel des Tubuaï. Je lis dans l'annuaire de Tahiti que ce groupe sans importance, peuplé de 356 habitants, est administré par un résident français. Comme la plupart des autres îles de l'Océanie, ces terres sont entourées d'une ceinture de récifs.

15 novembre. — Dès la première heure, les pics fantastiques de Moorea se découpent nettement sur l'horizon. La grande terre de Tahiti ne nous apparaît encore que comme une masse confuse et sombre. Peu à peu cependant ses contours se dessinent, mais les hauts sommets restent toujours voilés dans la brume. À mesure que nous approchons, les montagnes prennent une teinte verte de plus en plus agréable.

La *Vire* s'engage dans le canal qui sépare les deux îles. A partir de ce moment, le panorama devient ravissant. C'est bien ainsi que mon imagination me représentait les îles de la Société. A la vue de cette nature privilégiée où règne un printemps perpétuel, de cette verdure éclatante qui descend jusqu'au bord de la mer, il est impossible de ne pas éprouver un profond sentiment d'admiration. Bien d'autres avant moi l'ont constaté ; cette première impression, que tous les voyageurs ont ressentie en arrivant à Tahiti, est d'autant plus vive que, pour atteindre cette terre perdue dans les solitudes du Pacifique, il a fallu nécessairement passer par les épreuves d'une traversée monotone, où, durant de longues journées, on n'a eu que le ciel et l'eau pour horizon.

Cependant un soleil radieux a dissipé les derniers brouillards qui nous cachaient le sommet des montagnes. Au point culminant de l'île, leurs arêtes presque verticales se dressent en pics aigus, en mornes hardiment dentelés.

Vers midi, des points blancs, émergeant des massifs de verdure, nous signalent les approches de Papeete. Entre les brisants couronnés d'une blanche écume s'ouvre une passe étroite, que nous franchissons heureusement. Non loin de là, une coque de navire, à moitié démolie par les flots, gît piteusement par le travers du récif : c'est un trois-mâts allemand qui, la semaine dernière, a manqué l'entrée de la passe. Dans quelques jours il n'en restera plus rien ; la mer aura dévoré sa proie : car, si le bassin intérieur qui forme la rade de Papeete est toujours uni comme un miroir, il n'en est pas de même sur le rebord extérieur du récif, où les vagues engendrées par la grande houle du Pacifique déferlent sans relâche, avec une violence inouïe.

Le port de Papeete est large et sûr. Près de terre, l'eau est encore assez profonde pour permettre aux plus grands bâtiments de s'amarrer directement au quai ; mais les navires de commerce sont à peu près les seuls à user de cette faculté. La *Vire*, selon la coutume des bâtiments de guerre, jette l'ancre à quelque distance du rivage.

En débarquant, j'avais un sujet de préoccupation fort légitime : mon point noir était la question du logement. On m'avait prévenu que Papeete ne manquait pas de restaurants, mais que je n'y trouverais ni hôtel ni même une chambre garnie. En effet, Tahiti n'est pas sur la route des *globe-trotters*, et les touristes n'ont pas encore pris l'habitude de visiter les îles de la Société. Si l'on n'y connaît personne qui puisse vous offrir l'hospitalité, il faut louer une case et la faire meubler. Or tout un quartier de Papeete venait d'être dévoré par un incendie, et les cases, m'avait-on dit, étaient introuvables.

En cette occurrence, je pris le parti d'aller, sans perdre de temps, faire à M. Morau, commissaire général de la marine et gouverneur de la colonie, la visite que, d'ailleurs, je lui devais réglementairement. Bien m'en prit : avant même que je lui eusse fait part de mon embarras, M. Morau m'avait offert gracieusement une chambre à l'Hôtel du gouvernement. Je l'acceptai de grand cœur, et, délivré de tout souci, je repris le chemin de la *Vire* pour aller chercher mes bagages. Le soir même, j'étais confortablement installé dans une grande chambre, dont les fenêtres s'ouvraient à l'abri du soleil, sur une large véranda.

Tahiti, placée à peu près à égale distance de l'Australie et de l'Amérique du Sud, est, dans le monde entier, l'une des îles les plus éloignées des continents. Près de 1200 lieues marines (6666 kilomètres) la séparent de la côte du Mexique, qui est la plus proche. Comprise entre les 17° et 10° de latitude sud, les 151° et 152° de longitude ouest, elle se compose de deux presqu'îles, réunies par un isthme étroit. La forme de la grande presqu'île, celle du nord, est à peu près ronde; la petite est ovoïde.

Très accidentée, couverte de hautes montagnes volcaniques, dont le point culminant s'élève à 2237 mètres, Tahiti présente généralement, sur les bords de la mer et surtout sur la côte occidentale, une bande de terre fertile dont la largeur, souvent très faible, atteint cependant en certains endroits 2 ou 3 kilomètres.

L'île est arrosée par une infinité de rivières et de ruisseaux, fort paisibles en temps ordinaire, mais qui, grossis par les pluies, se changent parfois en dangereux torrents [1]. Son étendue est de 1042 kilomètres carrés, dont plus des trois quarts appartiennent à la grande presqu'île. L'intérieur est d'un accès très difficile. Plusieurs parties n'ont jamais été explorées. C'est seulement en 1882 que, pour la première fois, un Européen, M. Spitz, employé de commerce à Papeete, est parvenu, après plusieurs tentatives infructueuses, à escalader un des plus hauts sommets de l'île, l'Aoraï. L'expédition n'a pas duré moins de quinze jours, et le succès n'a été obtenu qu'au prix de difficultés inouïes.

---

1. Sur une carte dressée par M. Robert, chef du service des ponts et chaussées, je n'ai pas compté moins de 155 cours d'eau se jetant directement dans la mer.

Si Nouméa n'est qu'une bourgade, Papeete n'est qu'un gros village. Mais quel contraste entre le chef-lieu de la Nouvelle-Calédonie et celui des établissements français de l'Océanie! Ici le regard est charmé par une végétation exubérante. Sous de frais ombrages, la ligne des quais décrit une courbe gracieuse, aboutissant à la pointe de Fare-Ute, occupée par les constructions et les bassins de l'arsenal maritime. Une longue rue, parallèle aux quais, forme l'artère principale; elle est coupée par une dizaine de rues transversales, s'arrêtant à la base des collines au pied desquelles la petite ville repose, littéralement enfouie sous la verdure et les fleurs. Quelques-unes de ces voies sont macadamisées; les autres, tapissées de l'herbe qui y croît naturellement, n'en sont que plus agréables. Toutes sont plantées de beaux arbres, bouraos étoilés de larges fleurs rouges ou jaunes, manguiers, cocotiers, etc. On dirait les allées d'un immense jardin.

Les indigènes, que l'on rencontre par les rues, promenant leur insouciance le sourire aux lèvres, appartiennent à une race bien supérieure à celle des Canaques de la Nouvelle-Calédonie. D'une taille élevée, vigoureux et bien proportionnés, ils ont le teint cuivré, mais beaucoup moins foncé que les habitants des autres îles océaniennes; leur physionomie est avenante, leur caractère doux et enjoué. Hommes et femmes ont l'habitude de marcher pieds nus; ils aiment à se couronner de feuillages et de fleurs, et en portent jusque dans le lobe de l'oreille. Le costume des hommes se compose d'une chemise européenne et d'un *paréo*, pièce d'étoffe toujours ornée de dessins de couleurs voyantes, qu'ils roulent autour de la taille, et qui remplace le pantalon. Au paréo les femmes ajoutent la gaule, robe flottante de mousseline légère ou de calicot. Elles portent, comme les hommes, un chapeau de paille à larges bords, qu'elles posent un peu en arrière et d'où s'échappent deux tresses d'une chevelure luxuriante, invariablement noire, qu'elles entremêlent souvent de la fleur parfumée du *tiaré* (*Gardenia tahitense*), et laissent flotter

Tahitiens.

librement sur leurs épaules. Ces chapeaux sont tressés par elles avec des brins de bambou, ou bien de la paille de pandanus et de canne à sucre ; c'est à peu près le seul travail auquel elles daignent se livrer. Essentiellement paresseuses, les Tahitiennes passent la plus grande partie de la journée à fumer des cigarettes de tabac roulé dans des feuilles de pandanus, étendues sous une véranda, ou bien jouant de l'accordéon sur le seuil de leur demeure. Dès que la nuit arrive, on les voit se promener par petits groupes, toujours souriantes, certaines d'attirer l'attention par les sons de leur voix gazouillante et doucement cadencée.

A Papeete, comme partout, le meilleur endroit pour observer la population indigène est la place du marché. Seulement, ici, il faut être matinal, car les Tahitiennes se lèvent avant le jour pour y aller. Le coup d'œil est assez curieux et constitue une des grandes distractions de Papeete. C'est au marché qu'on se donne rendez-vous ; c'est là que se content les histoires de la veille, que s'élaborent les cancans du jour. Puis, lorsque chacun ou chacune a fait sa provision de poisson et de fruits, on va s'asseoir à l'une des tables qui occupent un coin de la place et où des Chinois débitent des tasses de thé et de café.

Une des rues qui aboutissent au marché porte le nom de « Petite-Pologne » ; une autre s'appelle la « rue de Rivoli ». Dans ce petit Paris des antipodes, qui compte au plus 3200 habitants, dont moitié Français ou descendants de Français, on trouve aussi un quartier chinois qui rappelle celui de San-Francisco.

Malgré sa faible population, Papeete est le centre d'un commerce important. C'est l'entrepôt des établissements français et des archipels voisins. En 1884, 242 navires, dont 134 venant de l'étranger, sont entrés dans le port de Papeete [1].

1. Valeur des importations en 1884. . . . 5 725 797 fr.
   Valeur des exportations en 1884. . . . 4 434 293 —
Résumé de la navigation commerciale entre Papeete et les divers établissements relevant de Tahiti :
   Valeur des chargements en 1884. . . . 1 286 410 fr.

Ce nombre augmentera certainement par le percement de l'isthme de Panama; Tahiti se trouvera alors sur la route directe de l'Australie.

Aucun service régulier de navigation à vapeur ne relie encore Tahiti au reste du monde. Le transport mensuel de la correspondance, des passagers et des marchandises est assuré par trois navires à voiles, accomplissant chacun quatre voyages par an en Californie. Les départs de Papeete ont lieu vers le 15 de chaque mois; le voyage est direct. Ceux de San-Francisco sont fixés au 1er du mois, avec escale à Taiohae, résidence des îles Marquises. Enfin, huit fois par an, un voilier fait le service des Tuamotu et des Marquises, rentrant à Papeete environ trente-cinq jours après son départ.

Indépendamment de ces services postaux, des goélettes entretiennent d'assez fréquentes communications entre Tahiti et les îles voisines; mais leur départ est irrégulier et leur retour subordonné aux exigences du commerce, ainsi qu'au bon plaisir des vents.

J'avais un mois à passer à Tahiti : c'était trop, ou trop peu. Trop, si je devais me borner à rester à Papeete; trop peu, pour songer à visiter quelques points des archipels environnants. Dans ces conditions, je résolus de faire le tour entier de l'île, excursion très intéressante et qui, me disait-on, m'en apprendrait plus en quelques jours, sur Tahiti et ses habitants, que bien des semaines passées au chef-lieu.

18 novembre. — Je n'ai pas perdu de temps; les préparatifs de mon voyage autour de l'île sont terminés. M. Garnier, capitaine du port, habitant Tahiti depuis plus de vingt ans, a tout organisé; il sera le chef de notre petite expédition. Mes autres compagnons sont M. Lantin, lieutenant de gendarmerie, et un jeune Lorrain, M. Simonin, qui vient de rester pendant quatre mois bloqué aux îles Gambier et se propose de s'établir à Tahiti. Nous emporterons quelques provisions, pain, vin, café et conserves de viande. A la direction de l'intérieur on m'a remis une lettre circulaire, écrite en tahitien et destinée à nous assurer l'hospitalité chez les chefs indigènes des districts. Nous avons loué, moyennant vingt-cinq francs par jour, un char à bancs à deux chevaux conduit par un cocher basque. Enfin, nous avons résolu de commencer notre tournée par la côte orientale, la moins fréquentée et la plus difficile à suivre, vu le mauvais état des chemins.

19 novembre. — A 6 heures du matin, nous sommes en route. Le départ est fort gai ; selon la mode tahitienne, nous avons enguirlandé de feuillage nos vastes chapeaux de paille. Le temps est magnifique ; notre voyage s'annonce bien.

A 2 kilomètres de Papeete, la route traverse la rivière de Fatahua. Entre les murailles taillées à pic qui encadrent la partie supérieure de la vallée se dresse un sommet bizarrement découpé qui a reçu le nom de Diadème.

Une demi-heure après, nous allons voir, à une faible distance du chemin, le tombeau de la reine Pomaré, pyramide fort simple, qui s'élève au bord de la mer.

Un peu plus loin, nous quittons la grande route pour suivre un embranchement qui nous conduit à la pointe Vénus. Le chemin se termine au pied du phare, situé à l'extrémité de la plage de sable qui forme le point le plus septentrional de l'île. On y jouit d'une vue magnifique. Près de là, nous rendons visite à un vieux tamarinier que l'on dit avoir été planté par le capitaine Cook. Cet arbre vénérable est encore debout, mais la sève ne circule plus dans ses rameaux desséchés, et les touristes de l'avenir devront se contenter d'admirer un de ses voisins, encore plein de vigueur et destiné sans doute à supplanter l'arbre historique.

Au delà de la pointe Vénus, la route est très peu fréquentée, comme l'indiquent d'ailleurs l'absence complète d'ornières et le gazon qui la recouvre entièrement, à l'exception de l'étroit sentier frayé par les piétons. A 10 heures on s'arrête pour déjeuner, à l'ombre des bouraos, sur le bord d'un petit ruisseau aux eaux limpides et fraîches, dans un site charmant.

De l'autre côté de la grande rivière de Papenou, que nous passons à gué, le chemin devient horriblement mauvais et, de plus, très dangereux. Taillé dans le roc vif, il s'élève le long d'une falaise au pied de laquelle la mer se brise avec fracas. Sur certains points il y a à peine place pour la voiture : d'un côté le précipice, de l'autre une muraille perpendiculaire. Nous jugeons prudent de continuer la route à pied, et, de fait, je ne m'explique pas comment notre équipage n'a pas vingt fois fait la culbute. Une seule, du reste, aurait suffi pour l'anéantir et en faire disparaître jusqu'au moindre vestige, car les vagues furieuses grondent tout au fond de l'abîme. Sur cette partie de la côte, la ceinture de récifs qui entoure Tahiti présente une lacune, et les vagues du Pacifique, ne rencontrant aucun obstacle, semblent vouloir monter à l'assaut des noirs rochers qui bordent le rivage.

A Faurumaï, impossible d'aller plus loin. Les falaises, minées par les flots, se sont écroulées; il n'y a plus trace de chemin. Un instant, j'ai cru que nous allions être forcés de retourner en arrière. Heureusement notre guide avait fait prévenir les habitants du village voisin. Sept vigoureux gaillards nous attendaient; ils commencent par alléger la voiture de tout ce qu'elle contenait, puis, sans la démonter, la transportent de roc en roc, avec une habileté incroyable. Pour tout salaire, ces braves gens nous demandent deux bouteilles de rhum, que nous leur donnons avec plaisir.

Nous remontons en voiture. Le chemin, praticable maintenant, suit constamment le bord de la mer. Le paysage est partout ravissant; de minces filets d'eau brillent au soleil, sillonnant les pentes abruptes; de belles cascades, jaillissant du flanc des montagnes, se perdent dans les sombres profondeurs des bois, pour reparaître plus loin et former ces innombrables ruisseaux murmurants qui, à quelques pas de nous, vont mêler leur eau limpide à l'eau bleue de la mer.

Dans l'après-midi nous arrivons à Tiarei (36 kilomètres

de Papeete), où nous devons passer la nuit. Le chef du district, Hitoti, est un homme intelligent, s'exprimant correctement en français; il a été à Paris, avec l'amiral Bruat. Dans son village il y a plusieurs maisons européennes, mais lui-même continue à habiter sa grande case tahitienne, en forme de rectangle arrondi aux extrémités, faite de bambous juxtaposés et couverte en paille. Des lits monumentaux, munis de moustiquaires, nous sont réservés; sa famille et lui se contenteront, pour dormir, de nattes étendues sur le sol.

20 novembre. — Il a plu cette nuit. Le vent qui sifflait à travers les bambous mal joints, les mugissements de la mer et tous les bruits du dehors, que j'entendais aussi distinctement que si j'avais été couché en plein air, m'ont tenu longtemps éveillé. Cependant je dormais à poings fermés, lorsque le chant du coq est venu nous avertir qu'il était l'heure de quitter le toit hospitalier du chef de Tiarei.

Le temps s'est remis au beau. Le pays que nous traversons est moins sauvage et plus peuplé que celui que nous avons vu dans la journée d'hier. La route, toujours jolie, suit exactement le bord de la mer. De temps à autre, une île basse, couverte de cocotiers, émerge du sein des flots, tandis que, plus loin, une longue traînée de blanche écume signale d'invisibles récifs.

La large rivière Mataeo, gonflée par l'orage de la nuit, nous inspire quelque inquiétude. Nous décidons de la passer à la nage; notre voiture, allégée, atteint sans encombre l'autre rive. Plus loin, d'autres difficultés nous attendent : il s'agit de traverser des flaques d'eau, des bancs de sable mouvant, où nos roues s'enfoncent jusqu'au moyeu. Mieux vaut, dans ces conditions, continuer la route à pied. Un bain est fort agréable, sans doute; mais, avec nos vêtements européens, quel ennui de se déchausser, de se déshabiller toutes les fois qu'il s'agit de passer un ruisseau, et Dieu sait s'il y en a! Pour l'indigène, c'est un plaisir; il marche toujours pieds nus et n'a qu'à relever son paréo pour entrer dans l'eau.

A 8 heures nous arrivons à Hitiaa, chef-lieu de district et village important. Le chef indigène habite une maison européenne, ombragée de grands tamanous. Nous allons le voir, et, lui remettant un joli petit cochon noir, que nous avons acheté en route pour la modique somme de cinq francs, nous le prions de nous faire déjeuner à la mode tahitienne.

J'assiste aux préparatifs du festin. Un trou peu profond est creusé près du rivage; on y allume un feu de bois sec, que l'on entremêle de galets et de cailloux de la grosseur du poing. Pendant ce temps, le porc est immolé au moyen d'un bambou pointu qu'on lui enfonce dans la gorge, puis passé à la flamme et soigneusement lavé à l'eau de mer. On retire du foyer les charbons ardents et les tisons, de sorte qu'il ne reste plus qu'un lit de cailloux rougis, sur lesquels on dispose des taros [1] et des *féhis* (espèce de grosse banane). La victime, dont le corps a été bourré de pierres et de feuilles d'arbre à pain, est à son tour étendue sur la couche brûlante et recouverte de feuilles fraîches, auxquelles on en ajoute d'autres qui ont déjà servi. De nouveaux cailloux sont placés par-dessus; enfin on jette sur le tout quelques pelletées de terre.

Une heure après, notre rôti est exhumé. Nous le trouvons excellent, mais à la condition d'y ajouter du sel. Les Tahitiens, habitués à une nourriture fade, ont peu de goût pour les assaisonnements de la cuisine européenne; à notre sel ils préfèrent le *taioro*, sauce faite avec l'amande de coco râpée, fermentée avec de petits crustacés et délayée dans l'eau de mer.

A 1 heure nous remontons en voiture. Des Canaques nous ont précédés sur la route; nous aurons besoin d'eux pour franchir la Faatautia, qu'on nous signale comme extraordinairement grossie par la pluie de cette nuit. Chemin faisant, je remarque une belle propriété, plantée d'arbres

---

1. On a soin de couper les taros un peu au-dessous de l'œillet. Les tiges sont conservées; elles seront replantées et, en peu de mois, donneront naissance à une nouvelle racine.

superbes; elle appartient à un Allemand qui vit seul chez lui, sur ce point peu fréquenté de la côte, en véritable ermite.

Arrivés au bord de la rivière, nos gens entrent dans l'eau, soulèvent la voiture et, la maintenant à flot, l'amènent à bon port sur l'autre rive. Pour nous, nous suivons, moitié à la nage, moitié en ayant de l'eau jusqu'à la poitrine.

Au delà de la Faatautia, la route s'élève en corniche et présente quelques endroits scabreux; heureusement elle vient d'être réparée, et, à la rigueur, on peut passer. Nous recommençons pour la rivière Faone, que l'on rencontre ensuite, la même manœuvre qui nous a réussi au passage de la Faatautia.

Encore une fois il nous faut grimper le long de falaises à pic, d'où l'on découvre de magnifiques points de vue sur la presqu'île de Taiarapu; puis nous atteignons la plaine. Maintenant il n'y a plus à franchir que des ruisseaux, mais les plus étroits sont souvent les plus mauvais. Nous devons descendre à chaque instant, retenir ou pousser la voiture, quelquefois même dételer les chevaux, pour éviter un accident. On rejoint enfin la belle route qui traverse l'isthme de Taravao, et, dix minutes après, nous nous arrêtons devant l'auberge du père Lucas.

21 novembre. — Dans la soirée d'hier et pendant toute la nuit, la pluie est tombée par torrents. Il paraît que c'est chose fort ordinaire à Taravao, où le climat est bien plus humide qu'à Papeete. Ce matin cependant le soleil se lève radieux, ce qui me permet d'aller faire une promenade jusqu'à Port-Phaéton, sur la côte occidentale. Ce vaste bassin pourrait abriter des flottes entières: malheureusement il est d'un accès difficile. Au retour, je m'arrête au petit fort construit au centre de l'isthme. Il est commandé par un sergent et occupé par dix soldats d'infanterie de marine, également chargés de la garde des prisonniers indigènes. Je n'ai pu voir aucun de ces derniers : à l'heure de ma visite, toutes les cellules étaient vides. Elles ne sont guère occupées que la nuit; dans la journée, les condamnés sont libres de vaquer à leurs occupations. On le voit, l'administration est très paternelle, ce qui, d'ailleurs, n'a aucun inconvénient à Tahiti, où les mœurs sont fort douces, les crimes à peu près inconnus et les simples délits excessivement rares.

Le résident, M. Dosmond, et sa charmante femme nous reçoivent à déjeuner. A Taravao les huîtres sont estimées et très abondantes. On y trouve aussi, en creusant le sable de la plage, un singulier crustacé, appelé ici *varo*. Sa chair est excellente, mais son aspect vraiment hideux; il ressemble à une chenille monstrueuse, ou plutôt à un cent-pieds de taille colossale. A 2 heures nous prenons congé de nos aimables hôtes, et nous continuons notre voyage par la côte orientale de la presqu'île.

La route, toujours à plat maintenant, longe le rivage. Elle serait bonne, si l'on prenait la peine de relever les ponts effondrés et de jeter quelques troncs d'arbres en travers des fossés; cela n'occasionnerait pas une bien grande dépense, car, si le nombre des ruisseaux est considérable, leur largeur est minime.

Le pays est charmant et bien peuplé. A Pueu, une cinquantaine d'indigènes des deux sexes sont réunis dans la grande maison commune du district. Ils sont en train de chanter des *himéné* : on nomme ainsi, à Tahiti, des chœurs à plusieurs parties, généralement exécutés pendant les fêtes. Les femmes occupent les premiers rangs, assises à terre, les jambes croisées; derrière elles, sont les hommes, dans la même posture, la tête couverte de feuillages et de fleurs. D'abord une femme seule entonne en voix de tête une phrase musicale remplie de notes gaies, que toute l'assemblée reprend en chœur, les femmes avec des intonations aiguës, les hommes avec des voix de basse bourdonnantes et d'une profondeur extraordinaire; on croirait entendre vibrer des instruments à cordes. Certains battements de mains marquent le rythme, tandis que les hommes, les joues gonflées, impriment à leur corps un balancement régulier, se frappant la poitrine en mesure, comme pour accentuer encore la vibration de leur voix.

La grande majorité des indigènes appartient à la religion réformée. Les chants que nous entendons ne sont plus, comme autrefois, des poésies guerrières ou amoureuses ; ce sont des cantiques religieux, composés par les missionnaires protestants et adaptés à de vieux airs canaques. La langue tahitienne, sonore et chargée d'une profusion de voyelles, prête à ces *himéné* un charme pénétrant.

Plus loin la contrée s'embellit encore. Nous entrons dans la région des cascades. L'une des plus remarquables est celle de Vaïmou (du tahitien *vaï*, eau, et *mou*, bruit). Pour la voir de près, nous sommes obligés de cheminer, pendant un bon quart d'heure, sous un inextricable fourré de bouraos. Je n'eus pas à le regretter : la cascade, grossie par les dernières pluies, était vraiment splendide.

Sous prétexte de me faire voir une grotte, M. Garnier cherche à m'entraîner plus loin dans la montagne. Mais j'ai de bonnes raisons pour me défier des grottes ; j'en ai tant vu dans mes voyages ! Les gens du pays ont beau me les vanter comme de véritables merveilles, je sais, par expérience, que bien peu valent les fatigues au prix desquelles on achète la satisfaction de les avoir visitées. Cette fois, j'eus le bon esprit de résister et n'eus pas lieu de m'en repentir, car lorsque mes compagnons revinrent, une demi-heure après, exténués, les vêtements souillés de boue, ils me parurent manquer complètement d'enthousiasme.

Après avoir franchi quelques mauvais pas, nous arrivons au bord de la grande rivière de Vaitepiha, démesurément grossie et roulant des flots tumultueux. Songer à la traverser en voiture serait folie : il est évident que voiture et chevaux seraient entraînés par le courant. M. Garnier nous assure que demain les eaux auront baissé. Il connaît, près de la cascade de Vaïmou, un brave indigène chez qui nous pourrons passer la nuit.

Nous rebroussons chemin. La maison de notre hôte s'élève sur le bord de la mer, au milieu d'un épais massif de cocotiers, de mayorés et de manguiers chargés de fruits. Le site est délicieux ; nous dînons en plein air, et ce n'est que bien tard dans la soirée que je me décide à aller chercher le sommeil. Des nattes et une couverture, étendues sur le sol battu, dans un coin de la case, me tiendront lieu de lit.

22 novembre. — Les affreux moustiques et bien d'autres insectes encore ne m'ont guère permis de reposer. Heureusement la mer est là ; un bain matinal me rafraîchit, et la mauvaise nuit fut bientôt oubliée.

A 7 heures nous nous retrouvons sur le bord de la rivière qui, la veille, nous avait barré le chemin. Aujourd'hui son courant n'a plus rien de redoutable ; ses eaux ont baissé de plus d'un mètre : nous la franchissons aisément. Nous voici à Tautira, l'un des plus grands villages de la presqu'île. La route se prolonge jusqu'à Vaitoto, à quelques kilomètres plus loin ; mais là elle s'arrête : à partir de ce point, les rochers volcaniques, s'avançant jusque dans la mer, en ont rendu le tracé très difficile. Aucun travail n'a encore été fait dans la partie sud-est de la presqu'île, et, pour en faire le tour entier, il faut nécessairement monter en barque.

Nous déjeunons à la gendarmerie, puis nous allons voir le chef du district, qui habite une confortable maison européenne. La carte de visite qu'il me remet en échange de la mienne porte cette suscription : *Arué a Teraimano, chef de Tautira.* Grâce à ses bons offices, une baleinière montée par quatre hommes est mise à notre disposition. Quant à notre voiture, elle reprendra le chemin de Taravao et ira nous attendre sur la côte occidentale, à Tehahupo, où nous arriverons dans la soirée.

Nous partons à 10 heures et demie. D'abord on longe la côte à l'aviron. A Vaitoto la voile est hissée ; la mer, assez dure, grossit de plus en plus. La houle du large, rencontrant le récif, fort rapproché du rivage en cet endroit, forme une énorme volute qui se brise avec fracas et donne naissance à une série de lames qui soulèvent de façon inquiétante notre frêle esquif. Ce n'est rien encore : il s'agit de doubler la pointe orientale de la presqu'île, à un point où trois îlots forment comme une chaîne entre le grand récif et la côte. Au delà, aucune barrière madréporique n'arrête la violence des vagues qui viennent, à intervalles réguliers, assaillir la falaise, s'épanouissant en éventail, projetant à une hauteur extraordinaire des torrents d'écume qui retombent en blanches cascades. A plusieurs reprises notre fragile embarcation doit s'engager dans d'étroits couloirs ménagés par la nature entre ces écueils. C'est là que se rencontrent, venant de directions opposées, les vagues bouillonnantes, irritées par les obstacles et formant des remous irrésistibles. Le péril est évident : la plus petite déviation, la moindre erreur de l'homme de barre, entraînerait fatalement notre perte. Nous sommes tous bons nageurs ; mais, avant d'avoir le temps de nous reconnaître, nous serions infailliblement broyés contre les rochers. Chacun de nous l'a compris ; aussi, d'un commun accord, pas une parole n'est échangée entre nous dans ces moments critiques. Notre équipage a besoin de concentrer ses efforts sur un but unique, et il faut lui épargner toute distraction.

Enfin, grâce à l'habileté du capitaine Garnier et à la vigueur de nos Canaques, nous sortons de ce dangereux passage sains et saufs, et sans avoir trop embarqué d'eau. Sur la côte méridionale nous trouvons une mer relativement calme et une bonne brise qui nous pousse rapidement vers Faremahora, où nous débarquons sur une jolie plage de sable. Une heure de promenade à pied, en longeant le rivage, et nous arrivons au village de Teahupo, où nous devons passer la nuit.

Toute cette partie de la presqu'île est d'une beauté incomparable. Les montagnes émergent du sein de l'Océan, projetant leurs sommets dentelés à des hauteurs de 1000 à 1200 mètres. De fréquentes coupures laissent entrevoir, dans les profondeurs des vallées, de gigantesques aiguilles, des rocs de formes bizarres, entièrement recouverts d'une épaisse végétation, tandis que de tous côtés l'eau s'épanche en torrents, ruisselle en cascades. Parfois une étroite plage de sable blanc frange le pied des falaises, mais, la plupart du temps, la mer vient battre directement la base de la sombre muraille, qui semble vouloir interdir à tout être humain l'accès de cette terre fantastique.

Le chef de Teahupo est un géant albinos, aux cheveux presque blancs; il paraît que cette anomalie d'organisation est héréditaire dans sa famille. Après une nouvelle édition d'un repas purement canaque, M. Garnier, qui possède à fond la langue du pays, se met à raconter des histoires tirées des contes de Boccace, à la nombreuse famille du chef et aux indigènes des deux sexes qui font cercle autour de lui, interrompant à chaque instant sa narration par de joyeux éclats de rire. Ces gens simples et naïfs prennent un si grand plaisir à entendre l'orateur, que la séance, évidemment, ne se terminera pas de sitôt. Aussi je me décide à aller m'étendre sur l'un des matelas que le chef a disposés à notre intention dans sa maison.

23 novembre. — Nous remontons en voiture. La route, gazonnée, suit tous les contours de la plage et offre partout de superbes points de vue sur les bois touffus, les récifs et la mer. En plusieurs endroits elle a été coupée par des torrents; deux hommes pourraient réparer le dégât en quelques heures, mais personne n'y songe, et il nous faut à chaque fois dételer les chevaux et transporter la voiture de l'autre côté du fossé.

Enfin nous rejoignons une bonne chaussée, que nous ne quitterons plus maintenant jusqu'à Papeete. Nous faisons halte chez un colon français, M. Picard, qui possède aux environ de Taravao une grande et belle propriété. J'y ai remarqué un piège destiné à prendre les cochons sauvages, qui abondent dans cette partie de la presqu'île. Rien de plus simple : une truie est enfermée dans un petit espace, entouré d'une palissade de forme triangulaire; la porte, placée à l'un des angles, est construite de manière à se fermer d'elle-même sur l'imprudent visiteur.

Plus loin, la route est bordée de fourrés impénétrables. Des lianes grimpent jusqu'au sommet des arbres et retombent chargées de fruits ayant la forme, la couleur et la

Côtes de Tahiti.

taille d'un gros concombre. Ce sont des *barbadines*, fruits exquis, l'un des meilleurs que produisent les régions tropicales.

Le tour de la presqu'île est achevé. A 2 kilomètres au delà de Taravao, sur la côte occidentale, nous nous arrêtons, pour déjeuner, près d'un ruisseau, à l'ombre d'un bois d'orangers.

Introduit par Cook, l'oranger n'est à Tahiti l'objet d'aucune culture; bien plus, il s'est tellement propagé, qu'on le trouve maintenant partout et que, sur certains points, il a envahi les terres cultivables et formé d'épaisses forêts. A cette époque de l'année, les limons, les citrons, les cédrats jonchent littéralement le sol. Les orangers sont couverts de fruits verts, parmi lesquels se trouvent çà et là quelques oranges en maturité. On n'a que la peine de les cueillir. Dans la bonne saison on en expédie à San-Francisco des quantités considérables [1], mais la plus grande partie est perdue.

A 3 heures nous arrivons à Papeuriri, dans le district de Mataiea. C'est aujourd'hui dimanche; nous passons une partie de la soirée à entendre des *himéné*, chantés par une nombreuse assistance, dans une grande case de bambou, en face du temple protestant.

24 novembre. — Nous devions faire aujourd'hui l'excursion du lac de Vahiria, qui se trouve dans la partie supérieure de la vallée du même nom, à 430 mètres au-dessus du niveau de la mer. Malheureusement il a plu beaucoup cette nuit, et l'on nous assure que le sentier, déjà difficile en temps ordinaire, devient tout à fait impraticable à la suite d'un orage.

Mes compagnons, MM. Lantin et Simonin, pressés de rentrer à Papeete, partent avec la voiture. Je reste avec M. Garnier, et nous allons en pirogue pêcher à la ligne sur le récif. Si je ne prends pas grand'chose, du moins

---

1. En 1884 Tahiti et Moorea ont expédié à San-Francisco 7 000 000 d'oranges, représentant une valeur de 175 000 francs.

j'ai la satisfaction de voir se jouer au milieu des coraux une foule de poissons d'une variété incroyable de formes et de couleurs, zébrés, bleus, verts, jaunes et rouges.

Les Européens, qui vivent depuis un certain temps à Tahiti, ont pris une partie des coutumes indigènes ; ils ne dédaignent pas le poisson cru. Pour moi, qui avais déjà fait mon apprentissage au Japon, cette nourriture n'avait rien de répugnant ; aussi M. Garnier fut-il fort étonné de me voir lui tenir tête en cette circonstance, au dîner que nous fîmes en revenant de la pêche, chez un Tahitien de ses amis.

Après la pluie d'hier, quelle belle soirée j'ai passée aujourd'hui, à demi couché sur le sable du rivage !

> J'aime tes belles nuits, leur amoureux silence,
> Et du vent qui s'endort le murmure pensif ;
> J'aime laisser bercer mon âme à la cadence
> Du rythme monotone où sans fin se balance
> La voix lointaine du récif [1].

25 novembre. — A 5 heures du matin, M. Garnier et moi montons dans la petite voiture qui fait le service de la poste de Taravao à Papeete. Le conducteur est un Chinois.

Nous entrons dans le district d'Atimaono. C'est là que la plaine qui borde la mer atteint sa plus grande largeur, environ 3 kilomètres. Il y a une vingtaine d'années, une compagnie anglaise y avait fondé un vaste établissement agricole pour la culture du coton et avait fait venir un millier de coolies chinois. Les premiers résultats dépassèrent les espérances, mais cette période de prospérité ne fut pas de longue durée. Les Chinois, arrivés au terme de leur

---

1. *Ia orana Tahiti.* — F. de Jonquières.

    Salut, reine des mers, à tes joyeux rivages, etc.

Ces vers sont devenus classiques à Tahiti.

engagement, se dispersèrent pour travailler à leur compte, et la compagnie entra en liquidation en 1873. 4000 hectares de terres fertiles furent abandonnés et rachetés plus tard, à vil prix, par une société française, qui maintenant y élève du bétail. Aujourd'hui les magasins ruinés font peine à voir; le sol, défriché avec tant de peine, naguère couvert de belles plantations, est retourné à l'état de nature. Partout les goyaviers l'ont envahi, chassant tous les autres végétaux, et l'on se demande comment les animaux de boucherie peuvent trouver leur nourriture au milieu de ces fourrés inextricables. Introduit à Tahiti il y a une cinquantaine d'années, le goyavier s'est multiplié à un tel point, qu'il est devenu ici, comme en Nouvelle-Calédonie, un véritable fléau.

Le district de Papara, qui succède à celui d'Atimahono, est un des plus importants de Tahiti, tant par sa population que par l'étendue des terres cultivables. La route est très fréquentée. Des indigènes prennent place à nos côtés, et notre Chinois s'arrête à tous les bouchons, afin de permettre à ses voyageurs de prendre le vermout.

A la pointe de Maraa, qui forme l'extrémité sud-ouest de l'île, une immense caverne s'ouvre sur le bord du chemin, à deux pas de la mer. L'eau qui suinte par les fissures de la roche a donné naissance à un petit lac. Les racines des arbres de la montagne ont traversé la voûte, et leurs filaments ténus retombent, comme une draperie aérienne, jusqu'à la surface de l'eau, le long des parois humides tapissées de mousses et d'élégantes fougères.

Nous nous arrêtons à Paea, joli village où se trouvent plusieurs habitations européennes. Après un confortable déjeuner au restaurant Chauvin, bien connu des habitants de Papeete, qui y viennent le dimanche en partie de plaisir, je vais m'étendre sur la grève, à l'ombre d'un bourao. Délicieusement bercé par le bruit monotone de la mer déferlant sur le récif, je ne puis me lasser de contempler les énormes volutes d'eau verdâtre qui surgissent du fond de l'horizon et s'approchent menaçantes, hautes de plusieurs mètres;

elles semblent devoir tout engloutir; mais à peine ont-elles touché la barrière invisible, qu'elles retombent en flots d'écume, impuissants à troubler la surface de la nappe d'eau tranquille qui baigne le rivage [1].

A Paea existe une maison d'école, dont les habitants sont très fiers. Récemment importée d'Amérique, elle est construite en sapin de l'Orégon, avec charpentes en fer et toiture en tôle plissée. Pas une planche n'a été rabotée à Tahiti; tout a été confectionné à San-Francisco, et l'on n'a eu que la peine d'en assembler ici les diverses parties. Je suis loin de partager l'enthousiasme des indigènes pour leur école, qui ne me semble nullement appropriée au climat de l'île. Les salles sont trop petites; l'aération, convenable peut-être à San-Francisco, est tout à fait insuffisante ici. L'instituteur et sa femme renoncent à habiter l'appartement qui leur est destiné au premier étage : ils suffoquent de chaleur sous les combles de fer. Que j'aimerais mieux voir, à la place de ce produit de l'industrie américaine, un simple *fare-hau* (grande case à l'ancienne mode tahitienne, construite en bambou et couverte en paille)! Au moins l'air y circulerait; il y régnerait à toute heure du jour une fraîcheur salutaire; et puis on n'aurait pas dépensé la dixième partie de la somme qu'a coûtée cet édifice aussi prétentieux que malsain.

Soixante-dix garçons et soixante filles fréquentent l'école, chiffre relativement élevé pour la population du district, qui n'est que de six cents individus.

A l'heure de ma visite, les élèves étaient en récréation dans la cour de l'établissement. De grandes filles, déjà bonnes à marier, forment des rondes, s'accompagnant de paroles françaises, chantées sur des airs également français. Quant aux garçons, on leur apprend l'exercice. Les bataillons scolaires, on le voit, ont pénétré jusqu'à Tahiti. Notons,

---

[1]. A la pointe de Maraa, par une mer calme, les volutes atteignent une hauteur de 3 mètres. M. Garnier m'a affirmé les avoir vues, par le gros temps, s'élever jusqu'à 10 mètres au-dessus du récif.

en passant, que la dernière dictée faite aux jeunes Canaques — je l'ai constaté sur leurs cahiers d'écriture — roulait sur les droits féodaux et les abus de l'ancien régime.

J'ai passé le reste de l'après-midi chez un vieux Parisien qui, après avoir été mineur en Californie, est venu se fixer à Tahiti. Sa maisonnette s'élève au centre d'un grand jardin auquel il consacre tous ses soins; aussi est-il l'un des mieux entretenus de l'île. Dans un petit bois attenant, il possède une plantation de vanille. Cette culture exige de minutieuses précautions, mais elle est très rémunératrice : les gousses se vendent 25 francs le kilogramme. Il a essayé la culture de la vigne en treille, mais n'a obtenu que de médiocres résultats : les raisins sont peu abondants et dénués de saveur.

Le père François, comme on l'appelle familièrement ici, est heureux de me parler de la France. Il m'exhibe un vieux plan de son cher Paris, qu'il n'a pas revu depuis plus de trente ans, et me prie de lui tracer les nouvelles voies de communication. Je ne l'engage pas à faire le voyage, et je comprends parfaitement qu'il y ait renoncé à jamais. Où trouverait-il, pour reposer ses vieux jours, une plus belle situation? Un climat idéal, des plantes qu'il cultive avec amour, un ruisseau qui descend de la montagne voisine et dont l'eau limpide gazouille le long des allées de son jardin; autour de lui, les splendeurs de la nature tropicale, et, par delà la mer bleue, la silhouette fantastique de l'île de Moorea!

> J'aime au soleil couchant les lueurs féeriques
> Et les fauves reflets dont Moorea se teint,
> Quand, aux flancs embrasés de ses pics fantastiques,
> Semblent se rallumer les colères antiques
>   De ses vieux cratères éteints.
>
> (F. DE JONQUIÈRES.)

26 novembre. — Hier soir j'ai eu le plaisir de faire la connaissance de M. Robert, chef du service des ponts et chaussées. Il m'a offert une place dans sa voiture, et nous partons à la première heure.

La route, large et bien entretenue, circule au milieu de plantations de bananiers et de cocotiers. Après avoir traversé la grande rivière de Punaru, on entre dans le district de Faa. Signalons, à Outumaono, la belle propriété de M. Goupil et son usine où l'amande de coco râpée est convertie en une sorte de farine, recherchée aux États-Unis pour la pâtisserie.

Encore quelques kilomètres, et nous voici à Papeete. A 9 heures j'étais de retour à l'Hôtel du gouvernement, que j'avais quitté huit jours auparavant. J'avais fait le tour entier de Tahiti, soit un trajet de 220 kilomètres, dont 170 en voiture ou à pied et le reste en baleinière.

CHAPITRE XIII

MOOREA

27 novembre — 15 décembre.

Pomaré V et la reine Marahu. — Départ pour Moorea. — La baie de Vaiare. — Afareaitu. — Haapiti. — Papetoai. — La baie d'Opunu. — Teavaro et le lac Temao. — Retour à Tahiti. — La *oupa-oupa*. — L'arrivée du courrier. — Une pêche aux flambeaux. — Excursion à Fatahua.

Le 10 février 1606, deux mois avant d'aborder aux Nouvelles-Hébrides, Queiros découvrit Tahiti. Mais cette île resta oubliée, comme tant d'autres, jusqu'à la fin du dix-huitième siècle, époque à laquelle les récits enthousiastes de Wallis, de Bougainville et de Cook la firent connaître à l'Europe. Des missionnaires anglais s'y installèrent en 1797, et, peu d'années après, la majeure partie de la population était convertie au protestantisme.

En 1842 la reine Pomaré, voulant mettre un terme aux empiétements des ministres anglicans, sollicita le protectorat de la France et l'obtint, par un traité ratifié à Paris le 28 avril 1843. Cette femme remarquable étant morte en 1877, son fils Ariiaue lui succéda, sous le nom de Pomaré V. Mais, peu après, celui-ci, préoccupé des véritables intérêts de son pays et voyant, d'autre part, sa santé décliner, prit la résolution d'abdiquer. C'est ainsi que, le 29 juin 1880, en vertu d'une convention réciproque, approuvée par tous les chefs de Tahiti et de Moorea dans une réunion solennelle, Tahiti devint une colonie française.

J'ai fait visite à l'ex-roi. Il n'habite pas le palais que le gouvernement lui a construit. C'est dans une petite maison, primitivement destinée à servir de communs, qu'il m'a reçu.

La reine Marahu.

Pomaré V est un homme de quarante-cinq ans, d'une forte corpulence et d'une taille au-dessus de la moyenne. Une fine moustache noire, relevée en crocs, lui donne un air militaire. Son caractère est très avenant; il parle peu le français, mais ne dédaigne pas d'aller prendre son absinthe au cercle, en compagnie des officiers. Ajoutons qu'il est très aimé des indigènes et également des Français de la colonie.

En 1875 il a épousé une fille de M. Salmon, sujet

anglais marié à une Tahitienne de sang noble. Cette union n'a pas été heureuse : les époux n'ont jamais vécu ensemble. La reine Marahu habite, hors de l'enceinte du palais, une maison fort modeste, un simple rez-de-chaussée entouré d'un petit jardin. Au commencement de 1884 elle était

Pomaré V.

venue en Europe, et je lui avais été présenté à Paris, à l'hôtel de Lille et d'Albion, où elle était descendue. Naturellement, j'allai lui rappeler cette circonstance. Marahu me fit un accueil sympathique, et nous nous entretînmes longuement de ce Paris si lointain, mais qu'on ne peut jamais oublier et vers qui s'envolent tant de pensées diverses, écloses dans les cinq parties du monde.

Tout en faisant le tour de Tahiti, j'avais jeté les bases

d'une excursion semblable à Moorea. Aussitôt après notre retour, M. Garnier a loué une baleinière et engagé quatre indigènes des Tuamotu. Barque et rameurs seront à notre disposition aussi longtemps que nous le désirerons, à raison de trente francs par jour. M. Simonin sera des nôtres ; je regrette qu'il n'en soit pas de même du lieutenant Lantin, retenu à Papeete par son service. M. Jourdan, employé de commerce à Papeete, le remplacera, de sorte que nous serons toujours quatre, nombre suffisant pour une pareille expédition, car notre embarcation est fort petite.

Je reprends mon journal :

28 novembre. — Moorea, plus connue autrefois sous le nom d'Eimeo, est située au nord-ouest de Tahiti, dont elle est séparée par un canal, large de 12 milles (22 kilomètres) dans sa partie la plus étroite. Elle a la forme d'un cœur, et sa superficie, évaluée à 12 237 hectares, représente la huitième partie de celle de sa voisine. Sa population, estimée à 1445 habitants, est un peu plus dense que celle de Tahiti, qui, au dernier recensement, était de 9194. Elle est également entourée d'une ceinture de coraux.

En moins de trois heures, avec un vent favorable, on peut se rendre de Papeete à Moorea. Cependant nous en mettrons le double, car, à peine sortis du récif, nous rencontrons le calme avec une forte houle ; impossible de marcher à la voile. Nos hommes rament mollement : hier on leur a remis quelques piastres d'avance, et certainement ils ont passé la nuit blanche. D'ailleurs, l'un d'eux est constamment occupé à vider la baleinière, qui, asséchée par un long repos, fait eau de toutes parts. Le soleil, très ardent, darde sur nos têtes ses rayons perpendiculaires, et nous sommes fort mal à l'aise dans l'étroite embarcation, encombrée de bagages et de caisses de provisions. Dans ces conditions, la traversée manque de charmes. Aussi est-ce avec un certain plaisir que, vers midi, nous atterrissons au fond de la charmante baie de Vaiare, où notre premier soin est de déboucher quelques boîtes de conserves et de nous installer pour déjeuner à l'ombre d'un grand pandanus ;

Pandanus sur la côte de Moorea.

une vieille pirogue, échouée dans le sable, nous sert de table.

L'île de Moorea possède un chemin de ceinture qui suit tous les contours de la plage, sur un plan presque toujours horizontal; il n'est fréquenté que par les piétons et les cavaliers, mais pourrait être converti, à peu de frais, en une route carrossable.

Mes deux compagnons partent en avant; ils préfèrent marcher. Pour moi, je reprends la mer avec M. Garnier, et, deux heures après, nous nous retrouvons tous au rendez-vous de la baie de Putoa, à la chefferie du district d'Afareaitu. Laissant au large l'îlot marqué Motu-Ahi sur la carte, nous avons navigué constamment à une faible distance de la côte, dont nous ne perdions pas le moindre détail.

Le rivage est bordé de cocotiers, de bouraos noueux, de manguiers chargés de fruits, d'arbres à pain au large feuillage dentelé, de pandanus aux élégantes spirales, soutenues par un faisceau de racines aériennes. Partout de petites rivières entretiennent une agréable fraîcheur. Le site est d'une extrême beauté. Décidément Moorea est une vraie perle, plus charmante, s'il est possible, que Tahiti. La végétation y est encore plus vigoureuse. Du point où nous sommes, l'horizon est borné du côté du couchant par un cirque de montagnes violâtres, dont les sommets bizarrement déchiquetés impriment au paysage un caractère à la fois étrange et grandiose. Un peu au-dessous du point culminant, une roche, percée d'un trou circulaire, a reçu le nom de Pic de la Lune.

Le chef d'Afareaitu nous reçoit de son mieux. Après un bon repas, où le mayoré [1] nous tient lieu de pain, nous nous rendons à la maison commune. Des chanteurs d'*himéné*

---

1. Fruit de l'arbre à pain, *Artocarpus incisa*. Le même pied donne jusqu'à quatre récoltes par an; ses énormes fruits, frais ou conservés, forment la base de l'alimentation des indigènes. On les fait cuire au four canaque; leur pulpe farineuse a le goût de la châtaigne. Deux ou trois de ces arbres suffisent à la nourriture d'un homme pendant une année.

nous y attendent; ils ont été convoqués à son de trompe en notre honneur, et toute la population du district est accourue. Comme toujours, nous prenons plaisir à entendre ces chœurs aux harmonies originales, soutenues par des basses profondes, comme on n'en rencontre qu'en Russie. A la fin de la séance, le chef d'*himéné* nous adresse, dans la langue du pays, un discours, que M. Garnier assure être très flatteur, puis l'assemblée entonne un dernier hymne dont le refrain « *Viva republica* » nous édifie suffisamment sur les sentiments patriotiques qui animent les heureux habitants d'Afareaitu.

Au dehors, la lune brille de tout son éclat. La nuit est si belle, que je ne puis me décider à rentrer. Lorsqu'enfin je vais gagner le lit bien blanc qui m'a été destiné, je suis obligé d'enjamber plusieurs corps étendus en travers de la porte : le chef et sa famille, pour nous donner une hospitalité plus complète, dorment en plein air, sous la véranda. Détail à noter : notre veilleuse est une lampe à pétrole, et la table sur laquelle elle est posée est une machine à coudre. Que nous sommes loin des temps de Cook et de Bougainville!

29 novembre. — Ce matin, laissant M. Garnier côtoyer le rivage avec le bateau qui porte nos provisions, je me joins à mes autres compagnons, et tous trois nous nous mettons en route, le pied leste et le cœur content. Le sentier, couvert d'un fin gazon, est charmant, mais il est trop souvent coupé de petits cours d'eau qui nous obligent à retirer nos chaussures; il est vrai qu'à la rigueur nous pourrions marcher pieds nus, comme les indigènes, sans crainte de nous blesser. Chemin faisant, on échange de joyeux *ia orana* avec les habitants. A l'un d'eux qui avait grimpé à un cocotier pour nous en offrir les fruits rafraîchissants, nous présentons une petite pièce blanche; il la refuse et, sur nos instances, la donne à un enfant qui passait par là.

A la pointe Nunpure, qui forme l'extrémité sud-est de l'île, un indigène nous engage à le suivre et, après un assez long détour sous les bouraos, nous amène au bord de la

Arbre à pain.

mer, devant un *moraï*, lieu de sépulture des anciens chefs. Le monument, à demi ruiné, a la forme d'un parallélépipède, haut de 6 mètres, long de 14 et large de 6. Il se compose de blocs de coraux entassés, plus ou moins bien taillés sur les bords. Ces édifices primitifs sont devenus assez rares. Ce sont maintenant les seuls vestiges d'un passé qui est et restera toujours obscur. Car si les Tahitiens, ces enfants gâtés de la nature, se laissent vivre sans aucun souci du lendemain, ils s'inquiètent encore moins du passé. La notion du temps leur échappe ; aussi ce peuple n'a-t-il pas d'histoire. Les armes de pierre, les casse-tête et les ustensiles en bois sculpté dont les indigènes se servaient encore au commencement du siècle, sont devenus introuvables. Il est fâcheux que, dans les premiers temps de notre occupation, alors que ces objets n'avaient pas encore complètement disparu, on n'ait pas songé à en former un petit musée à Papeete, où rien de pareil n'existe, pas plus d'ailleurs qu'à Nouméa.

A Paroa, le chemin est interrompu pendant quelques centaines de mètres. De noirs rochers, d'une origine évidemment volcanique, s'avancent jusqu'à la mer, formant la pointe méridionale de l'île. Nous les escaladons sans trop de difficulté, et, de l'autre côté, nous demeurons saisis d'admiration en présence du panorama de la baie d'Ahutaï. Trois aiguilles, couvertes de végétation de la base au sommet, se dressent majestueusement à une hauteur de 700 à 900 mètres. Le point culminant de l'île, le mont Tohivea, mesure 1218 mètres.

A Atimaha nous retrouvons M. Garnier, qui, arrivé avant nous au rendez-vous, s'occupe des préparatifs du déjeuner. La population du village est assemblée sous un vieux banian, en face d'un débit de liqueurs tenu par un Chinois. Ce dernier nous invite poliment à entrer chez lui : l'arrivée imprévue de nouveaux clients lui cause une satisfaction qu'il ne cherche point à déguiser.

Parmi les femmes qui se tiennent accroupies, nous contemplant avec des regards curieux, plusieurs passeraient pour jolies dans n'importe quel pays. Les traits accusés, le teint bistré, la physionomie grave de quelques-unes, me remémorent les Indiennes du Pérou. Cette ressemblance évidente viendrait à l'appui de l'hypothèse du peuplement, par l'Amérique, des archipels polynésiens. Mais je me garderai bien de conclure. Laissant à d'autres, plus autorisés que moi, le soin de la discussion, je me borne à signaler cette ressemblance, qui m'a frappé maintes fois à Tahiti et surtout à Moorea.

Dans l'après-midi nous reprenons notre marche le long de la côte. La route est toujours charmante, mais la contrée est plus sauvage et moins peuplée. A quatre heures nous arrivons à la chefferie du district d'Haapiti, construite au milieu d'un magnifique verger de manguiers et d'arbres à pain.

En attendant l'heure du dîner, j'allai prendre un bain de mer, et le hasard me fit assister à une pêche à la seine, où le filet traîné sur la grève était remplacé par une guirlande bien feuillue de branchages de cocotier. Sur la longue tresse flottante, garçons et filles sont placés de distance en distance. Le poisson est tellement abondant, que, lorsqu'après avoir décrit un demi-cercle la nasse arrive à terre, on n'a qu'à se baisser pour en ramasser des quantités, à la grande joie des enfants, qui, trop petits encore pour suivre leurs aînés, emplissent leurs paniers sur le rivage.

Nous-mêmes, après dîner, allons pêcher des anguilles, qui foisonnent dans le ruisseau voisin; nos hameçons sont amorcés avec les intestins du poulet qui nous a été servi. Mais, aussitôt piquée, l'anguille se réfugie sous les pierres, les racines et les anfractuosités de la berge; la grande difficulté est de l'amener sur le bord sans casser la ligne.

Ce soir, réunion intime chez le chef; on organise des chœurs joyeux. Les voisins viennent prendre part à nos *himéné* improvisés; parmi eux se trouvent les fils d'un pauvre diable mort ce matin et que l'on doit enterrer demain. Tout à l'heure j'ai vu la famille se lamentant autour du corps, exposé dans une case à deux cents pas de la maison du chef, et maintenant les fils du mort viennent se divertir au milieu de nous. Race insouciante! Grands enfants irresponsables, inconscients, inaccessibles à toute préoccupation, ne songeant qu'à jouir de l'heure présente!

30 novembre. — Ce matin, dimanche, la pluie tombe par torrents : impossible de se mettre en route. Je vais au temple protestant; l'assistance est nombreuse, mais peu recueillie; on chante des cantiques sur des airs d'*himéné*, mais sans la moindre ferveur.

A midi, profitant d'une éclaircie, je pars avec la baleinière. Cette partie de la côte est dangereuse et peu fréquentée; aussi M. Garnier a-t-il engagé comme pilote le caporal *moutoï*. On nomme ainsi le petit fonctionnaire indigène chargé, sous les ordres du chef, de la police du district.

Le fond de la mer, qui ne mesure pas plus de deux brasses, est partout constellé de coraux de toutes formes et de toutes couleurs, que l'on croirait à portée de la main, tant l'eau est limpide. Une brise favorable nous pousse rapidement au milieu d'innombrables écueils à fleur d'eau, que le *moutoï*, debout à l'avant, ne cesse de signaler, et que M. Garnier évite, d'un coup de barre, avec une habileté consommée. Nous arrivons ainsi à la pointe nord-ouest de l'île. Là il faut changer la route et reprendre l'aviron, pour s'engager dans un étroit et charmant canal, formé par la grande terre et deux petites îles inhabitées, basses et couvertes d'une épaisse forêt de *filao* ou bois de fer [1].

Malheureusement la pluie revient à la charge et ne tarde pas à se changer en une averse continue, qui nous dérobe la vue de la côte et des montagnes de Moorea. Les gouttes

---

1. Le *filao* des îles océaniennes est un grand arbre au feuillage rare et triste, offrant quelque analogie avec le mélèze; il appartient à la famille des casuarinées; son bois est très dur, assez léger néanmoins et d'une grande force. On l'emploie de préférence pour la construction des pirogues, la fabrication des manches d'outil, des armes, des casse-tête, etc.

pressées scintillent comme autant de perles à la surface de la mer ; mais ce n'est pas le moment de rien admirer. En temps ordinaire, notre embarcation fait beaucoup d'eau : maintenant il s'agit de ne pas se laisser gagner par l'eau du ciel, qui, mêlée à celle de la mer, fait des progrès inquiétants. Aussi mettons-nous tous la main à la besogne, pour vider la coque. De leur côté, nos hommes, qui, selon leur habitude, ont quitté leurs vêtements dès qu'ils ont vu venir l'orage, oublient leur mollesse ordinaire ; ils rament avec une vigueur surprenante, nous donnant ainsi la mesure de ce qu'ils peuvent faire, quand ils le veulent bien.

Nous abordons enfin au joli village de Papetoai, le centre de population le plus important de l'île, et nous y attendons la fin de l'averse. Deux heures après, nous avions repris la mer et nous entrions dans la baie d'Opunu, large d'un demi-mille et pénétrant profondément dans l'intérieur des terres. Comment décrire, sans redites, le merveilleux tableau qui se présente à nos regards ! De hautes montagnes, semblables à de fantastiques châteaux de géants, dressent vers le ciel leurs murailles ruinées, leurs tours énormes. Le soleil, vainqueur de l'orage, achève de disperser les nuées qui, çà et là, flottent indécises, dans les hautes campagnes de l'air. Un rideau de vapeurs bleuâtres cache encore les régions inférieures, mais déjà l'or scintille sur les sommets. Enfin partout, aux premiers plans, une végétation luxuriante, d'un vert intense, dont la pluie récente a encore avivé l'éclat. Certes la baie d'Opunu dépasse tout ce que j'ai vu dans cette île pourtant si belle !

A 5 heures nous étions installés dans la confortable habitation de M. Arthur Brander, et, tant bien que mal, nous faisions sécher nos vêtements, opération assez compliquée dans un pays où les cheminées sont inconnues.

1er décembre. — Le triomphe du soleil n'a pas été de longue durée. La pluie, qui depuis minuit n'a pas cessé de tomber, redouble ce matin ; le tonnerre s'en mêle. Impossible de sortir : tout le pays n'est qu'un marais ; les rivières sont débordées, les cascades voisines charrient de

Baie d'Opunu, à Moorea.

la boue et des pierres. Que faire? Notre hôte propose un whist, et, tandis que nous manions les cartes, M. Garnier raconte aux voisins et aux voisines l'histoire du marquis de Carabas, en tahitien.

2 décembre. — Enfin la pluie a cessé. M. Brander me promène dans sa vaste propriété, me fait voir ses plantations de cocotiers, ses champs de tabac et de coton, où travaillent une vingtaine de Chinois. Sur la route de Papetoai je vais rendre visite à un vieux colon français, M. Vallès, marié à une Anglaise et fixé ici depuis quarante ans. Pendant ce temps, M. Garnier est allé à la chasse; il rapporte un petit cochon et trois poules sauvages.

A vrai dire, le mot exact serait *marron*. Les volailles en effet, comme les porcs, se promènent et vivent tantôt autour des cases, tantôt dans la brousse. L'indigène qui a déjà un coq et veut s'en procurer un autre, use du stratagème suivant :

Un peu avant le jour, il se rend dans la forêt, attache son coq domestique par la patte à une broussaille, au moyen d'une ficelle longue de quatre à cinq pieds, puis il va se mettre aux aguets à une trentaine de pas de là. L'oiseau ne tarde pas à faire entendre son chant de guerre. Le coq marron, que l'on vient provoquer dans son libre domaine, accourt, s'approche de l'intrus, et la lutte s'engage aussitôt, cruelle, convulsive, comme tous les combats de coqs, d'autant plus acharnée que l'un des deux adversaires ne peut fuir; si bien que l'agresseur arrive à perdre toute prudence et ne songe plus qu'à l'attaque : c'est un duel à mort. Alors, comme le gendarme qui tombe sur les duellistes, l'indigène s'approche d'un pas rapide, empoigne le coq batailleur, tandis que l'autre, son esclave, chante victoire.

Avec ce système, les indigènes arrivent parfois à prendre une demi-douzaine de coqs au lever du jour. Ils sont mis en cage avec les volailles domestiques, s'apprivoisent au bout de quelque temps, ou bien s'échappent de nouveau. Quant aux poules sauvages, elles se prennent à la main, pendant la nuit, sur les arbres où elles perchent. On les capture plus aisément lorsque le coq de la bande a disparu, et c'est pour cela que les indigènes prennent d'abord les coqs.

A 4 heures nous quittons l'hospitalière maison de M. Brander et disons un dernier adieu à l'incomparable baie d'Opunu. Celle qui lui succède présente la même forme ; elle est fort belle aussi, moins étonnante cependant que la première.

Au nord de Moorea, la mer, très peu profonde, est semée de bancs de coraux dont les couleurs variées sont fort agréables à l'œil, mais qui en rendent la navigation très difficile. Pour les éviter et nous faire arriver à bon port, il faut toute l'habileté de notre pilote indigène.

A la tombée de la nuit nous arrivons à Orahu, dans le district de Teavaro. Le village est charmant, propre et bien bâti. La maison du chef est petite, mais bien située à l'embouchure d'un ruisseau, sous les manguiers et les arbres à pain.

Après un dîner dont la chasse de M. Garnier fait les frais, nous passons la soirée au *fare-hau* (maison commune), où de joyeux *himéné* sont chantés à notre intention, jusqu'à une heure avancée de la nuit.

3 décembre. — De grand matin, nous partons à pied pour aller visiter, à la pointe nord-est de l'île, le lac Temao. Le chemin traverse un marécage où pullulent des crabes énormes ; le sol est littéralement criblé de leurs trous. Après une petite heure de marche, nous arrivons sur les bords du lac, qui d'ailleurs ne présente rien de remarquable. C'est une nappe d'eau longue d'environ 2 kilomètres, large de quelques centaines de mètres et séparée de la mer par une étroite langue de terre. Ses rives sont marécageuses, et on ne peut en approcher que difficilement. On le dit très poissonneux.

De ce point, quelques kilomètres seulement nous séparaient de la baie de Vaiare, où nous abordions six jours auparavant. Notre tour de l'île pouvait être considéré comme terminé.

A midi, par un soleil de plomb, nous quittons définitivement Moorea, cette terre enchantée que la nature a comblée de tous ses dons, et si belle que, même après Tahiti, on ne peut se lasser de l'admirer. La passe du grand récif est heureusement franchie ; au large, nous avons la chance de rencontrer une brise rafraîchissante, et, cinq heures après, nous débarquons à Papeete.

Le *Prinz Adalbert*, croiseur allemand, est en rade. Au commencement de mai je l'avais rencontré à Singapore ; je le retrouve ici, venant d'Honolulu et se rendant au Callao. La musique militaire allemande a été autorisée à venir se faire entendre sur la place du Gouvernement. Par suite, grand émoi de la population féminine indigène de Papeete, qui, passionnée pour la musique et d'ailleurs absolument étrangère à la politique, ne voit dans cet incident qu'une occasion de s'amuser.

La *oupa-oupa*, à laquelle j'ai assisté ce soir-là, est une réminiscence de ces danses luxurieuses d'autrefois, que la célèbre voyageuse Ida Pfeiffer a pu voir encore en 1847, lors de son premier voyage autour du monde. Deux ou trois danseuses se détachent de la foule, couronnées de fleurs, vêtues d'une tunique de mousseline blanche, serrée à la taille. Excitées par les battements de main cadencés des spectateurs, elles s'agitent comme des possédées, s'animant par degrés jusqu'au paroxysme. Quand leurs forces sont épuisées, elles s'enfuient, accompagnées par les hourras des spectateurs, et d'autres viennent prendre leur place. Notons que le théâtre est fourni par la nature ; au lieu de planches, un tapis de gazon, et, pour décor, un ciel étoilé et les grands arbres de la place du Gouvernement. A l'époque de mon passage à Tahiti, l'orchestre français qui avait l'habitude de se faire entendre chaque samedi s'était mis en grève, je ne sais plus pour quel motif ; aussi les *wahiné* (femmes indigènes), privées depuis quelques semaines de leur divertissement favori, s'en sont-elles donné, ce soir-là, à cœur joie.

Le 6 décembre, le courrier, parti de San-Francisco le

1ᵉʳ novembre, est en vue. A Papeete l'arrivée de la goélette qui porte les dépêches est un événement. Ce jour-là, dès que le bateau est signalé, chacun fait trêve à ses occupations. On accourt sur le quai pour assister au mouillage. Les nouveaux arrivés, dévisagés par une double haie de curieux, font l'objet de toutes les conversations. Le petit bâtiment de la poste forme le centre de cette animation; le receveur est circonvenu, chacun voulant avoir son courrier le premier. Au cercle militaire, comme au cercle civil, des montagnes de journaux s'entassent sur les tables. Cette agitation est de courte durée; dès le lendemain, la petite ville a repris son calme. Au cercle, les derniers journaux ont été décachetés, mais il y a gros à parier que les plus anciens ne seront jamais lus. Tahiti est si loin, que ses habitants arrivent peu à peu à se désintéresser de tout ce qui se passe ailleurs que dans leur île.

La goélette qui vient d'arriver est la plus grande et la meilleure des trois qui font le service entre Papeete et San-Francisco; c'est avec elle que je partirai dans une dizaine de jours. Ma place est déjà retenue. J'ai payé ma cabine 90 piastres, et, chose assez singulière, j'en aurais payé 110 si j'avais été passager du gouvernement. Les monnaies les plus répandues à Tahiti sont les pièces chiliennes et péruviennes; on les reçoit partout, sauf dans les caisses de l'État, au même taux que les pièces françaises. L'or est fort rare et fait une prime importante; quant à la monnaie de cuivre, elle est inconnue, ce qui peut être avantageux pour les marchands, mais est assurément fort gênant pour les consommateurs, qui ne peuvent rien acheter au-dessous de 50 centimes. Ainsi on me vendra au marché quatre cocos pour 10 sous; mais, si je n'en désire qu'un seul, je serai forcé de payer le même prix.

Le mois de décembre, à Tahiti, correspond à notre mois de juin : c'est dire que nous sommes en plein été. La chaleur est assez forte, sans être accablante; on la supporte aisément. Le thermomètre atteint rarement 30° et se maintient habituellement entre 22° et 29°. De plus, on n'a pas la crainte des insolations. Le casque, indispensable aux Européens dans la plupart des pays tropicaux, est inutile ici : avec un simple chapeau de paille on peut braver le soleil de midi. Ce n'est pas la seule immunité dont jouisse cette terre privilégiée. A l'exception d'un cent-pieds, l'île ne renferme aucun animal nuisible; les bêtes féroces, les reptiles et les serpents y sont inconnus. Enfin on peut se rassasier impunément des fruits les plus savoureux des tropiques, de ces mangues et de ces ananas, dont l'abus est si perfide en Cochinchine ou en Malaisie.

A l'heure où le soleil couchant darde ses rayons sur Moorea, j'aimais à faire un tour de promenade le long des quais; je m'amusais à observer les pêcheurs à la ligne, toujours nombreux dans ce pays d'oisifs. Parfois je rencontrais la reine Marahu; assise au bord de la mer, en compagnie de quelques amies, Sa Majesté, tenant à la main un long roseau, ne dédaignait pas ce genre de distraction. Le fait est que, sous l'eau transparente comme du cristal, des myriades de petits poissons, aux nuances les plus variées, se jouent parmi les coraux, comme des papillons ou des colibris. Quelques-uns, du bleu le plus pur, mesurent à peine 5 centimètres de longueur. Quant aux poissons plus gros, ils se tiennent prudemment à quelques mètres du rivage. Cette vue seule suffit à vous inspirer la passion de la pêche à la ligne, passion souvent malheureuse, même à Papeete, car ces petits êtres charmants sont très malins et s'entendent fort bien à dévorer l'appât sans s'accrocher à l'hameçon.

Un soir, M. Garnier me proposa une partie de pêche aux flambeaux. Nous partons à 9 heures, par une nuit obscure, dans une étroite pirogue au fond de laquelle sont entassées les torches faites avec les feuilles desséchées du cocotier. Tandis que M. Garnier pagaye, un indigène se poste à l'avant, tenant d'une main une branche enflammée et de l'autre une longue lance, terminée par un trident Le poisson, attiré par la lumière, monte à la surface, et rarement le pêcheur manque la proie qui passe à portée. Malheureusement, ce jour-là, le poisson ne se montrait pas, ou du moins fort peu, et le résultat fut assez maigre, bien que nous ayons exploré dans toutes ses parties le récif qui fait le tour de l'îlot Motu-Ita, et même poussé une reconnaissance jusque sur le grand récif.

Cette pêche, d'ailleurs, ne va pas sans quelque danger, comme nous pensâmes en faire l'épreuve. Tout à coup, en effet, et dans l'instant même où je déplorais notre peu de chance, une douzaine de poissons-aiguilles, longs de 50 centimètres au moins, s'élancent à deux ou trois pieds hors de l'eau et passent par-dessus notre bateau avec la rapidité de l'éclair; l'un d'eux m'avait frôlé le visage. Or il faut savoir que le poisson-aiguille, ainsi nommé à cause de sa forme, est armé d'une longue pointe acérée, parfaitement capable de vous traverser la cuisse, ainsi que cela est arrivé maintes fois. Comme nous ne tenions pas à augmenter à ce prix le produit de notre pêche, nous regagnâmes prudemment le rivage.

J'ai déjà dit qu'à Tahiti, et surtout durant la saison chaude et pluvieuse, l'accès des montagnes de l'intérieur présente d'extrêmes difficultés. Il est cependant une excursion bien intéressante et relativement facile, que l'on recommande à tous les voyageurs, celle de Fatahua.

Un obligeant Français, M. Lamy, qui connaît parfaitement le chemin, s'est offert à me servir de guide. Le 14 décembre, deux jours avant mon départ, nous sortons de Papeete à pied, de grand matin. Nous suivons d'abord la route de la pointe Vénus; mais, au lieu de traverser le pont, nous enfilons sur la droite un petit chemin qui se change en sentier une demi-heure après. Pendant quelque temps, on marche à travers un fouillis de goyaviers, au-dessus desquels s'élèvent çà et là quelques beaux orangers; puis nous pénétrons dans une superbe forêt de bouraos et d'évitiers, sous lesquels croissent des ananas sauvages, de petites fougères et de grands arums aux larges feuilles luisantes et d'aspect métallique. Sous ces magnifiques ombrages, au milieu de cette nature exubérante, la vie animale est

Le Diadème, à Tahiti.

absente ; pas un oiseau, pas d'autre bruit que le murmure de l'eau qui fuit sur les cailloux. Cependant la vallée se resserre ; trois fois nous traversons la rivière, puis nous commençons une ascension, fort raide au début. Après avoir longtemps serpenté sous les grands arbres, le sentier débouche sur une étroite corniche, taillée au bord du gigantesque entonnoir où la Fatahua se précipite, d'une hauteur de 180 mètres. Le site est d'une grandeur sauvage ; aux deux tiers de la chute, le long ruban qui marque d'une raie blanche les noires murailles de basalte s'éparpille et forme tout en bas, dans le trou sombre, comme une avalanche de neige.

Du côté où nous sommes, les parois de la montagne sont presque perpendiculaires. Sur les étroites saillies des rochers croissent une foule de liliacées, des fougères arborescentes et aussi de vigoureux bananiers sauvages, suspendus au-dessus de l'abîme. Ces arbres, qui mesurent jusqu'à 8 mètres de hauteur et plus d'un mètre de circonférence, sont des *féhis* ; ils portent droit leur régime, tandis que celui des autres bananiers s'incline vers la terre. Les indigènes, qui pourraient les cultiver autour de leur demeure, négligent ce soin ; ils trouvent plus simple, au fur et à mesure de leurs besoins, d'aller les chercher dans la montagne, au prix de mille fatigues et de mille dangers.

Un petit fort ruiné, situé à une altitude de 600 mètres, domine la cascade. Dans l'une de ses chambres abandonnées, nous nous installons pour déjeuner avec les provisions que nous avons apportées. Des feuilles de bananiers tiennent lieu d'assiettes ; pour dessert, nous avons non seulement des mangues et des avocats cueillis aux arbres du voisinage, mais encore, chose rarissime à Tahiti, de véritables fraises d'Europe, découvertes par nous dans l'ancien jardinet de l'infanterie de marine.

Ce site, éminemment pittoresque, rappelle un des plus brillants faits d'armes de notre histoire coloniale.

C'était en 1846, à l'époque de la guerre de l'indépendance ; Papeete était tenue en échec par les Canaques restés maîtres des hauteurs de Fatahua. Persuadés que leur forteresse était inaccessible, ils y vivaient en parfaite sécurité. Le commandant Bruat résolut de les surprendre ; mais, pour cela, il fallait escalader la montagne à revers, gravir des pentes vertigineuses au milieu de difficultés inouïes, franchir des abîmes sur des arêtes aiguës, le tout sans éveiller l'attention de l'ennemi. Cette entreprise, d'une hardiesse surhumaine, fut couronnée d'un plein succès. Les indigènes, terrifiés, mirent bas les armes, prenant nos braves soldats pour des êtres surnaturels, contre lesquels toute défense était impossible. Ce glorieux exploit mit fin à la guerre.

J'aurais voulu pousser jusqu'au Diadème, cette gigantesque couronne de pierre, dont les fleurons bleuâtres se dressent à 1200 mètres au-dessus du niveau de la mer. Mais le chemin est excessivement pénible et exige trois longues heures. La nuit nous aurait surpris au retour; je dus y renoncer.

CHAPITRE XIV

A TRAVERS LE PACIFIQUE

16 décembre 1884 — 25 janvier 1885.

De Papeete à San-Francisco. — Le trois-mâts-goélette *City of Papeete*. — Calmes et grains. — Une traversée de quarante jours sur un voilier. — La « Porte d'Or » de la Californie.

16 décembre. — Le courrier va partir. J'ai quitté, non sans regret, la chambre confortable que j'occupais, depuis un mois, au palais du Gouvernement; j'ai pris congé de M. Morau, qui avait bien voulu m'offrir chez lui une si cordiale hospitalité. J'ai dit adieu, non sans émotion, au docteur Vincent, qui m'a ménagé de si charmantes promenades aux environs de Papeete, à M. Vallier, le sympathique receveur des postes, à mes compagnons d'excursions, à M. Gardey et à bien d'autres encore, dont la liste serait trop longue. La plupart sont venus à bord me serrer la main une dernière fois. A 3 heures le signal du départ est donné : nos visiteurs regagnent la terre. Adieu, Tahiti! adieu encore une fois, vous tous qui, si loin de la France, m'avez accueilli comme un vieil ami! Peut-être reverrai-je encore quelques-uns d'entre vous, mais ce ne sera plus dans votre île enchantée.

Cependant le *City of Papeete* s'ébranle et, après avoir

glissé lentement au milieu des bâtiments à l'ancre dans la rade, franchit hardiment la passe, sans le secours d'un remorqueur. Une brise favorable gonfle nos voiles; nous marchons rapidement dans la direction du nord-est. Au coucher du soleil, Tahiti a disparu; la silhouette de Moorea, à peine visible, s'efface à son tour avec les dernières lueurs du jour.

30 décembre. — C'est la première fois que je navigue à bord d'un voilier, et, pour mes débuts, je n'ai vraiment pas de chance. Deux semaines se sont écoulées depuis notre départ de Tahiti, et nous avons à peine franchi la septième partie de la route. En quarante-huit heures, avec un vapeur ordinaire, nous serions au même point. Dès le second jour nous avons été pris par les calmes, et depuis lors on n'avance plus que d'une manière insignifiante, quand on n'est pas forcé de reculer. Seuls les grains nous donnent un peu de vent, et encore est-il toujours contraire; mais au moins on l'utilise en partie à courir des bordées.

Les jours se succèdent sans amener de changement. Si un nuage sombre est signalé à l'horizon, on renaît à l'espoir. Parfois le grain se forme, crève sur nos têtes, enfle les voiles pour une heure ou deux, puis tout retombe dans le calme. Et il ne faut pas croire que ce calme s'étende au navire; bien au contraire : c'est quand la mer est unie comme une glace que nous roulons le plus. La grande houle de l'océan Pacifique, soulevant la goélette, en détruit l'équilibre. La mâture, très élevée, chargée d'agrès, pèse de tout son poids, augmentant l'amplitude des oscillations. Alors les voiles retombent, flasques et clapotantes, les mâts craquent, les espars s'entre-choquent, les poulies grincent, toute la coque gémit. Je ne connais rien de plus agaçant que l'ensemble de tous ces bruits accompagnant, à intervalles réguliers, chaque coup de roulis. En marche, c'est différent : le navire s'incline sensiblement, mais reste appuyé par la voilure; le mouvement devient presque insensible, et le calme renaît à bord.

Le point de midi indiquait pour notre position 9° 18′ latitude sud. Nous ne sommes donc pas encore à moitié chemin entre Tahiti et l'équateur. Il est vrai que le capitaine espère rencontrer des vents favorables de l'autre côté de la ligne; mais, d'ici là, combien de jours encore avons-nous à rester en panne dans la vaste solitude du Pacifique? Car c'est bien le désert que cette mer infinie, où jusqu'à présent nous n'avons aperçu aucun navire, aucune terre, pas un oiseau, pas même un poisson.

Actuellement nous sommes à la hauteur des îles Marquises, à une centaine de lieues à l'ouest.

Le *City of Papeete* navigue sous pavillon américain. C'est un joli trois-mâts-goélette de 360 tonneaux, long de 50 mètres et large de 10. Il appartient à une compagnie anglaise et a été récemment construit à San-Francisco. Son aménagement pour les passagers est excellent. J'occupe seul une grande cabine à deux couchettes, aérée par deux fenêtres, que leur élévation au-dessus de l'eau permet de laisser ouvertes à peu près en tout temps.

Les passagers sont peu nombreux. Point de dames ni d'enfants. A la première classe, un lieutenant de vaisseau qui rentre en France, deux missionnaires catholiques, d'origine allemande, qui viennent de quitter les Marquises pour aller se fixer aux îles Hawaï, et moi. A la seconde classe, un vieil Anglais et un jeune Alsacien; ce dernier, n'appartenant plus à aucune nation, est destiné à devenir citoyen américain.

Notre capitaine est Allemand. C'est un homme aimable et connaissant bien son métier; malheureusement il ne dit que quelques mots de français. Son second est Danois; le maître d'équipage est Américain; les six matelots sont Allemands, Norvégiens et Américains. Enfin le cuisinier est nègre, et le garçon de service Indien. Y compris l'équipage, nous ne sommes donc, en tout, que dix-sept personnes à bord.

On comprend qu'avec une société si restreinte et appartenant à des nationalités différentes, les sujets de distraction soient assez rares; aussi chacun ne doit-il compter que sur lui-même pour atteindre sans trop d'ennui le bout de la journée. Heureusement les livres ne nous manquent pas.

Voici quel est l'emploi de notre temps : A 7 heures du matin on prend le café ou le thé; à 9 heures et demie le déjeuner est servi; à 4 heures et demie, dîner. Dans l'intervalle on se voit peu, car il n'est guère possible de s'installer sur le pont, qu'aucune tente ne défend contre les rayons perpendiculaires du soleil. Les soirées, au contraire, sont délicieuses, et nous les passons sur le pont, jusqu'à une heure avancée de la nuit.

La température se maintient, de jour comme de nuit, à 28°. Un grain la fera baisser à 27°; quelques heures de soleil la font monter à 29°. Dans ces conditions, les courants d'air sont recherchés; je dors mes deux fenêtres ouvertes, et m'en trouve fort bien.

1er janvier 1885. — Ce matin, une baleine est venue nous souhaiter la bonne année; elle a passé tout près de nous, puis a disparu rapidement dans l'ouest. Au moins, elle marche; tandis que nous, nous n'avons avancé que de 20 milles depuis hier.

3 janvier. — Un peu de vent aujourd'hui, mais absolument contraire; tantôt nous avons le cap sur Panama, tantôt sur Hong-Kong. Dans ces conditions, on fait bien peu de route au nord.

5 janvier. — Enfin, depuis deux jours, nous avons une bonne brise; après quinze longues journées de calme, nous l'avions bien méritée. Nous sommes sur le point de franchir l'équateur, mais après vingt et un jours de traversée, alors qu'ordinairement en une semaine on se trouve au même point. Ce voyage est de beaucoup le plus mauvais de tous ceux que le capitaine a effectués sur cette route; mais, si le vent se tient bien, on arrivera encore avant la fin du mois : dans une longue traversée à la voile, il s'établit presque toujours une compensation. Dans les dernières vingt-quatre heures, nous avons avancé de trois degrés, tandis qu'auparavant il nous fallait trois jours pour franchir un seul degré. Temps sombre, mer houleuse, averses fréquentes; température, 28°.

6 janvier. — Latitude N. 1° 58', longitude O. 146° 30'. Rien de nouveau. Quelle désespérante monotonie, dans un hémisphère comme dans l'autre ! Eau bleue, ciel bleu, partout du bleu !

10 janvier. — Nous marchons toujours, pas en bonne route ; mais enfin nous marchons et même fort vite, car nous faisons en moyenne nos 210 milles (400 kilomètres) par jour. Une brise fraîche souffle du nord-est, et, comme c'est précisément la direction que nous devrions suivre, nous sommes réduits à naviguer au plus près du vent, ce qui donne la route au nord-ouest. Si nous continuons ainsi pendant trois ou quatre jours, nous passerons en vue d'Hawaï.

Dans les premiers temps, l'inclinaison étonnante du navire ne laissait pas que de m'inquiéter un peu. De ma couchette je pouvais voir défiler les flots tumultueux à plusieurs pieds au-dessus de ma tête. Mais on s'habitue à tout, et maintenant il me semblerait naturel de me promener sur un toit : c'est à peu près l'aspect que présente, depuis une semaine, le pont du *City of Papeete.*

Aujourd'hui il fait beau voir la goélette, couchée sur bâbord, se frayant, à raison de 20 kilomètres à l'heure, un passage à travers les énormes vagues qui semblent toujours sur le point de la submerger, mais qu'elle refoule au loin, bouillonnantes et irritées. Avec cela, un roulis presque nul, mais un tangage accentué. La température a sensiblement baissé : dans l'air ambiant comme dans la mer, le thermomètre marque 25°.

A l'aide d'une carte sur laquelle le capitaine a tracé ses huit derniers voyages de retour, je me suis livré à un calcul de probabilités, qui m'a donné les résultats suivants : 1° nous sommes en retard de onze jours sur la moyenne; 2° cette moyenne est de trente-cinq jours; 3° nous devons rester encore vingt jours en mer. Or, comme nous sommes au vingt-sixième jour, notre arrivée probable à San-Francisco se trouve fixée au 30 janvier.

13 janvier. — On vient de passer le tropique. Le *City of Papeete* n'a mis que sept jours et six heures pour franchir la distance de 23° 28' qui sépare l'équateur du tropique; peu de vapeurs auraient fait mieux. Le vent ayant changé de direction, on en a profité depuis deux jours pour mettre le cap droit sur San-Francisco. Aussi n'avons-nous rien vu des Sandwich [1], rien que deux oiseaux que leur mauvaise fortune a poussés dans nos parages. Ils planaient sans défiance au-dessus du navire; le capitaine a saisi sa carabine et tiré plusieurs fois sans résultat. Tous, nous faisions des vœux pour les pauvres oiseaux, quand une dernière balle, mieux dirigée, a frappé l'un d'eux, qui est venu s'abattre sur la mer, tout près de nous; l'autre a poussé un cri navrant, s'est précipité vers son compagnon, et nous ne l'avons plus revu.

Ce matin, nous avons eu la distraction de voir une bande de marsouins folâtrer autour du navire, se jouant dans le sillage et luttant de vitesse avec lui. Le temps est sombre, la mer est grosse. Une houle formidable nous prend par le travers. Le spectacle de la petite goélette luttant contre les flots est effrayant et attachant à la fois. Je ne me lasse pas de le contempler, mais gare aux éclaboussures! car le pont est bien bas et les vagues bien hautes.

15 janvier. — On peut dire que cette traversée se composera de trois parties distinctes : de Tahiti à l'équateur, de l'équateur au tropique, du tropique à San-Francisco. Nous avons perdu la première partie, gagné la seconde; reste la belle, qui se joue en ce moment. Elle s'engageait assez bien, mais hier il s'est livré une grande bataille entre les vents du nord et ceux du sud : temps abominable, éclairs, tonnerre, feu Saint-Elme [2], etc. Il faut

---

1. La traversée de la *Paloma*, en mars 1882, offre cette particularité que la goélette a été forcée de passer à l'ouest des Sandwich, et que, dix-neuf jours après son départ de Tahiti elle se trouvait en vue d'Honolulu.

San-Francisco est par 38°; mais, pour l'atteindre, on est souvent obligé de dépasser le 4e degré.

2. On appelle *feu Saint-Elme* un phénomène électrique qui,

croire que les deux partis sont exténués et que le combat, resté indécis, est à recommencer, car nous avons aujourd'hui un calme plat, qui me rappelle les mauvais jours de la ligne. Le point est 27° 40′ lat. N. et 142° 30′ long. O. En sept jours, avec un vent favorable, nous pourrions être rendus à destination. En attendant, depuis ce matin nous ne bougeons pas de place, tout en roulant d'une manière désordonnée.

De jour en jour, le thermomètre baisse ; il ne marque plus aujourd'hui que 20°. Les cancrelas, qui naguère couraient si allégrement dans ma cabine, se montrent languissants.

17 janvier. — Jour néfaste pour les représentants de la race porcine embarqués à bord. Chaque samedi on en tue un. Au départ nous en avions six : il n'en reste plus qu'un seul. Selon l'usage américain, le cuisinier n'utilise que la viande proprement dite ; tout le reste, tête, pieds, sang, entrailles, est jeté à la mer. La cuisine cependant est passable, étant données les conditions où nous sommes, c'est-à-dire sans glacière et sans légumes frais. Seulement les volailles et les porcs, exclusivement nourris avec les cocos qui forment l'unique chargement de la goélette, offrent une chair peu savoureuse. Quant au vin de Californie, qui nous est servi sous l'étiquette de bordeaux, il n'est pas plus mauvais qu'un autre.

La température baisse régulièrement d'un degré par jour. Aujourd'hui 18°, par 30° 29′ lat. N. et 137° 48′ long. O.

20 janvier. — Après deux jours d'une brise intermittente, un violent coup de vent s'est déclaré à la suite d'un grain. Nous venons d'avoir un foc emporté. Le temps est affreux ; en revanche, nous courons avec une grande rapidité et en bonne direction.

Point d'estime : lat. N. 34° 50′, long. O. 131° 50′. Température, 15°.

---

pendant la tempête, rend lumineuses les extrémités des mâts, des vergues etc. J'ai vu, cette nuit-là, les boules qui surmontent la pointe des mâts, briller dans l'obscurité comme des étoiles ; à l'extrémité des vergues on apercevait, à de certains moments, des jets de lumière diffuse.

22 janvier. — Le *City of Papeete*, que j'avais vu arriver à Tahiti la cale pleine de marchandises et le pont garni de bois de construction jusqu'à la hauteur de la dunette, n'a maintenant qu'un chargement d'une valeur insignifiante : 40 000 cocos, payés à Papeete de 15 à 18 piastres (75 à 90 fr.) le mille. Aussi le capitaine a-t-il dû acheter à Papeete 25 tonnes de lest, à raison de 1 dollar la tonne, sans compter les frais d'embarquement. Comme il n'est pas permis de jeter le lest dans la baie, on commence à s'en débarrasser ici ; les lourdes pierres sont extraites de la cale et précipitées à la mer. Ces préparatifs sont de bon augure : ils nous annoncent une arrivée prochaine.

Depuis hier j'ai endossé avec plaisir mes habits d'hiver. Le thermomètre ne marque plus que 13°. Après quatre mois passés sous la zone tropicale, cette température paraît singulièrement froide. Aujourd'hui, trente-huitième jour de la traversée, nous n'avons encore aperçu aucune voile depuis Tahiti ; cependant des bois flottés, des paquets d'herbe indiquent la proximité de la côte américaine, qu'on nous promet pour demain. Même solitude partout ; seulement, au lieu de bleu, c'est du gris, dans l'air et sur les flots.

23 janvier. — Enfin, à 10 heures du matin, la côte d'Amérique est en vue, montagneuse et courant du sud-est au nord-ouest. C'est la baie de Monterey, à 80 milles au sud de San-Francisco. En même temps on aperçoit un grand voilier qui fait la même route que nous. Beau temps, mais vent contraire ; il nous faut courir des bordées pour faire du nord.

Température, 12°. Maintenant le soleil n'est plus l'ennemi ; par un juste retour des choses, on recherche ses rayons avec autant d'empressement qu'on en mettait naguère à les fuir.

24 janvier. — Toute la nuit on a louvoyé en vue de terre. Ce matin, calme complet et roulis d'autant plus extravagant que la coque, allégée du lest, est à peu près vide. Si ma couchette n'était pas garnie d'une planche à roulis, je serais infailliblement précipité. Pour nous faire prendre patience, le capitaine nous raconte que parfois il a dû attendre, dans ces mêmes parages, une semaine entière avant de pouvoir entrer au port. Décidément je commence à croire que, pour un voilier, le beau temps est le mauvais, et réciproquement.

Cependant de gracieux goélands arrivent en foule, décrivant mille circuits autour de nous; des navires se montrent à plusieurs points de l'horizon; la vue de la côte californienne réjouit nos yeux : tout cela nous aide à passer le temps, qui ne semble jamais plus long que lorsqu'on est sur le point d'arriver.

25 janvier. — Quarante et unième jour de traversée. Les derniers journaux français que j'ai lus à Papeete portaient la date du 14 octobre; les dernières dépêches télégraphiques d'Amérique, celle du 31. Nous ne savons donc rien de ce qui a pu se passer dans le monde entier depuis près de trois mois, exactement 86 jours. Aussi lorsque, vers 5 heures du matin, le pilote monte à bord, est-il accablé de questions. Toutefois, à part un tremblement de terre en Espagne, il ne nous apprend rien de saillant au sujet de la vieille Europe.

Un remorqueur se présente. Le gentleman qui le commande, un *Yankee* à barbiche rousse, engage aussitôt avec notre capitaine une conversation animée, où le mot *dollar* revient à chaque phrase. Je comprends qu'il demande 75 dollars pour nous faire entrer, mais qu'on ne veut lui en donner que 35. A mon grand désappointement, notre homme s'éloigne aussi vite qu'il est venu, se dirigeant vers l'un des nombreux voiliers en panne comme nous, dans l'attente d'un vent favorable. C'en est fait : ses services vont être acceptés ailleurs, nous coucherons encore cette nuit à bord. Et pourtant nous ne sommes pas à plus d'un mille de Cliff-house; je reconnais l'hôtel où j'ai dîné, il y a huit ans, et les fameux rochers où des centaines de *seals* (lions de mer) prennent constamment leurs ébats!

Cependant, à 1 heure et demie, le remorqueur reparaît ; l'homme à la barbiche n'a pu trouver de clients, et, ne voulant pas rentrer bredouille, il se décide, après un court marchandage, à accepter les propositions du capitaine. Il nous envoie un câble, et, une heure après, nous franchissions *Golden Gate*, la célèbre « Porte d'Or » qui donne accès dans la vaste baie de San-Francisco.

A 4 heures le *City of Papeete* accoste le quai, le long d'un hangar interminable. Comme c'est aujourd'hui dimanche, la douane plombe nos malles, qu'elle se réserve d'examiner demain. Je descends à terre, seul, sans le moindre bagage, et d'un pied léger, m'orientant d'après la direction des *cars*, je me dirige vers l'hôtel Gailhard, la meilleure maison française de San-Francisco.

CHAPITRE XV

CALIFORNIE ET MEXIQUE

25 janvier — 8 février.

San-Francisco. — Le parc de Golden Gate. — Oakland. — Les chemins de fer américains. — Los Angeles. — Le désert d'Arizona. — La frontière du Mexique. — El Paso et Paso del Norte. — Le *Mexican Central*. — Chihuahua. — Zacatecas. — Un jour à Guanajuato. — Queretaro. — Arrivée à Mexico.

En arrivant à San-Francisco, il me semblait que mon voyage était terminé. En effet, dans cette grande ville que je connaissais déjà pour l'avoir visitée en 1876, je me retrouvais en communication journalière avec l'Europe; je recevais des lettres et des journaux de France ayant seulement quinze jours de date. Après tant de mois passés à courir le Pacifique, je me sentais à l'aise en ce beau pays de Californie. Parfois même je me figurais que je n'avais plus qu'un pas à faire pour rentrer à Paris, et cependant j'en étais à une dizaine de milliers de kilomètres, en ligne droite, et je devais encore singulièrement augmenter cette distance par le détour que je me proposais de faire en passant par le Mexique.

On sait que, dans l'Amérique du Sud, les tremblements de terre sont assez fréquents. Deux fois déjà, dans mon existence, j'en avais ressenti les effets, heureusement sans gravité, à Santiago de Chili et à Lima. Ce terrible phénomène est plus rare dans l'Amérique du Nord ; cependant le hasard voulut que j'en fusse témoin encore une fois. C'était le lendemain de mon arrivée, le 26 janvier, à 8 heures du soir. Je venais de recevoir, à l'hôtel, la visite d'un reporter envoyé par le journal *The Daily Examiner*, et j'étais en train d'écrire une lettre, lorsque tout à coup il me sembla que ma table s'agitait et que le plancher se dérobait sous moi. Je descendis dans la rue au plus vite ; beaucoup de personnes m'y avaient précédé. Pendant quelque temps ce fut une grande confusion ; mais, comme les secousses ne se renouvelaient pas et que la première n'avait occasionné aucun dégât, chacun prit le parti de rentrer chez soi ; ce que je fis également, en songeant à part moi combien il serait ridicule de se faire écraser par un tremblement de terre, quand on vient de passer quarante jours à la mer.

J'aime beaucoup San-Francisco. Je le préfère à Melbourne, à Sydney et même à toute autre cité américaine, sans en excepter New-York. C'est une ville cosmopolite, où chacun peut vivre à sa guise. Les étrangers y sont en plus grand nombre que partout ailleurs, les habitudes y sont plus françaises, le dimanche lui-même est non conformiste.

La population, qui lors de mon premier passage était déjà de 300 000 habitants, n'a pas sensiblement augmenté depuis ; cependant la ville s'est beaucoup développée. De grands espaces vides, que j'avais remarqués autrefois en allant aux jardins de Woodwards, sont maintenant construits. Mais ce qui m'a le plus frappé, c'est le parc de Golden Gate, que j'avais vu tracer, en 1876, sur des dunes et des collines de sables mouvants, dépourvues de toute espèce de végétation. A cette époque, rien n'était plus triste que ce paysage, d'une aridité absolue ; je me disais que cette entreprise était une folie, et que rien ne pousserait dans un pareil terrain. Aujourd'hui je retrouve à la même place d'épais massifs d'arbres et de fleurs, des allées déjà ombreuses sillonnées par de luxueux équipages, des pelouses, des cascades et des pièces d'eau. Ce sont les sources ame-

Une rue de San-Francisco.

nées des montagnes voisines qui ont opéré ce miracle. On

a planté principalement des arbres d'Australie, qui se sont développés avec une rapidité incroyable sous le beau climat californien. Huit années ont suffi pour procurer ce changement de décor.

Aux alentours du parc, des plantations se font sur une vaste échelle ; en peu d'années, cette partie de la côte sera transformée. Cliff-house déjà n'est plus reconnaissable : où je n'avais vu qu'un hôtel et une plage déserte, je trouve un vaste établissement de bains, un casino, un théâtre et toute une petite ville, avec ses restaurants, ses magasins, ses villas et sa ligne de chemin de fer.

De l'autre côté de la baie, Oakland est toujours le lieu de villégiature favori des habitants de San-Francisco. D'immenses *ferry boats* à trois étages, véritables villes flottantes, pouvant recevoir plusieurs milliers de passagers, partent toutes les demi-heures. Un chemin de fer dessert les huit stations comprises dans l'intérieur de la ville, qui, composée en majeure partie de maisons de plaisance, se développe sur une immense étendue. Ce chemin de fer offre cette particularité que les voyageurs se rendant d'une station à l'autre sans dépasser les limites de la cité sont transportés gratuitement. Oakland, qui avait déjà 40 000 âmes en 1876, s'est considérablement accrue depuis cette époque. D'ailleurs le pays est magnifique et le sol excellent, comme l'attestent les énormes chênes d'où la ville tire son nom.

Depuis mai 1884, le réseau des chemins de fer mexicains est relié à celui des États-Unis, de sorte que, soit de San-Francisco, soit de New-York, on peut se rendre directement en *sleeping-car* à Mexico.

Le 31 janvier, je quittais San-Francisco, muni d'un billet direct pour la capitale du Mexique. Je l'avais payé 113 dollars, soit 593 francs ; ce qui, par parenthèse, n'est pas bon marché, car la distance ne dépasse guère 4000 kilomètres. Mais, comme on me l'avait dit : *no competition* (il n'y a pas de concurrence) !

Les wagons américains sont beaucoup plus longs, plus larges et plus élevés que les nôtres. A chaque extrémité, un escalier commode donne accès à une plate-forme sur laquelle s'ouvre la porte d'entrée. Un long couloir traverse toute la voiture, garni d'une double rangée de sièges à bascule pour deux personnes. A l'une des extrémités se trouve un poêle; à l'autre, une fontaine d'eau glacée, plus un cabinet dont l'emploi se devine. La plupart des compagnies n'ont qu'une classe de voitures, mais sur toutes les lignes à long parcours il y a des wagons-lits ou *sleeping-cars* : moyennant un supplément de 2 ou 3 dollars par jour, tout voyageur peut prendre place dans les salons réservés de ces voitures de luxe, qui à la nuit se convertissent en dortoirs confortables.

A 3 heures et demie, le gigantesque *ferry* s'ébranle, glisse au milieu des nombreux navires mouillés en rade, et, vingt minutes après, son pont inférieur vient s'adapter si exactement à une échancrure de la vaste plate-forme édifiée au milieu de la baie, que la foule des passagers franchit sans s'en apercevoir le point qui relie le bateau à la terre ferme. Un train nous attend; à peine y suis-je installé, qu'il s'engage sur une jetée, construite sur pilotis et sans parapets, longue de plusieurs kilomètres et aboutissant à la gare principale d'Oakland.

De là, la voie ferrée côtoie la baie, puis les bords marécageux de la rivière Sacramento, jusqu'à Port-Costa, où elle prend définitivement la direction du sud-est, à travers une plaine monotone, déboisée, sans intérêt pour le touriste, mais prodigieusement riche en blé. Il fait nuit close lorsqu'on arrive à Lathrop, où l'on s'arrête vingt-cinq minutes pour dîner.

Au jour, le train escalade péniblement d'affreuses montagnes rousses, n'ayant pour toute végétation que des plantes grasses, quelques arbustes rabougris et, çà et là, de gros yuccas branchus, de la taille d'un arbre. A l'altitude de 1300 mètres on entre dans un plateau dénudé, courant entre deux chaînes parallèles, semblables à de gigantesques dunes de sable. Ce paysage désolé nous accompagne jusqu'à Mojave, où l'on fait halte pour déjeuner. Plus loin, la descente commence ; le sol s'améliore progressivement. Voici des troupeaux de moutons, puis des cultures, enfin une vaste plaine couverte d'arbres fruitiers. A 1 heure et demie nous arrivons à Los Angeles. Nous avions mis vingt et une heures pour franchir une distance de 778 kilomètres, ce qui donne une moyenne de 37 kilomètres à l'heure. En France on s'imagine volontiers que les chemins de fer américains marchent plus vite que les nôtres : c'est une erreur. Les trains express sont rares ; sur beaucoup de lignes, il n'y a que deux et même qu'un seul départ par jour. On s'arrête à toutes les stations, très peu de temps, il est vrai ; mais, en somme, la vitesse moyenne est à peine égale à celle de nos trains omnibus.

J'ai passé un jour entier à Los Angeles, jolie ville de 30 000 âmes, au milieu d'une campagne fertile, où d'innombrables orangers étaient alors chargés de leurs fruits d'or. J'ai pris une voiture et fait une promenade de trois heures. Tout, dans la ville et les environs, indique le bien-être, la véritable aisance dont jouissent les cultivateurs et les propriétaires des beaux vergers et des vignobles qui couvrent la campagne. Une importante source de revenu est la récolte des fruits, dont le tiers au moins est conservé dans des boîtes en fer-blanc et expédié au loin, jusqu'en Sibérie, où je me souviens d'avoir mangé, en 1881, des abricots américains. Le seul État de Californie a expédié, en 1882, 16 millions de kilogrammes de fruits ainsi conservés, sans compter les fruits secs et les légumes.

Avant de rentrer à l'hôtel, mon cocher m'a conduit sur une éminence d'où l'on embrasse un immense panorama, borné du côté du nord par la Sierra Nevada, aux sommités couvertes de neige. Cette vue me rappelait la fameuse *vega* de Grenade, également dominée par les cimes neigeuses d'une autre Sierra Nevada.

Puebla de Los Angeles, ou la Ville des Anges, a été nommée ainsi par les missionnaires espagnols qui l'ont fondée dès 1771. Le sang espagnol et mexicain coule dans les veines d'une notable partie de la population, et les femmes y ont une juste réputation de beauté. C'est en 1848 que le Mexique fut contraint, à la suite d'une guerre sanglante, de céder aux États-Unis les immenses territoires qui forment aujourd'hui les États de Californie, d'Arizona, du Nouveau-Mexique et du Texas. Le dernier des gouverneurs mexicains de Los Angeles, don Pico, existe encore : âgé de plus de quatre-vingts ans, il habite une modeste maison, dans le pays même où naguère il exerçait l'autorité suprême. Le meilleur hôtel de la ville porte son nom.

Los Angeles offre un singulier mélange de l'esprit d'entreprise américain et de l'apathie mexicaine. A côté de misérables huttes et de murs en adobes (briques cuites au soleil) s'élèvent des banques monumentales et des maisons à cinq ou six étages. Beaucoup d'étrangers sont venus s'établir dans cette cité pleine d'avenir. La colonie française est assez nombreuse. Un faubourg est presque exclusivement habité par des émigrants venus du département des Hautes-Alpes ; c'est là que j'ai pu lire sur l'enseigne d'une auberge : *Hôtel de Gap*. Quelques centaines de Chinois sont également fixés à Los Angeles ; ils occupent, au cœur de la ville, d'infects taudis qui font tache au milieu des confortables habitations des citoyens américains.

Le 2 février je continue mon voyage. Cette fois je ne m'arrêterai qu'à El Paso, sur la frontière du Mexique. J'ai 1295 kilomètres à franchir d'une seule traite et deux nuits à passer en route ; mais, grâce à l'admirable installation des wagons américains, je suis assuré d'accomplir ce long trajet sans beaucoup de fatigue.

La première station est l'ancienne mission de San-Gabriel. Le chemin de fer suit une vallée bien irriguée, où l'on remarque de distance en distance de belles habitations. A Colton se détache l'embranchement de San-Diego, le port le plus méridional de l'Union sur le Pacifique. Plus loin, le terrain se relève et le désert commence, avec une fort belle vue au nord, sur la chaîne du San-Bernardino.

A minuit on franchit le rio Colorado, sur un point très voisin de la frontière mexicaine. Ce fleuve, qui limite les deux États de Californie et d'Arizona, se jette, à une centaine de kilomètres plus loin, au fond du golfe de Californie, autrefois nommé mer Vermeille ; sur sa rive gauche s'élève la petite ville de Yuma, où vivent côte à côte deux ou trois milliers d'hommes appartenant à des races bien diverses : Américains, Mexicains, Chinois et Indiens.

Le lendemain je me réveille au milieu d'un affreux désert de sable. Çà et là, de larges efflorescences blanchâtres, sur lesquelles rien ne peut pousser ; dans les intervalles, au milieu des touffes d'herbe desséchée, croissent de monstrueux échinocactus, énormes boules hérissées de pointes acérées, des mamillaires blanches comme la neige, des opuntias épineux, des agaves, des yuccas et enfin, semblables à de gigantesques candélabres, des céréus hauts de 12 à 16 mètres, avec un diamètre de 60 à 80 centimètres : spectacle bien fait pour réjouir les yeux d'un amateur de plantes grasses ! J'avais entendu parler des cactus géants de l'Arizona ; je n'en ai pas moins été surpris de leurs dimensions inusitées.

Il fait froid, le thermomètre marque 6° seulement. Comme presque toujours dans le désert, le ciel est d'une admirable pureté. Le train court avec rapidité entre deux chaînes de montagnes éloignées, d'un ton uniformément roux, avec des sommets neigeux.

Déjeuner à Tucson. Deux Indiens, au teint couleur brique, à la chevelure noire et épaisse, promènent gravement leurs haillons sur le quai de la station. Ils partiront avec notre train ; on leur permet de voyager gratuitement sur la plate-forme du fourgon des bagages. A la gare on vend des curiosités indiennes, colliers, ornements de plumes et autres menus objets.

Benson, où l'on arrive à midi, est à une altitude de 1100 mètres. De ce point se détache la ligne de la Sonora, qui, depuis la fin de 1882, relie le port mexicain de Guaymas au réseau des chemins de fer américains. Grâce à cet embranchement de 568 kilomètres, on peut se rendre maintenant de New-York au golfe de Californie en cinq

Céréus gigantesques dans l'Arizona.

jours et quelques heures. Cette nouvelle ligne offre aussi l'avantage d'être le plus court chemin entre les grandes cités de l'Est américain et l'Australie.

Dans l'après-midi, nous traversons de grands lacs salés, à demi desséchés, où j'observe de curieux effets de mirage. La chaleur est devenue excessive ; une fine poussière pénètre partout. Malgré ces inconvénients, je dois dire que la traversée de l'immense désert d'Arizona, qui doit paraître si monotone à la plupart des voyageurs, m'a vivement intéressé. Cette étrange végétation, ces cactus aux formes bizarres, cet horizon de montagnes fauves, presque rouges, ce ciel dont le bleu intense n'est voilé par aucun nuage, tout cela vaut bien, pour un touriste avide de sensations nouvelles, des champs cultivés, des prairies et des bois.

Un peu avant le coucher du soleil, nous entrons dans l'État du Nouveau-Mexique. A Deming je quitte le train qui se dirige sur Santa-Fé, et, continuant ma route avec les voyageurs qui se rendent directement à la Nouvelle-Orléans, j'arrive à El Paso à 2 heures du matin. Un omnibus banal attendait à la gare ; j'y prends place et vais terminer ma nuit à l'hôtel Windsor.

El Paso, bâtie sur la rive gauche du Rio Grande, appartient au Texas. A partir de ce point, le fleuve, qui va se jeter à 1300 kilomètres plus loin, dans le golfe du Mexique, sert de limite entre les deux républiques. La ville n'est encore peuplée que de 3000 ou 4000 habitants, mais sa situation au point de jonction de quatre voies ferrées de premier ordre, à mi-chemin entre l'océan Pacifique et le golfe du Mexique, lui assure à bref délai un accroissement considérable.

Le train de Mexico ne partant que dans la soirée, j'ai eu le loisir de faire une promenade à la ville mexicaine de Paso del Norte, construite sur la rive opposée. Un tramway international franchit, sur un pont de bois à tréteaux, le Rio Grande, large de 200 mètres à peine, roulant ses eaux jaunâtres sur un lit incertain, à travers une campagne plate et nue. Me voici donc au Mexique. Le pays n'est pas beau, tant s'en faut, a dit mon ami Jules Leclercq [1], et cependant j'éprouve la même émotion que lui, en mettant le pied sur cette terre poétique qui est à l'Amérique ce que l'Italie est à l'Europe.

La petite ville de Paso del Norte, avec ses rues étroites et tortueuses, ses murs en adobes, ses vieilles maisons basses et ses boutiques sombres, sa place inégale et poussiéreuse où se dresse une église délabrée, offre un contraste parfait avec sa voisine américaine d'en face, aux larges avenues sillonnées de tramways, bordées de luxueux magasins et de constructions neuves, en fer et en briques. Paso del Norte compte aujourd'hui 7000 habitants, mais il est certain que sa rivale l'aura bientôt dépassée.

En septembre 1880, le gouvernement mexicain, comprenant que le développement des immenses ressources minières et agricoles du pays était subordonné à la création d'un vaste réseau de voies ferrées, fit aux banquiers américains un appel auquel ils répondirent avec empressement. Moyennant divers avantages et une subvention variant de 6500 à 9500 dollars par kilomètre, ceux-ci s'engagèrent à construire plusieurs grandes lignes, dont la principale, le *Mexican Central*, d'un développement de 1970 kilomètres, de Mexico à Paso del Norte, fut achevée en moins de quatre années. Les locomotives et les voitures sont de fabrication américaine : c'est dire qu'on y jouit du même confortable que sur les lignes des États-Unis.

J'ai quitté El Paso à 6 heures du soir. Dans le train, peu de voyageurs, et presque tous descendent à la station de San-José (119 kilomètres), où se trouvent plusieurs haciendas importantes. L'une d'elles appartient à M. le docteur Samaniego, avec lequel j'ai eu le plaisir de faire connaissance. Comme presque tous les Mexicains de la classe aisée, il parle correctement le français; d'ailleurs il a fait ses études à Paris et a été gouverneur de l'État de Chihuahua.

Le lendemain, à 7 heures du matin, le train s'arrête à

---

1. *Voyage au Mexique.* Hachette.

Chihuahua, 362 kilomètres d'El Paso. La ville, peuplée de 17 500 habitants, s'étend à quelque distance sur la droite, au milieu d'une vaste plaine dominée par la Sierra Madre. Un tramway la relie à la station; je regrette de ne pouvoir rendre visite à sa cathédrale, dont la masse imposante se dresse au-dessus des blanches maisons, mais je n'ai que le temps d'aller prendre un mauvais déjeuner dans un vieux wagon remisé sur le bord de la voie. Une immense pancarte, avec ces mots *refreschment room*, signale ce singulier buffet aux voyageurs affamés. Dans l'intérieur, quelques planches disposées sur des tréteaux forment tout le mobilier. Je n'y pus obtenir autre chose qu'une tasse de café et une maigre tranche de *bacon* (jambon), et ce, moyennant un dollar que je dus verser au maître d'hôtel *yankee*.

La vue de la foule pittoresque qui se presse sur le quai de la station me console de ma mésaventure. Si la haute société des grandes villes et les employés du gouvernement ont adopté aujourd'hui les habits européens, il n'en est pas de même des classes inférieures et des propriétaires campagnards. La partie la plus saillante du costume national est le *sombrero*, chapeau de feutre aux vastes rebords galonnés d'argent, orné d'une double ou triple torsade du même métal, entremêlée de fils de soie. Cette coiffure est fort chère; c'est le luxe du Mexicain : de simples paysans portent des chapeaux qui leur ont coûté plus de 100 piastres (500 fr.). Une veste de peau, des sandales et des pantalons de cuir, ornés d'une infinité de boutons de métal, forment le costume des élégants, que complète le *sarape*, légère couverture de laine, rayée de rouge, de jaune et de brun, négligemment jetée sur les épaules. Quant aux femmes, elles affectionnent aussi les couleurs voyantes et se montrent presque toujours tête nue, sans mantille, une fleur dans les cheveux.

Toute la journée, nous roulons, à une altitude qui varie entre 1300 et 1400 mètres, sur un plateau monotone, presque désert, entre deux chaînes de montagnes éloignées. Les terrains en culture forment l'exception; la végétation, très pauvre, consiste à peu près uniquement en cactus, nopals et yuccas. De l'État de Chihuahua on passe dans celui de Durango, mais le paysage reste le même. A Jimenès, à Lerdo, même genre de buffet qu'à Chihuahua : décidément, j'aurais bien fait de me munir de quelques provisions avant de passer la frontière du Mexique.

Ce matin, 6 février, je me réveille de nouveau dans la zone tropicale. La nuit cependant a été très fraîche ; il est vrai que nous sommes maintenant à une altitude de 2400 mètres, et que la voie continue à s'élever. De nombreux circuits, des courbes hardies, remplacent économiquement les tunnels, que n'auraient pas manquer de percer nos ingénieurs, moins soucieux des deniers des actionnaires que leurs confrères américains ; malgré les difficultés du terrain on n'en compte qu'un très petit nombre sur la ligne de Mexico, encore sont-ils fort courts.

Zacatecas, où l'on arrive à 9 heures du matin, est à une altitude de 2452 mètres. C'est une grande ville de 46 000 âmes, centre d'un district riche en mines, et l'une des plus anciennes cités du Mexique ; sa fondation remonte à 1585. Elle renferme une belle cathédrale et quatorze autres églises.

En quittant Zacatecas, la voie descend rapidement. Les courbes décrites par le train me paraissent d'autant plus inquiétantes, que je viens d'apercevoir au fond d'un ravin trois ou quatre wagons mis en pièces ; il pourrait bien nous en arriver autant.

Maintenant le pays est beaucoup plus peuplé, et commence à se boiser. Presque partout la campagne est cultivée. Dans les villages, les murs de clôture sont remplacés par des céréus juxtaposés, s'élevant, droits comme des cierges, à une hauteur de plusieurs mètres, et formant une palissade infranchissable. On me fait remarquer l'arbre à palmes, espèce de yucca au tronc énorme, ramifié comme un arbre et produisant des fruits comestibles.

Aguas-Calientes, où nous arrivons à 1 heure, est une ville de 35 000 habitants, située dans une fort belle contrée. Là, je trouve enfin un buffet sérieux pour me rafraîchir.

Viennent ensuite les stations d'Encarnacion, de Lagos et de Léon. De nombreuses églises signalent l'importance de ces villes, qui, comme la plupart des cités mexicaines, sont à une assez grande distance du chemin de fer. Il paraît que leurs habitants ont désiré qu'il en fût ainsi; ils en sont quittes aujourd'hui pour faire 2 ou 3 kilomètres en tramway, afin de se rendre à la gare. Léon passe pour la seconde ville de la république; sa population dépasse 80 000 âmes, mais elle est peu commerçante et n'offre rien d'intéressant.

Le trajet direct de la frontière à Mexico n'exige pas moins de trois nuits et deux jours. Désireux de couper cette longue route, j'avais formé le projet de passer une journée dans l'importante cité de Guanajuato. Cette ville, placée par Humboldt au premier rang pour la richesse de ses mines d'argent, n'est pas située sur la grande ligne. A 7 heures je quitte, à Silao, le *Mexican Central*; un embranchement de 18 kilomètres me conduit à Marfil, d'où un tramway, s'élevant par de fortes pentes le long d'une gorge étroite, me débarque enfin, à 9 heures du soir, sur la petite place San-Diego, au meilleur hôtel de la ville, la *fonda del Suizo*. Depuis El Paso j'avais franchi, en cinquante et une heures, une distance de 1615 kilomètres.

Guanajuato est une ville de 60 000 âmes, située, à une altitude de 2100 mètres, au fond d'un entonnoir où viennent aboutir tous les ravins d'alentour; de tous côtés elle est dominée par des *cerros* escarpés, rocheux et dénudés, qui recèlent dans leurs flancs d'inépuisables trésors. C'est à Guanajuato qu'on a la meilleure occasion de voir quelqu'une de ces mines qui ont fait la réputation du Mexique. L'étranger est assuré d'être bien reçu; on le conduira partout, sans lui demander aucun papier, aucune lettre d'introduction. J'ai visité la Valenciana, mine la plus ancienne et la plus célèbre de toutes. Au sommet de la montagne se trouve le puits d'extraction, qui atteint une profondeur de 525 mètres. Plus bas sont les *haciendas de beneficio*, où le minerai d'argent est broyé, converti en une boue que l'on imprègne de sel et de sulfate de cuivre, piétiné par les mules, puis lavé à grande eau et enfin amalgamé avec du mercure. Avant la découverte des mines de l'État de Nevada, aux États-Unis, on estimait que Guanajuato avait fourni le cinquième de la masse totale d'argent en circulation dans le monde.

Les édifices de Guanajuato sont peu remarquables. Il faut citer cependant le Castillo de Granaditas, immense tour carrée, servant aujourd'hui de prison. C'est là que se défendirent les derniers Espagnols, à la fin de la guerre de l'Indépendance. On montre encore le crochet de fer où fut plantée la tête d'Hidalgo, fusillé par les Espagnols, en 1811; elle y resta exposée pendant plus de dix ans. Aujourd'hui, juste en face, se dresse la statue de bronze du célèbre patriote.

Guanajuato, c'est l'Espagne exagérée. Sa physionomie est celle qu'on prête volontiers aux cités du moyen âge. Par suite de l'inégalité du terrain, on n'a pu créer que cinq ou six rues carrossables; le reste se compose de ruelles escarpées, pavées de cailloux pointus, mais cependant très animées, car ici le peuple vit dans la rue, ou du moins sur le seuil de sa demeure. Les maisons sont toutes couronnées de terrasses, et les façades peintes en jaune, en rouge ou en gris clair. Dans les faubourgs, qui escaladent les pentes irrégulières des ravins, il arrive souvent que la porte d'une maison est au même niveau que la terrasse de la maison voisine : de loin on dirait un vaste escalier.

Les citadins, presque tous issus du croisement des races indienne et espagnole, sont très bruns et de taille au-dessous de la moyenne. Quant aux Indiens de la campagne, ils ont le teint cuivré, basané, tirant sur le noir, les cheveux plats, la barbe rare, la bouche proéminente, le front et le menton fuyants. Leur aptitude à marcher vite et longtemps est extraordinaire; n'importe par quels chemins, ils soutiennent le pas de course, même chargés de pesants fardeaux.

Guanajuato.

Le 8 février, de grand matin, je quitte Guanajuato. 406 kilomètres me séparent encore de Mexico, où réglementairement je dois arriver à 7 heures du soir; mais il nous faut embarquer 800 soldats, leurs compagnes et leurs enfants, de sorte que nous quittons Silao avec deux heures de retard. Le train, composé de dix-sept wagons mesurant chacun une vingtaine de mètres, avance péniblement, remorqué par une seule machine; à chaque station, le retard augmente.

Queretaro (246 kilomètres de Mexico) renferme à peine 40 000 habitants, mais ses nombreux édifices, les dômes et les clochers de ses églises, lui donnent l'aspect d'une très grande cité. Il est impossible de prononcer le nom de Queretaro sans éveiller le souvenir des tragiques événements dont cette ville a été le théâtre. C'est au Cerro de las Campanas, colline inculte située à 1 kilomètre à l'ouest de la cité, que, le 19 juin 1867, l'infortuné Maximilien est tombé sous les balles d'un peloton d'exécution, en compagnie de ses deux fidèles généraux, Miramon et Mejia.

A la station suivante, Herculès, est installée, dans une gorge étroite, une manufacture de coton qui est l'établissement industriel le plus important du Mexique. Quatorze cents ouvriers, presque tous Indiens, y sont employés. C'est une sorte de forteresse, protégée par une enceinte percée de meurtrières et défendue par une petite armée de trente-huit soldats, à la solde de son propriétaire, don Rubio : précaution qui n'est pas inutile dans un pays fréquemment agité par les révolutions.

Il est 4 heures du soir quand le train s'arrête à San-Juan del Rio, où nous aurions dû arriver pour déjeuner. La ville, peuplée de 12 000 habitants, est située dans une plaine fertile, cultivée en céréales et aussi en *maguey* (*Agave americana*), d'où les Mexicains tirent leur boisson favorite, le *pulque*.

Plus loin, la voie s'élève rapidement; près de la station de Marquez (121 kilomètres de Mexico), elle atteint son point culminant, 2480 mètres au-dessus du niveau de la mer. De là on jouit d'une vue superbe sur le plateau de Mexico, qui se développe à deux ou trois cents mètres plus bas, environné d'une ceinture de volcans et de pics neigeux.

Malheureusement il est nuit close quand nous passons à Tula, l'ancienne capitale toltèque. Je ne puis rien voir non plus du grand canal de Huehuetoca, destiné à protéger Mexico contre les inondations, en dérivant les eaux du lac de Tezcoco. J'avais combiné mon itinéraire de manière à faire la route de jour, mais il est bien près de minuit quand nous arrivons enfin en gare de Mexico.

CHAPITRE XVI

DE MEXICO A SAINT-NAZAIRE

9 février — 14 mars 1885.

La Terre-Froide. — Mexico, Puebla et Cholula. — Le chemin de fer de Mexico à Vera-Cruz. — La Terre-Tempérée. — Orizaba. — La Terre-Chaude. — Vera-Cruz et Medellin. — Traversée de retour sur la *Ville de Brest*. — La Havane. — Le Cap-Haïtien. — San-Juan de Porto-Rico. — Saint-Thomas. — Les Açores. — Santander. — Arrivée à Saint-Nazaire.

Je n'ai consacré que cinq jours à la capitale du Mexique. C'est peu : cette grande et belle ville de 250 000 âmes demande mieux. Après avoir visité tant de pays sans histoire, il m'en coûtait de quitter aussi promptement une contrée si fertile en souvenirs ; mais déjà près de onze mois s'étaient écoulés depuis mon départ de France, et il était temps de songer au retour.

Cependant j'ai bien vu l'admirable cathédrale de Mexico, et deux fois j'ai visité l'intéressant musée des antiquités mexicaines. Chaque soir, à l'heure de la musique, je me rendais au Zocalo de la Plaza Major, superbe jardin planté d'eucalyptus qui, en peu d'années, ont pris un développement considérable. Le matin, j'aimais à faire un tour de promenade au marché, observant les types populaires, les paysans drapés dans leur *sarape* aux vives couleurs, les

Indiennes accroupies sur des nattes, vendant des fruits étranges, des productions tirées des climats les plus divers, que les chemins de fer amènent journellement de la côte ou de la montagne.

Dans les environs j'ai vu le lac de Tezcoco et le canal de la Viga, sillonné par les gondoles indiennes, chargées de légumes et de fleurs. J'ai visité la cathédrale de Guadalupe et sa chapelle sainte ; de la terrasse aérienne du célèbre château de Chapultepec, j'ai contemplé l'un des plus beaux panoramas qui soient au monde, et je me suis reposé à l'ombre des gigantesques cyprès contemporains de Cortez et de Montezuma. Mais il me faut abréger ce récit, déjà bien long, de mon voyage autour du monde. D'ailleurs, après Charnay, après l'ouvrage récent de Jules Leclercq, que dire du Mexico d'aujourd'hui !

14 février. — C'en est fait : hier, à l'office de la Compagnie Transatlantique, j'ai retenu une cabine sur la *Ville de Brest*, qui partira dans quatre jours pour Saint-Nazaire. Ce matin j'ai dit adieu à Mexico, non sans un vif regret ; mais le moment du départ était venu, car j'ai l'intention de m'arrêter deux fois sur la route de Vera-Cruz.

On sait que, sous le rapport du climat et des cultures, le Mexique se divise en trois grandes zones, que les Espagnols ont nommées *Tierra Caliente*, *Tierra Templada* et *Tierra Fria*. La Terre-Chaude part du littoral et se termine à la hauteur de 800 à 900 mètres, sur le plan incliné par lequel on monte au plateau central ; la Terre-Tempérée lui succède et fait place, à une altitude de 2000 mètres, à la Terre-Froide, qui comprend le plateau de Mexico (2240 mètres) et tout le pays que j'ai traversé depuis mon entrée au Mexique. Désireux de me rendre compte des différences caractéristiques de ces régions, j'ai pris ce matin mon billet pour Puebla, qui appartient encore à la Terre-Froide, et demain je m'arrêterai à Orizaba, en Terre-Tempérée. Il ne faut pas croire, d'ailleurs, qu'en Terre-Froide le climat soit aussi rigoureux que le nom semble l'indiquer. A Mexico et dans une bonne partie du plateau, la température moyenne est de 17°; c'est à peu près celle de Naples, avec des variations bien moindres d'une saison à l'autre.

Après avoir dépassé Guadalupe, le chemin de fer côtoie le lac de Tezcoco, dont les eaux sont fort basses en ce moment. La première station intéressante est San-Juan Teotihuacan. Des fenêtres du wagon on aperçoit les deux *téocallis* dédiés autrefois au Soleil et à la Lune. Ce sont des pyramides assez mal conservées, hautes de 50 à 60 mètres et entourées d'une foule d'autres, beaucoup plus petites. Un peu plus loin est Otumba, célèbre par la grande victoire remportée en ce lieu par Fernand Cortez, le 8 juillet 1520, sur une formidable armée aztèque.

A Irolo un embranchement conduit à la ville minière de Pachuca. La voie continue à s'élever; de chaque côté s'étendent à perte de vue des champs d'agaves, plantés en quinconces. A la station d'Apam, de jeunes Indiennes viennent offrir aux voyageurs le *pulque* du pays, qui passe pour le meilleur du Mexique.

Le *pulque*, boisson chère aux Indiens, mais généralement peu appréciée des Européens, est un liquide de la couleur du lait, épais et un peu gluant. Par son goût il rappelle le cidre, et j'avoue que j'en buvais sans aucune répugnance. C'est une boisson très saine, fort capable toutefois d'enivrer celui qui en abuse.

On l'obtient de la manière suivante : Au moment où la hampe est sur le point de jaillir du cœur de l'agave, on creuse au centre de celui-ci un trou énorme, qui se remplit de la sève de la plante. Ce trou est vidé deux fois par jour; pendant cinq mois on y puise en moyenne, par vingt-quatre heures, de 8 à 10 litres d'un liquide incolore, qui porte le nom d'*aguamiel*. Après quelques heures de fermentation, l'aguamiel se change en pulque; enfin, par la distillation, on obtient le *mescal*, sorte d'eau-de-vie assez estimée. L'agave ne manifeste une tendance à fleurir qu'au bout de huit, dix, quinze ou même vingt-cinq ans, selon les districts. La suppression de la tige naissante, qui produit le pulque, entraîne la mort de la plante.

Apam est le grand centre de production du pulque. Tous les jours un convoi spécial, *tren de pulque*, transporte à la capitale un chargement complet de ce vin mexicain, qui, comme nos vins de France, a des crus plus ou moins appréciés.

Soltepec est le point culminant de la voie, qui à cette station atteint une altitude de 2508 mètres; de là elle descend en pente douce à la station d'Apizaco, où je quitte la grande ligne pour prendre celle de Puebla.

D'Apizaco à Puebla, la route est très belle. A droite on a constamment la vue du Popocatepetl, « Montagne fumante », dont le sommet, couvert de glaces éternelles, s'élève à 5420 mètres au-dessus du niveau de la mer, c'est-à-dire 800 mètres plus haut que le sommet du mont Blanc. Une arête rocheuse le réunit à un autre volcan, l'Iztaccihuatl, haut de 4790 mètres, et dont le nom en aztèque signifie la Femme Blanche. Sur la gauche et leur faisant face se dresse une superbe montagne de 4000 mètres, la Malinche, ancien volcan éteint, couvert aujourd'hui de sombres forêts de pins.

Puebla, où nous arrivons à midi, n'est, en ligne droite, qu'à 120 kilomètres de Mexico, tandis que par le chemin de fer on en compte 187. C'est une ville de 70 000 âmes, manufacturière et commerçante, ornée de belles places, de nombreuses églises, et possédant une cathédrale presque aussi remarquable que celle de Mexico.

De Puebla je pris une voiture pour me rendre à Cholula, distante de 12 kilomètres. La route qui conduit à l'ancienne capitale aztèque est d'autant plus mauvaise qu'on ne l'a point réparée depuis la double construction d'un tramway et du chemin de fer d'Atlixco. Or, ces deux compagnies ayant fait de mauvaises affaires, toute exploitation a cessé; de sorte que je me trouve dans cette situation singulière : subir d'invraisemblables cahots pendant deux heures, tout en ayant constamment à ma droite un chemin de fer, à ma gauche un tramway, également abandonnés.

Toutefois je n'eus pas à regretter ma fatigue. La pyramide de Cholula est la plus grande du Mexique; bien que la partie supérieure ait été détruite, elle s'élève encore à 60 mètres au-dessus de la plaine. A la place de l'autel où les Aztèques sacrifiaient chaque année des milliers de victimes humaines, les Espagnols ont construit une chapelle expiatoire. De la terrasse qui l'environne, on découvre une vue splendide sur le Popocatepetl et l'Iztaccihuatl, beaucoup plus rapprochés ici que lorsqu'on les aperçoit de Puebla. Ces deux volcans dominent, d'une hauteur de 3000 mètres, l'immense plaine semée de ruines antiques, derniers vestiges d'une cité qui, au temps de la conquête, renfermait dans son enceinte plus de vingt mille maisons.

Cholula, aujourd'hui, n'est plus qu'un pauvre petit village d'Indiens. Les habitants, toujours à l'affût de l'étranger, venaient à chaque instant m'offrir, pour quelques sous, des morceaux d'obsidienne, de petits objets en terre cuite, des têtes grimaçantes et autres antiquités suspectes, qu'ils prétendaient avoir trouvées en fouillant le sol, mais que je les soupçonne fort de fabriquer eux-mêmes.

J'ai visité aussi, à Cholula, plusieurs vieilles églises intéressantes, mais à peu près abandonnées. L'une d'elles, avec ses innombrables colonnes, offre quelque ressemblance avec la célèbre mosquée de Cordoue; à l'intérieur, une série de grandes fresques, encore bien conservées, représente des supplices de martyrs, d'un réalisme atroce.

15 février. — Ce matin, je reprends le chemin d'Apizaco. Le déjeuner que je fais à cette station m'indique suffisamment que le buffet est tenu par un Français.

Au delà d'Apizaco, la campagne hérissée d'agaves, semée de loin en loin de blanches haciendas, ne présente d'autre intérêt que la vue lointaine des montagnes. La voie ferrée court ainsi sur les hauts plateaux jusqu'à Esperanza, 245 kilomètres de Mexico et 179 de Vera-Cruz. De ce point on a une vue grandiose sur le cône éblouissant de neige du volcan d'Orizaba (5298 mètres), qui le cède de bien peu au

Popocatepetl; leurs deux sommets sont les plus élevés du Mexique.

Esperanza est la station où se rencontrent les trains partis de Mexico et de Vera-Cruz. La ligne, d'un développement de 424 kilomètres, a été commencée dès 1837 et n'a pu être terminée qu'en 1873. Elle est solidement établie et parfaitement entretenue. La compagnie anglaise qui l'a construite et l'exploite aujourd'hui a eu à vaincre d'énormes difficultés; aussi a-t-elle dépensé des sommes considérables, 200 millions de francs, dit-on. Mais maintenant le trajet du golfe du Mexique à la capitale, qui demandait autrefois une semaine entière, sur une route infestée de bandits, s'accomplit régulièrement en seize heures et avec d'autant plus de sécurité que chaque train, ici comme sur le *Mexican Central*, est escorté par une compagnie de soldats, occupant un wagon spécial.

A Boca del Monte, 6 kilomètres d'Esperanza, on est encore à une altitude de 2415 mètres; mais tout à coup la scène change. La descente commence, vertigineuse, effroyable. A 800 mètres en contre-bas, au fond d'un cirque immense, on aperçoit la petite ville de Maltrata, ses rues, ses faubourgs et ses vergers, comme tracés sur une carte géographique. La voie, entaillée dans le roc vif, longe constamment le précipice, court sur des ponts aériens, s'engouffre dans des tunnels, serpente sur d'étroites arêtes, et finit par atteindre la station au-dessus de laquelle nous planions tout à l'heure. Un air plus chaud m'avertit que je suis entré dans la Terre-Tempérée. Les premiers bananiers apparaissent dans les jardins, et des jeunes filles viennent nous vendre des corbeilles de fruits savoureux.

Maltrata n'est qu'une halte dans cette descente vraiment infernale. De nouveau le train côtoie des abîmes vertigineux. Voici la *barranca* de l'Infiernillo, où les viaducs les plus hardis succèdent aux corniches les plus effrayantes; puis encore des ponts et des tunnels, et enfin Orizaba. En deux heures on s'est abaissé de 1200 mètres; le trajet parcouru est de 40 kilomètres, ce qui donne une inclinaison moyenne de trois centimètres par mètre.

Volcan d'Orizaba.

A la gare, deux aubergistes se disputent ma valise.

Irai-je à l'hôtel des Diligences ou à celui de la Borda? Le patron de ce dernier m'ayant insinué que son établissement avait l'honneur d'abriter en ce moment Mme Théo, je me décidai à lui donner la préférence. Effectivement, j'eus le plaisir de dîner à table d'hôte en face de la gracieuse diva, qui m'a paru fort satisfaite de sa tournée en Amérique et surtout au Mexique. Au dessert, cependant, elle m'a avoué qu'elle avait un gros chagrin : trois jours auparavant, on lui a volé, à Puebla, un amour de petite bête, un chien de Chihuahua, auquel elle tenait beaucoup.

Orizaba, actuellement capitale de l'État de Vera-Cruz, est une jolie ville de 17 000 habitants, bâtie au centre d'une plaine fertile. Elle est dominée par le *cerro del Borrego*, dont le nom rappelle un fait de guerre d'une audace inouïe. Le 13 août 1862, par une nuit obscure, cent cinquante soldats français, ayant escaladé les pentes abruptes de la montagne, mirent en déroute trois mille Mexicains qui en occupaient le sommet, et forcèrent l'ennemi à lever le siège de la ville.

16 février. — Dans la matinée je fais une longue promenade en voiture, par de mauvais chemins, mais à travers un pays superbe, couvert de riches plantations de café, de tabac et de canne à sucre. Bien qu'Orizaba soit en Terre-Tempérée, la végétation a déjà un caractère franchement tropical. L'air est imprégné d'humidité; les troncs des grands arbres sont envahis par mille espèces d'orchidées; les fougères et les sensitives tapissent les sentiers ombreux. Après une visite à la belle cascade de *Rincon grande* et à la fabrique de sucre de Jalapilla, je rentre à l'hôtel, fort satisfait de mon excursion.

A 3 heures je continue ma route sur Vera-Cruz. Encore une merveilleuse descente. La *barranca* de Metlac est un de ces sites que l'on n'oublie pas : la voie contourne d'abord un profond ravin, puis, le franchissant sur un pont de fer d'une courbe extrêmement rapide, s'élance sur la paroi opposée, de telle sorte qu'elle décrit ainsi un fer à cheval complet; le train frôle de si près la montagne, qu'en étendant le bras je puis cueillir au passage les touffes de fleurs qui jaillissent des fentes du rocher.

A Cordoba, l'altitude n'est plus que de 827 mètres. On est déjà dans la Terre-Chaude. Le sol est excessivement fertile et très favorable à la culture du café, mais le climat est malsain ; on y est exposé aux atteintes de la fièvre jaune. Sur la route de Vera-Cruz à Mexico, Orizaba est la première station où l'on soit complètement à l'abri du terrible fléau.

Plus loin, le train court entre deux murailles de verdure. Partout où le sol n'est pas cultivé, la forêt vierge l'envahit, avec ses inextricables fourrés de lianes et de plantes parasites. L'air est humide, la température lourde, et la nuit vient sans apporter de fraîcheur. Pendant deux heures encore, nous roulons à travers savanes et marais. Enfin, à 8 heures du soir, j'arrive à l'extrémité de ce long ruban de fer qui se déroule de l'océan Pacifique au golfe du Mexique, de San-Francisco à Vera-Cruz, sur une ligne non interrompue de 4464 kilomètres.

17 février. — L'hôtel de Mexico, où je suis descendu, offre cette particularité que les planchers des corridors sont remplacés par des grillages en fer, permettant à l'air de circuler librement, du haut en bas de la maison. Les étages supérieurs sont les plus recherchés ; de larges vasistas entretiennent des courants d'air dans les chambres, dont les fenêtres à claire-voie sont préservées du soleil par de vastes abat-jour.

On connaît la sinistre réputation de Vera-Cruz. D'après tout ce qu'on me raconte, elle est bien méritée ; c'est peut-être la ville la plus insalubre du monde entier. Elle m'a laissé cependant une impression moins défavorable que celle à laquelle je m'attendais : il est vrai que nous sommes encore dans la saison froide et que, pour le moment, il n'y est pas question de fièvre jaune.

Après avoir terminé mes préparatifs de départ et fait enregistrer mes bagages au bureau de la Compagnie Transatlantique, je me décide à remplacer la sieste, chère aux Véracruzains, par une excursion à la campagne. Ce jour est le dernier que je passerai sur le continent américain, et je tiens à l'utiliser consciencieusement.

A midi je prends mon billet pour Medellin, qu'un chemin de fer à voie étroite, long de 20 kilomètres, réunit à la ville. Il est difficile d'imaginer un site plus désolé que les environs de Vera-Cruz. Aux dunes de sable succèdent des lagunes croupissantes, d'affreuses broussailles, des marécages pestilentiels, véritable laboratoire de la fièvre. Plus loin, le terrain se relève un peu ; une végétation plus vigoureuse atteste que le sol se raffermit. En somme, Medellin, situé sur les bords d'une fraîche rivière, est un lieu de villégiature assez agréable, fort apprécié d'ailleurs par les habitants de Vera-Cruz, qui dans la saison chaude y trouvent d'épais ombrages, de l'eau courante pour s'y baigner et de joyeuses guinguettes.

Le soir, la place de la Constitution est l'endroit le plus animé de Vera-Cruz. Les cafés voisins regorgent de consommateurs ; les belles Véracruzaines se promènent avec nonchalance sur les dalles de marbre blanc, au milieu des parterres de fleurs, tandis que les rayons de la lumière électrique se jouent à travers le feuillage des palmiers et des figuiers de l'Inde.

J'ai terminé ma soirée au théâtre, où la troupe française d'opéra, conduite par Maurice Grau, donnait sa dernière représentation. La salle est vaste et bien aérée ; on y est assis confortablement, et je n'y ai nullement souffert de la chaleur. Les artistes, que je retrouverai demain sur le paquebot, ont été fort applaudis.

18 février. — Ce matin, en montant sur la *Ville de Brest*, j'ai eu la sensation que mon voyage était réellement terminé. En effet, ce pont que mon pied foule, c'est presque le sol de la France. Autour de moi je ne vois guère que des compatriotes ; je n'entends que des paroles françaises. Arrivé l'un des premiers à bord, j'assiste aux adieux des passagers, ainsi qu'à l'embarquement de Mme Théo, l'étoile de la troupe lyrique, et des cinquante-trois artistes qui se rendent avec elle à la Havane.

A midi l'ancre est levée. Bientôt les premières lignes de la côte s'effacent, mais jusqu'au soir le pic neigeux d'Orizaba reste visible, bien qu'il soit à trente lieues dans l'intérieur des terres.

19 février. — Navigation tranquille sur le banc de Campêche. La côte du Yucatan n'est pas loin, mais son peu d'élévation la rend invisible.

20 février. — Nous sommes au large du canal qui sépare le Yucatan de la pointe occidentale de Cuba. La mer est moins calme qu'hier. Au déjeuner, ma voisine, une jeune actrice — sans doute celle qui joue les ingénues —, me demande s'il est vrai que la machine puisse imprimer à volonté un mouvement de roulis au navire; elle suppose que le commandant a l'habitude de recourir à ce moyen économique pour diminuer l'appétit de ses passagers. Bien que le roulis soit très bénin, la plupart de ces dames se plaignent du mal de mer et ne paraissent à table que pour confectionner la pâtée de leurs affreux roquets de Chihuahua ou d'ailleurs.

21 février. — Dès le matin, en vue de Cuba. La côte est peu élevée; la campagne, semée de bouquets d'arbres, semble bien cultivée; de petites villes interrompent la ligne des cocotiers qui bordent le rivage. Vers 8 heures, les maisons de la Havane nous apparaissent, bleues, roses, jaunes, avec leurs innombrables persiennes vertes : le coup d'œil est charmant. La *Ville de Brest* franchit une passe étroite, défendue par un fort, et vient lentement prendre place au mouillage, assez loin des quais, le long desquels sont rangés des centaines de navires. Malheureusement nous avons eu, cette nuit, un décès à bord, et l'officier de la santé, qui vient nous inspecter, refuse la libre pratique. Toutefois, à midi, la consigne est levée; j'en profite pour me rendre à terre, mais j'aurai bien peu de temps à y passer, car le commandant m'a prévenu qu'il fallait être rentré à 4 heures

Sur le quai je cherche une *volante*, ce véhicule particulier à la Havane et dont tant de voyageurs ont célébré l'élégance et la commodité. Hélas! il n'y en a plus depuis longtemps, et je dois me contenter d'un modeste fiacre. J'invite le cocher à me faire voir les principales curiosités de la ville : il ne trouve rien de mieux que de me conduire, par des rues détournées, à un grand cimetière situé en rase campagne. Pour comble de malechance, lorsque je rentre en ville, une pluie diluvienne se met à tomber; les rues se changent en ruisseaux, et je retourne à bord trempé et tout à fait désillusionné sur les charmes de la Havane. Cependant il est probable que, si j'avais pu disposer d'une journée de beau temps, mon impression ne serait pas la même.

Il n'est pas permis de parler de la Havane sans dire un mot des cigares qu'on y fume. Certes ils sont excellents, mais on les paye fort cher; les mêmes qualités, à Vera-Cruz, coûtent moitié moins.

22 février. — Pluie et grosse mer. Nous sommes dans le canal Saint-Nicolas, en face de la Floride; de là on passe dans le Vieux-Canal, avec les îles Cayes à tribord. De temps à autre on aperçoit la grande terre de Cuba, jalonnée par des phares.

24 février. — De 7 à 9 heures on longe l'île de la Tortue, découpée de petites anses, très boisée et s'élevant en terrasses régulières à une médiocre hauteur. Cette île, située à une faible distance de la côte nord de l'ancienne Saint-Domingue, a été le berceau de la plus riche colonie que la France ait possédée dans les Antilles.

Plus loin apparaissent les hautes montagnes d'Haïti, couvertes de forêts. Le temps s'est remis au beau; le thermomètre marque 26°.

Le Cap-Haïtien, où la *Ville de Brest* fait escale de midi à 5 heures, est une ville d'une quinzaine de milles âmes, la seconde en importance de la république nègre, dont Port-au-Prince est la capitale. Pour y débarquer, il faut exhiber un passeport, ou bien être présenté à la police par une personne connue. La chaleur est atroce; cependant nous rencontrons des gentlemen nègres sanglés dans leurs habits de drap noir et coiffés d'un chapeau à haute forme, tandis que

Le Cap Haïtien.

leurs compagnes promènent de longues robes à traîne par les rues étroites et malpropres, où les eaux d'égout croupissent à ciel ouvert.

Des monuments publics élevés sous la domination française il ne reste plus que des ruines. La guerre, les révolutions, les incendies, les tremblements de terre, ont passé par là; d'ailleurs, les habitants ne réparent rien. Jamais je n'ai vu autant de maisons croulantes, de toits effondrés, que dans cette ville du Cap-Haïtien. La place d'Armes offre un aspect navrant. La végétation a tout envahi; des arbres vigoureux croissent sur les pans de murs écroulés. La cathédrale n'a plus de toiture; la seule partie qui ait été restaurée l'a été par les soins de religieux français, les frères de Ploërmel. J'ai visité une école tenue par ces derniers. Le supérieur m'a affirmé que l'instruction est très en honneur au Cap-Haïtien; les trois quarts de la population au moins savent lire et écrire. Ce digne homme, fixé depuis bien des années au Cap-Haïtien, n'a jamais eu qu'à se louer de ses rapports avec les fonctionnaires et les simples particuliers.

25 février. — Navigation en vue de la presqu'île Samana. Le centre et la partie orientale de la grande île d'Haïti forment la république Dominicaine, moins peuplée que sa voisine, mais possédant un territoire beaucoup plus étendu.

27 février. — Escale à Porto-Rico, île importante et riche, appartenant à l'Espagne. La capitale, San-Juan de Porto-Rico, est une jolie ville de 40 000 âmes, adossée à une colline dominée par un fort, et bâtie sur une presqu'île de la côte septentrionale, au centre d'une vaste baie. Elle m'a beaucoup plu; ses rues en pente sont très propres, bordées de beaux magasins et de jolies maisons, avec balcons en saillie. La campagne paraît charmante.

Nous étions arrivés de grand matin à San-Juan; pendant que j'étais à terre, on a chargé force peaux de bœufs et sacs de café; à midi l'ancre est levée. Maintenant on a constamment la terre en vue. Après Porto-Rico vient l'île de la Culebra, puis une foule de petits îlots, enfin le groupe des îles Vierges, à tribord. A 7 heures on signale les feux de Saint-Thomas, notre dernière escale avant la grande traversée de l'Atlantique. Une heure après, la *Ville de Brest* accoste le parc à charbon, non loin du *Venezuela* et du *Salvador*, qui appartiennent également à la flotte de la Compagnie Transatlantique et desservent les escales de Cayenne et de la Jamaïque.

À peine sommes-nous amarrés, que l'avant du navire est envahi par une légion de nègres et surtout de négresses vêtues de falbalas en guenilles, portant sur la tête des paniers de charbon et les déversant à tour de rôle dans la soute, par l'ouverture béante de l'écoutille. Ils sont là cent cinquante au moins, et travailleront ainsi pendant une bonne partie de la nuit. C'est toujours un moment fort désagréable pour les passagers, que celui où l'on renouvelle la provision de charbon. Pour empêcher la poussière de pénétrer à l'intérieur, fenêtres et hublots sont hermétiquement fermés, de sorte qu'on étouffe, au salon comme dans les cabines. Aussi, malgré l'heure avancée, je vais faire un tour à terre. La ville est fort loin, de l'autre côté de la baie : je m'assieds sous les grands arbres, éclairés par les rayons de la lune, observant la chaîne sans fin des travailleurs nocturnes ; les oiseaux chantent dans le feuillage, la température est délicieuse.

27 février. — Saint-Thomas est une petite île montagneuse, en grande partie stérile, et qui doit toute son importance à sa situation géographique, à la fois au centre de l'archipel des Antilles et au point le plus rapproché de l'Europe. Le Danemark, auquel elle appartient, en ayant fait un port franc, elle est devenue un entrepôt commercial de premier ordre. La ville a pris de grandes proportions ; ses blanches maisons s'étagent sur trois mamelons reliés à leur base par une longue rue parallèle à la rade. Autrefois tout le commerce des Antilles passait par Saint-Thomas ; mais, depuis que les voiliers ont fait place aux steamers, sa prospérité a beaucoup diminué.

Une promenade en ville, surtout aux heures matinales où les négresses et les mulâtresses de toutes nuances sortent

Saint-Thomas.

pour aller faire leurs provisions de la journée, n'en est pas moins fort intéressante, tant par la diversité des types que l'on rencontre dans la rue, que par la bigarrure et l'excentricité des costumes. Du sommet des collines on jouit d'une belle vue sur la mer bleue, les navires et les îlots rocheux qui protègent la rade. Une promenade en voiture, que j'ai faite à la baie de Mosquitos, m'a laissé une moins bonne impression. Le sol est rocailleux; la mince couche de terre qui le recouvre ne permet pas à la végétation de se développer vigoureusement; l'eau manque presque partout.

Le départ était indiqué pour 4 heures. A l'heure dite je suis de retour à bord, mais le chargement est loin d'être terminé. Pendant longtemps encore, les poulies grincent, les chaînes se déroulent, le *petit cheval* [1] manœuvre avec fracas, et d'innombrables colis disparaissent dans les profondeurs de la cale. Enfin, vers 10 heures, les lumières de Saint-Thomas s'effacent à l'horizon : la *Ville de Brest* a pris sa course, et, cette fois, elle ne s'arrêtera plus qu'en Europe [2].

28 février. — De grand matin, en vue de l'îlot Sombrero, dernière terre des Antilles. La grande traversée s'annonce dans les meilleures conditions; la mer est calme, le thermomètre marque 26°.

2 mars. — Repassé le tropique une dernière fois, avec une température de 23°. Nous entrons dans cette partie de l'Atlantique qu'on a appelée mer des Sargasses. Des algues

---

1. Les marins désignent sous ce nom la machine à vapeur qui fait marcher la grue à l'aide de laquelle les marchandises sont hissées à bord.

2. Tableau des distances, exprimées en kilomètres :

De Vera-Cruz à la Havane...................	1500
De la Havane au Cap-Haïtien...............	1160
Du Cap-Haïtien à San-Juan de Porto-Rico......	715
De San-Juan de Porto-Rico à Saint-Thomas.....	139
De Saint-Thomas à Santander.................	6410
De Santander à Saint-Nazaire.................	445
Distance totale, de Vera-Cruz à Saint-Nazaire....	10369 kil.

jaunâtres, aux rameaux menus, entortillés les uns dans les autres, flottent çà et là, à la surface de l'eau ; on les nomme vulgairement raisins des tropiques.

8 mars. — Aujourd'hui nous avons passé au milieu des Açores ; on a vu d'abord Fayal et Pico, puis San-Jorge, enfin Graciosa, la bien nommée, que nous longeons à un mille de distance. Cette île est assez élevée, largement ondulée sans être abrupte ; sa campagne, bien cultivée, semble une mosaïque où toutes les nuances de vert sont représentées. On distingue une petite ville, des églises, des maisons éparses et des moulins à vent sur les hauteurs. Plus loin et toujours à tribord se dresse la silhouette conique de Terceira, semblable à un volcan.

Graduellement, la température a baissé : le thermomètre ne marque plus que 13°.

12 mars. — Entre les Açores et l'Espagne, nous avons essuyé un coup de vent assez violent. Aujourd'hui il fait froid, la mer est grosse. Les côtes de la Galice sont signalées ; c'est d'abord le cap Prior, puis le cap Ortegal, avec les sombres aiguilles qu'il projette au loin dans la mer.

13 mars. — Nous entrons à Santander, mais on n'y reste que le temps strictement nécessaire : capitaine, officiers et passagers, tout le monde est pressé de rentrer chez soi ; chacun fait ses malles, pour ne pas être en retard à l'heure du débarquement. Nous voici de nouveau en route ; cette fois, c'est notre dernière étape, le golfe de Gascogne : affaire de vingt heures seulement, car le chef mécanicien ne songera certainement pas à faire des économies de charbon.

14 mars. — Dès le matin, le phare du Pilier, à Noirmoutiers, est en vue. Peu après, la mer prend une couleur jaunâtre : nous sommes à l'embouchure de la Loire. Devant nous s'étend une côte basse, grise, avec des arbres dépourvus de feuilles et des points blancs qui sont des maisons : cette terre, c'est la France, c'est le port de Saint-Nazaire !

Le lendemain, 15 mars 1885, j'avais refermé le cercle; j'étais de retour dans ce Paris, que j'avais quitté un an auparavant, jour pour jour.

Dans le même espace de temps, le soleil s'était levé pour moi une fois de plus que pour ceux que j'avais laissés en France.

J'avais parcouru, tant sur mer que sur terre, une distance totale de 73 200 kilomètres; et, de ces douze mois, j'en avais passé six sur l'Océan.

FIN

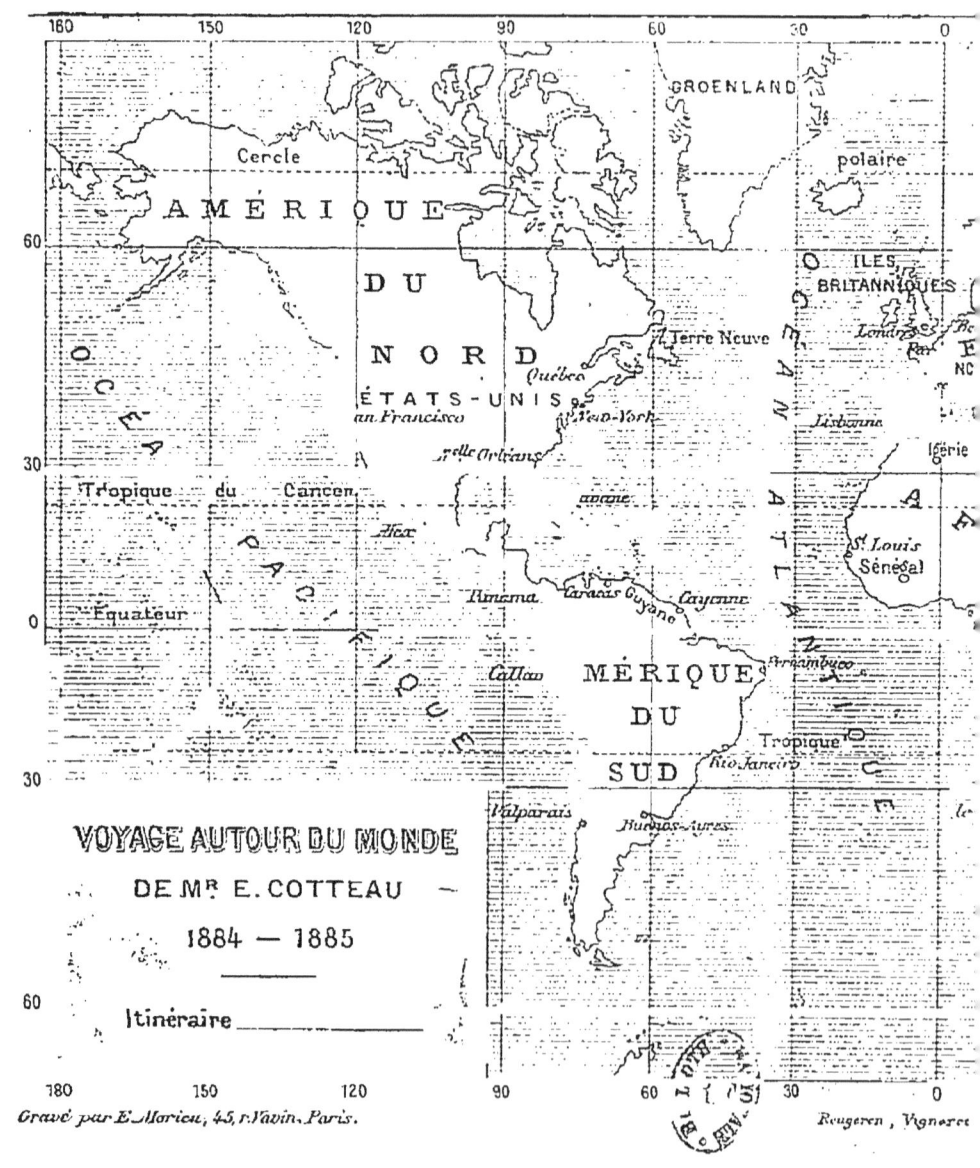

TABLE DES MATIÈRES

I. — DE TOULON A BORNÉO.

(20 mars-1er mai 1884.) — A bord de la *Nive*. — De Toulon à Singapore. — Johore et la péninsule malaise. — Une plantation de café à Bukit-Timah. — Incendie d'un village malais. — De Singapore à Sarawak 1

II. — SARAWAK.

(1er-8 mai.) — Quelques mots d'histoire. — Fondation de l'État indépendant de Sarawak. — James Brooke et Charles Johnson Brooke, rajahs de Sarawak. — Situation actuelle. — La capitale Kuching. — La rivière de Sarawak. — Excursion dans l'intérieur. — Busau et Paku. — Promenade chez les Dayaks. — Une grotte à nids d'hirondelle. — Retour à Singapore 17

III. — KRAKATAU.

(11-29 mai.) — Adieux à Singapore. — L'*Émyrne*. — Le détroit de Banca. — Arrivée à Batavia. — La catastrophe de Krakatau. — Départ de Tandjong Priok. — Le *Kédiri*. — Navigation dans le détroit de la Sonde. — Anjer et Tjaringin. — Phare de *Java's eerste Punt*. — L'île du Prince. — Le golfe de Lampong, à Sumatra. — Telok-Betong. — Le steamer *Barouw*. — Seboukou. — Sebesi. — Le pic de Rakata. — Débarquement à Krakatau. — Verlaten et Lang. — Mérak. — Retour à Batavia 35

IV. — Volcans de Java.

(30 mai-9 juillet.) — Buitenzorg. — Bandong. — Ascension du Tankouban-Prahou. — Le Gounoun-Gountour. — Sindanglaya. — Ascension du volcan Ghêdê. — Samarang, Solo et Djokjokarta. — Le Boro-Boudour. — Ascension du Mérapi. — Sourabaya. — Le Bromo. — Malang. — Ambarawa. — Retour à Batavia et départ pour l'Australie.. 78

V. — De Java en Australie.

(9-27 juillet.) — Madura. — Bali. — Lombok. — Sumbawa. — Le *Roma* et les émigrantes. — Florès. — Timor. — La mer d'Arafura. — Thursday Island et le détroit de Torrès. — Cooktown. — Townsville. — Bowen. — Mackay. — Rockhampton. — Arrivée à Brisbane.......... 114

VI. — Queensland.

(27 juillet-4 août.) — Brisbane. — Ipswich. — Le pays des moutons. — Roma. — Un campement d'aborigènes. — Mitchell. — Retour à Brisbane. — Le *Ranelagh*. — Traversée de Brisbane à Sydney...................... 137

VII. — De Sydney a Melbourne.

(4-16 août.) — Sydney. — Le Jardin botanique. — La baie. — Parramatta. — Départ pour Newcastle. — Le *Northern Railway*. — Armidale et la Nouvelle-Angleterre. — De Sydney à Melbourne. — Le *Salazie*. — Melbourne. — Ballarat et ses mines d'or......................... 152

VIII. — Tasmanie.

(17-22 août.) — Un dimanche à Melbourne. — Le *Mangana*. — Mauvaise traversée dans le détroit de Bass. — La rivière Tamar. — Un chemin de fer en Tasmanie. — Hobart. — Le Jardin botanique et le Musée. — Histoire de la Tasmanie. — La guerre Noire. — Les derniers aborigènes. — Situation actuelle de la Tasmanie...... 170

IX. — DE MELBOURNE A SYDNEY.

(23 août-10 septembre.) — Chez M. Hubert de Castella. — Un vignoble en Australie. — Eucalyptus géants et fougères arborescentes. — Une station d'aborigènes. — Voyage au Gippsland. — Le pays des lacs. — Bairnsdale. — De Melbourne à Sydney en train express. — Le *Western Railway* et les Montagnes Bleues. — Les plaines de l'Ouest. — Une ville naissante. — Botany-Bay. — Une séance à la Société de géographie de Sydney... 195

X. — NOUVELLE-CALÉDONIE.

(11 septembre-5 octobre.) — Traversée de Sydney en Nouvelle-Calédonie. — Le *Rockton*. — Une quarantaine à l'îlot Freycinet. — Nouméa. — Voyage sur la côte orientale. — L'*Ocean Queen*. — Thio. — Canala. — Houaïlou. — Mouéo. — Hyenghène. — Oubatche. — Pouébo. — Retour à Nouméa........................ 224

XI. — NOUVELLES-HÉBRIDES.

(6-27 octobre.) — Une visite à l'île Nou. — Départ pour les Nouvelles-Hébrides. — Le *Duchaffaut*. — Les îles Loyalty. — Une relâche à Lifou. — Arrivée aux Nouvelles-Hébrides. — L'île Sandwich. — Port-Vila. — Un village indigène. — Port-Havannah. — Débarquement à Api. — Une excursion dans l'intérieur de l'île. — La Société des Nouvelles-Hébrides. — Retour à Nouméa. — Païta. — La mission de Saint-Louis........................ 253

XII. — TAHITI.

(28 octobre-26 novembre.) — De Nouméa à Tahiti. — A bord de la *Vire*. — La semaine des deux lundis. — Arrivée à Papeete. — Le tour de l'île. — La pointe Vénus. — Tiarei. — L'isthme de Taravao. — La presqu'île de Taiarapu. — Pueu. — Les *himéné*. — Tautira. — Passage du grand récif. — Teahupo. — Papeuriri. — Paea. — Retour à Papeete 278

XIII. — Moorea.

(27 novembre-15 décembre.) — Pomaré V et la reine Marahu. — Départ pour Moorea. — La baie de Vaiare. — Afareaitu. — Haapiti. — Papetoai. — La baie d'Opunu. — Teavaro et le lac Temao. — Retour à Tahiti. — La *oupa-oupa*. — L'arrivée du courrier. — Une pêche aux flambeaux. — Excursion à Fatahua. 307

XIV. — A travers le Pacifique.

(16 décembre 1884-25 janvier 1885.) — De Papeete à San-Francisco. — Le trois-mâts-goélette *City of Papeete*. — Calmes et grains. — Une traversée de quarante jours sur un voilier. — La « Porte d'or » de la Californie 333

XV. — Californie et Mexique.

(25 janvier-8 février.) — San-Francisco. — Le parc de Golden Gate. — Oakland. — Les chemins de fer américains. — Los Angeles. — Le désert d'Arizona. — La frontière du Mexique. — El Paso et Paso del Norte. — Le *Mexican Central*. — Chihuahua. — Zacatecas. — Un jour à Guanajuato. — Queretaro. — Arrivée à Mexico. 343

XVI. — De Mexico a Saint-Nazaire.

(9 février-14 mars 1885.) — La Terre-Froide. — Mexico, Puebla et Cholula. — Le chemin de fer de Mexico à Vera-Cruz. — La Terre-Tempérée. — Orizaba. — La Terre-Chaude. — Vera-Cruz et Medellin. — Traversée de retour sur la *Ville de Brest*. — La Havane. — Le Cap-Haïtien. — San-Juan de Porto-Rico. — Saint-Thomas. — Les Açores. — Santander. — Arrivée à Saint-Nazaire. 363

FIN DE LA TABLE DES MATIÈRES

Coulommiers. — Imp. Paul BRODARD. — 433-95.

www.ingramcontent.com/pod-product-compliance
Lightning Source LLC
Chambersburg PA
CBHW071912230426
43671CB00010B/1576